Marcia Castagna Molina
Glauco Barsalini

*(Organizadores)*



# O CAMINHO SE FAZ AO CAMINHAR... VOL. 2

## REALMANDO A ECONOMIA NOS TERRITÓRIOS

EDITORA
SANTUÁRIO

**Dados Internacionais de Catalogação na Publicação (CIP) de acordo com ISBD**

C183 O caminho se faz ao caminhar – Vol. 2: Realmando a economia nos territórios / organizado por Marcia Castagna Molina, Glauco Barsalini. - Aparecida : Editora Santuário, 2025.
376 p. ; 14cm x 21cm. – (v.2)

ISBN: 978-65-5527-520-9

1. Religião. 2. Cristianismo. 3. Economia solidária. 4. Francisco e Clara. 5. Igreja Católica. I. Molina, Marcia Castagna. II. Barsalini, Glauco. III. Título.

2025-2909 CDD 240
CDU 24

**Elaborado por Vagner Rodolfo da Silva - CRB-8/9410**

**Índice para catálogo sistemático:**
1. Religião : Cristianismo 240
2. Religião : Cristianismo 24

2ª impressão



Rua Pe. Claro Monteiro, 342 – 12570-045 – Aparecida-SP
Tel.: 12 3104-2000 – Televendas: 0800 - 0 16 00 04
www.editorasantuario.com.br
vendas@editorasantuario.com.br

## AUTORES(AS):

Ana Beatriz Martins Tardeli, Ana Cláudia da Rocha Mucci, Ana Dina Lopes, André Luiz Rossi, Antonio Rodrigues Alves, Aparecida do Carmo Miranda Campos, Aparecida Sílvia Mellin, Benedito Ferraro, Dalton Antonio Fernandes, Dimas Alcides Gonçalves, Eduardo Brasileiro, Eliane Navarro Rosandiski, Gabriela Consolaro Nabozny, Geraldo Massarani Cestarioli, Gerardo Mendes de Melo, Glauco Barsalini, Guilherme Yoshioka, Isaías Daniel, Ivete Cardoso do Carmo Roldão, Izalene Tiene, José Arlindo de Nadai, José Maria Gusman Ferraz, Juarez Bispo Mateus, Juliano Vieira Gonçalves, Lêda Maria de Carvalho Cassins, Leonardo das Neves Silva, Letícia Cristina de Freitas Couto Pozzan (Leka Couto), Lucia Maria Vieira, Marcia Castagna Molina, Márcio Roberto Pereira Tangerino, Marcos Francisco Martins, Maria das Graças Gomes, Maria do Carmo Cabral Carpintéro, Maria Nildes dos Santos Nascimento, Maria Silvia Viccari Gatti, Marineide Vieira da Silva, Marli Rodrigues Alves, Naoko Yanagizawa Jardim da Silveira, Neusa da Costa Carvalho, Roberto Batista da Silva, Rosa Maria Vaneli Coimbra Massei, Sergio Lontra Vieira, Sérgio Gomes Tôsto, Solange Coca, Sônia Helena Novaes Guimarães Moraes, Tânia Rodrigues Alves, Tassiana Barreto de Barros Moreira, Vitor Tonin, Zilda Maria Giosuelli.

**Ana Beatriz Martins Tardeli**
Graduada em História pela Universidade Estadual de Campinas (UNICAMP), integrante do grupo de Formação Política da Cozinha Solidária São Marcos, militante do Coletivo Carlos Marighella.

**Ana Cláudia da Rocha Mucci**
Graduada em Pedagogia Plena pela Universidade Estadual de Campinas (2002), mestre em Fundamentos da

Educação, doutoranda pelo LOED – FE/Unicamp, tem experiência na área de Educação, com ênfase em Educação Infantil, é supervisora Educacional da Rede Municipal de Campinas e integrante do Núcleo Campinas da Articulação Brasileira pela Economia de Francisco e Clara (ABEFC).

**Ana Dina Lopes**

Servidora pública, voluntária na Cozinha Solidária São Marcos e também do Projeto Tive Fome, este voltado ao atendimento de pessoas em situação de rua e de alta vulnerabilidade em Campinas/SP.

**André Luiz Rossi**

Pároco e Reitor do Seminário Diocesano São José (filosofia e teologia), Paróquia Nossa Senhora Aparecida do Triunfo – Pedreira. Mestre e Doutorando do Programa de Pós-Graduação em Ciências da Religião da Pontifícia Universidade Católica de Campinas.

**Antonio Rodrigues Alves**

Pároco da Paróquia São Marcos, o Evangelista, Vigário Forâneo da Forania Santa Mônica, coordenador da Cozinha Solidária São Marcos, integrante do Núcleo Campinas da Articulação Brasileira pela Economia de Francisco e Clara (ABEFC).

**Aparecida do Carmo Miranda Campos**

Assistente Social do Programa de IST/HIV/AIDS, Serviço Social do Hospital Dia HC UNICAMP, doutoranda pelas Ciências Médicas FCM UNICAMP, pesquisadora em serviço sobre a saúde da população negra e HIV/AIDS, integrante do Núcleo Campinas da Articulação Brasileira pela Economia de Francisco e Clara (ABEFC).

**Aparecida Sílvia Mellin**

Enfermeira, professora, doutora em Saúde Pública, avaliadora Ad hoc do Ministério de Educação (MEC) no Instituto

Nacional de Estudos e Pesquisas (INEP), membro da Frente pela Vida em Defesa do SUS-Campinas e da Associação Cozinha Solidária São Marcos.

**Benedito Ferraro**

Vigário Paroquial da Paróquia São Marcos, o Evangelista, assessor da Ampliada Nacional das CEBs do Brasil e animador da Articulação Continental das CEBs, integrante do Núcleo Campinas da Articulação Brasileira pela Economia de Francisco e Clara (ABEFC).

**Dalton Antonio Fernandes**

Advogado, voluntário na cozinha solidária São Marcos e militante dos movimentos sociais.

**Dimas Alcides Gonçalves**

Docente da Faculdade de Economia da PUC Campinas aposentado, diretor-presidente do Centro de Referência em Cooperativismo e Associativismo (CRCA), integrante do Núcleo Campinas da Articulação Brasileira pela Economia de Francisco e Clara (ABEFC) e da Associação Cozinha Solidária São Marcos.

**Eduardo Brasileiro**

Sociólogo (FESPSP), mestre em Ciências Sociais do programa de Pós-Graduação em Ciências Sociais da PUC Minas, integra o Núcleo de Estudos Sócio Políticos na Escola de Formação Política de Cristãos Humanistas e coordena o Grupo de Reflexão e Trabalho para a Economia de Francisco e Clara, ambos da PUC Minas, educador formado pelas Comunidades Eclesiais de base, integrante da Articulação Brasileira pela Economia de Francisco e Clara (ABEFC).

**Eliane Navarro Rosandiski**

Economista, doutora em Economia Aplicada pela Universidade Estadual de Campinas, pesquisadora da Pontifícia

Universidade Católica de Campinas, docente da Faculdade de Economia da PUC-Campinas, integrante do grupo de formação do Núcleo Campinas da Articulação Brasileira pela Economia de Francisco e Clara (ABEFC).

**Gabriela Consolaro Nabozny**
Advogada, bacharela em Direito e mestra em Direito Internacional e Sustentabilidade, na linha de Direito Ecológico e Direitos Humanos, coordenadora internacional da Vila Agricultura e Justiça da Economia de Francisco (EoF) e facilitadora do Grupo de Trabalho Casas de Francisco e Clara/Territórios da Articulação Brasileira pela Economia de Francisco e Clara (ABEFC).

**Geraldo Massarani Cestarioli**
Diretor do Departamento de Aposentados da Petrobrás (DAESP), voluntário na Cozinha Solidária São Marcos, tesoureiro da Associação Cozinha Solidária São Marcos, suplente no Conselho Local de Saúde Barão Geraldo, apoiador do MST Acampamento Marielle Vive, do qual o Sindpetro é parceiro, integrante do Núcleo Campinas da Articulação Brasileira pela Economia de Francisco e Clara (ABEFC).

**Gerardo Mendes de Melo**
Graduado em Ciências Exatas e Matemática, metalúrgico, militante dos movimentos sociais e sindical, participante das Comunidades Eclesiais de Base, Pastoral Operária e integrante do Núcleo Campinas da Articulação Brasileira pela Economia de Francisco e Clara (ABEFC).

**Glauco Barsalini**
Professor do Programa de Pós-Graduação em Ciências da Religião (2014-2025) e da Faculdade de Ciências Sociais (2009-2025) da Pontifícia Universidade Católica de Campinas, pós-doutor pelo Departamento de Teologia da Loyola

University Chicago (2019), doutor em Filosofia, membro do Grupo de Pesquisa Religião, Ética e Política (CNPq/PPGCR PUC-Campinas), integrante do grupo de formação do Núcleo Campinas da Articulação Brasileira pela Economia de Francisco e Clara (ABEFC). E-mail: glaucobarsalini@gmail.com

**Guilherme Yoshioka**

Graduando em História pela Unicamp, militante do Coletivo Carlos Marighella e da Consulta Popular, voluntário na Cozinha Solidária São Marcos com ênfase no grupo de Formação Política, integrante do Núcleo Campinas da Articulação Brasileira pela Economia de Francisco e Clara (ABEFC).

**Isaías Daniel**

Missionário pelo Batismo e presbítero da Diocese de Limeira-SP, graduado em Filosofia e Teologia pela PUC--Campinas, pós-graduado em Missiologia pela Faculdade João Paulo II (FAJOPA), reitor do Seminário São João Maria Vianney e administrador paroquial da Paróquia Sant'Ana de Analândia-SP.

**Ivete Cardoso do Carmo Roldão**

Jornalista, Mestre em Comunicação e professora da PUC--Campinas aposentada, doutora em Comunicação pela ECA/USP, voluntária na Cozinha Solidária São Marcos.

**Izalene Tiene**

Assistente social aposentada, atuou na área de saúde pública em Valinhos e como professora em Serviço Social no Centro Universitário Salesiano em Americana SP, foi vice-prefeita e prefeita de Campinas 2001-2004, foi missionária na Amazônia, pela CNBB, 2012-2018, é militante no Movimento Popular, no Grupo de Mulheres, na periferia de Campinas, na Marcha Mundial Mulheres e integrante do Núcleo Campinas da Articulação Brasileira pela Economia de Francisco e Clara (ABEFC).

**José Arlindo de Nadai**
Pároco emérito da Paróquia Divino Salvador Campinas, diretor da Cáritas Arquidiocesana, participa das Pastorais e Movimentos Sociais, do Diálogo Ecumênico e Inter-Religioso, do Núcleo Campinas da Articulação Brasileira pela Economia de Francisco e Clara (ABEFC), foi Coordenador da Pastoral e Vigário Geral, diretor da FFCL da USF, Professor e Diretor da Faculdade de Teologia da PUC-Campinas e Subsecretário Geral da CNBB.

**José Maria Gusman Ferraz**
Ecólogo, pesquisador aposentado da Embrapa, membro do Grupo de Especialistas em Agrosociobiodiversidade (GEA), que assessora o Ministério do Desenvolvimento Agrário e Agricultura Familiar (MDA), professor do Curso de pós-graduação da Uniara, integrante do Núcleo Campinas da Articulação Brasileira pela Economia de Francisco e Clara (ABEFC).

**Juarez Bispo Mateus**
Motorista aposentado, ex-presidente da Confederação Nacional dos Trabalhadores em Transporte (CNTT – CUT), conselheiro do Conselho Municipal do Idoso e conselheiro do Conselho Municipal de Mobilidade Urbana, coordenador do GT de hortas agroecológicas e voluntário na Cozinha Solidária São Marcos, integrante do Núcleo Campinas da Articulação Brasileira pela Economia de Francisco e Clara (ABEFC).

**Juliano Vieira Gonçalves**
Bacharel em Direito, educador e agente local dos projetos sociais do Centro de Referência em Cooperativismo e Associativismo (CRCA).

**Lêda Maria de Carvalho Cassins**
Jornalista em Jundiaí e Campinas, pequena empresária por 30 anos na área de comunicação e propaganda, aposentada, coordena a oficina de pães da Cozinha Solidária São Marcos.

**Leonardo das Neves Silva**

Graduando em Teologia pela Pontifícia Universidade Católica de Campinas (PUC-Campinas), bacharel em Filosofia pela mesma universidade e bacharel em Engenharia Agrícola pela Universidade Estadual de Campinas (UNICAMP), integrante do Núcleo Campinas da Articulação Brasileira pela Economia de Francisco e Clara (ABEFC).

**Letícia Cristina de Freitas Couto Pozzan (Leka)**

Educadora Física, pós-graduada em Pedagogia da Cooperação e Metodologias Colaborativas, agente da mobilidade urbana, atuando na área da Educação da EMDEC, integrante do Núcleo Campinas da Articulação Brasileira pela Economia de Francisco e Clara (ABEFC).

**Lucia Maria Vieira**

Assistente Social e integrante da equipe de projetos do Centro de Referência em Cooperativismo e Associativismo (CRCA).

**Marcia Castagna Molina**

Farmacêutica Sanitarista, doutora em Saúde Coletiva pela Universidade Federal de São Paulo (UNIFESP), servidora pública municipal da saúde e Docente da Pontifícia Universidade Católica de Campinas, aposentada, integrante da coordenação do Núcleo Campinas da Articulação Brasileira pela Economia de Francisco e Clara (ABEFC), e da Cozinha Solidária São Marcos. E-mail: marciacastagnamolina@gmail.com

**Márcio Roberto Pereira Tangerino**

Licenciado em Filosofia pela PUC – Campinas, Bacharel em Teologia pela PUC – Campinas, Mestre em Sociologia pela Universidade de São Paulo – USP, Doutor em Educação pela Universidade Estadual de Campinas – UNICAMP. Foi professor da PUC – Campinas durante 39 anos, exercendo as funções de coordenador do Curso de Ciências

Religiosas da Faculdade de Teologia, membro do Grupo de Apoio Pedagógico (GAPe) do Centro de Economia e Administração (2006 a 2011), integrador acadêmico pedagógico (IAG) da Faculdade de Ciências Econômicas (2012 a 2018) e do Centro de Economia e Administração (2019 a fevereiro de 2020). É professor da Escola de Teologia da Diocese de Limeira e assessor do Centro Nacional de Fé e Política D. Hélder Câmara, da CNBB.

**Marcos Francisco Martins**
Docente do DCHE (Departamento de Ciências Humanas e Educação) da UFSCar (Universidade Federal de São Carlos), campus Sorocaba/SP, é graduado em Filosofia pela PUC-Campinas, tem mestrado e doutorado em Educação pela Universidade Estadual de Campinas (Unicamp) e é bolsista PQ (Produtividade em Pesquisa) do CNPq (Conselho Nacional de Desenvolvimento Científico e Tecnológico).

**Maria das Graças Gomes**
Pedagoga pela PUC-Campinas, professora do ensino fundamental, integrante dos Conselhos das Escolas, Conselho de Bairro San Martin, Conselho Municipal das Mulheres, grupo de *Mulheres Na Periferia*, Núcleo Campinas da Articulação Brasileira pela Economia de Francisco e Clara (ABEFC).

**Maria do Carmo Cabral Carpintéro**
Médica sanitarista, especialista e Mestre em Saúde Coletiva pela Unicamp, foi secretária municipal de saúde de Campinas, Várzea Paulista e Amparo, hoje, militante do Movimento Popular de Saúde, conselheira no Conselho Municipal de Saúde de Campinas, voluntária na Cozinha Solidária São Marcos e integrante do Núcleo Campinas da Articulação Brasileira pela Economia de Francisco e Clara (ABEFC).

**Maria Nildes dos Santos Nascimento**

Assistente Social, psicodramatista, especialista em violência doméstica contra criança e adolescente, com atuação na Política de Assistência Social (SUAS) e amplo conhecimento em elaboração, captação de recursos e gestão de projetos sociais e atenção psicossocial, atuou em espaços de controle social.

**Maria Silvia Viccari Gatti**

Professora, Presidenta da Associação de Docentes da Unicamp-ADunicamp – Sessão Sindical do ANDES-SN. Gestão 2024-2026.

**Marineide Vieira da Silva**

Casada, tem três filhos, cuidadora, desempenha trabalho voluntário no bazar da Cozinha Solidária São Marcos.

**Marli Rodrigues Alves**

Formada em Educação Física, trabalha e é voluntária no bazar da Cozinha Solidária São Marcos, desde o seu início.

**Naoko Yanagizawa Jardim da Silveira**

Médica generalista, sanitarista e epidemiologista, especialista em Vigilância Epidemiológica e Sanitária (Unicamp/SES-SP), Servidora pública com dedicação integral até a aposentadoria em 2020 pela Secretaria de Saúde de Campinas. Coordenou Unidades Básicas de Saúde e a Vigilância Epidemiológica de Sumaré, Vigilância Epidemiológica e Sanitária de Hortolândia, e, em Campinas, além de coordenar a Vigilância Epidemiológica de Doenças Transmissíveis, coordenou o Núcleo de Prevenção de Violências e Acidentes, Promoção da Saúde e Cultura de Paz. Voluntária na Cozinha Solidária São Marcos e integrante do Núcleo Campinas da Articulação Brasileira pela Economia de Francisco e Clara (ABEFC).

**Neusa da Costa Carvalho**

Graduada em Letras pela PUC-Campinas, pós-graduada pelo National Audio Visual Aids Centre, Londres, foi professora e coordenadora da área de Inglês no Colégio Visconde de Porto Seguro, por 27 anos, membro do GT-Moradia da ADunicamp, que resultou na proposta de implantação da Cohousing Sênior Vila ConViver, membro do grupo que implantou o site cohousingemrede.com.br, voluntária na Cozinha Solidária São Marcos, integrante do Núcleo Campinas da Articulação Brasileira pela Economia de Francisco e Clara (ABEFC).

**Roberto Batista da Silva**

Economista e Consultor, membro do Conselho Municipal de Segurança Alimentar e Nutricional, presidente do Centro Comunitário do Jardim Santa Lúcia em Campinas, diretor da Integra Campinas e membro do Grupo de Trabalho de Hortas do Núcleo Campinas da Articulação Brasileira pela da Economia de Francisco e Clara (ABEFC).

**Rosa Maria Vaneli Moreira Coimbra Massei**

Pedagoga, Especialista em Psicopedagogia, com atuação por mais de 20 anos na educação, seja em sala de aula, seja na coordenação pedagógica de várias escolas. Atuou, também, como Coordenadora da Casa dos Conselhos da Assistência Social, vinculada à Secretaria Municipal da Assistência Social de Campinas. Voluntária na Cozinha Solidária São Marcos captando material para venda nos bazares da entidade.

**Sergio Lontra Vieira**

Engenheiro Químico (UFRRJ), professor e mentor com experiência em educação e impacto socioambiental, atuou como professor de Química e Metodologia de Ensino nos cursos de Licenciatura em Ciências da Universidade Estadual do Centro-Oeste (Unicentro), engajado em iniciativas de desenvolvimento sustentável, é voluntário nos Grupos de Mentoria Solidária (GMS) em Campinas-SP e na Incubadora de Projetos de Impacto Socioambiental (IPISA), colaborando com projetos inspirados nos Objetivos de Desenvolvimento Sustentável (ODS) da ONU, integrante do Núcleo Campinas da Articulação Brasileira pela Economia de Francisco e Clara (ABEFC).

**Sérgio Gomes Tôsto**
Engenheiro Agrônomo, mestre em Economia Rural (Univ. Federal de Viçosa), doutor em Desenvolvimento, Espaço e Meio Ambiente (Unicamp), pesquisador A da Embrapa e atualmente cedido ao Ministério do Desenvolvimento Agrário e da Agricultura Familiar (MDA).

**Solange Coca**
Graduada em Odontologia pela FIUBE-MG, com especialização em Dentística, trabalha em Campinas SP, é voluntária na Cozinha Solidária São Marcos e integrante do Núcleo Campinas da Articulação Brasileira de Francisco e Clara (ABEFC).

**Sônia Helena Novaes Guimarães Moraes**
Advogada e Mestre em Direito do Estado e Direito Agrário pela Faculdade de Direito da Universidade de São Paulo-USP, foi professora de Direito Agrário na PUC-Campinas e na Faculdade de Direito Pe. Anchieta de Jundiaí, e professora de Instituições de Direito na Faculdade de Economia da UNICAMP; foi coordenadora do Grupo de Desenvolvimento Sustentável e de Segurança Alimentar (GDR) da Prefeitura Municipal de Campinas/SP (2001 a 2004), consultora do Instituto Nacional de Colonização e Reforma Agrária (INCRA) – 2005 a 2010 –, é Diretora da Associação Brasileira de Reforma Agrária (ABRA), onde é membro desde 1979.

**Tânia Rodrigues Alves**
Diarista, voluntária em bazares solidários, auxilia na arrecadação de fundos para a Cozinha Solidária São Marcos.

**Tassiana Barreto de Barros Moreira**
Cientista social, mestra em Desenvolvimento Territorial da América Latina e Caribe (UNESP) e doutoranda em Sociologia pela Unicamp, coordenadora, no estado de São Paulo, da Jornada de Alfabetização de Jovens e Adultos nas Periferias, realizada pela UFPE, professora voluntária na Escola Nacional Florestan Fernandes (ENFF), militante no Movimento dos Trabalhadores Rurais Sem Terra (MST), acompanha a articulação e coordenação da Cozinha Solidária São Marcos, em Campinas, entre outras iniciativas.

**Vitor Hugo Tonin**
Economista, Doutor em Desenvolvimento Econômico pelo Instituto de Economia da Unicamp, Assessor econômico no Sindicato Químicos Unificados, Coordenador da Cresol São Paulo – Cooperativa de finanças solidárias, entre 2021 e 2025.

**Zilda Maria Giosuelli**
Membro da Associação de Surdos de Campinas (Assucamp), Membro da Pastoral do Surdo de Campinas, Voluntária na Cozinha Solidária São Marcos.

## SUMÁRIO

# PREFÁCIO

# REALMANDO A ECONOMIA NOS TERRITÓRIOS

*Leonardo Boff*

O Núcleo Campinas da Articulação Brasileira pela Economia de Francisco e Clara apresenta uma série de estudos e de experiências do que possa se apresentar como uma alternativa ao modelo capitalista dominante: a Economia de Francisco e Clara, que atende as necessidades humanas, sem ter que depredar a natureza. Ao contrário, protege-a e cuida dela, inclue sem excluir ninguém. Ela promove a vida em toda a sua diversidade e não a ameaça nem a mata.

É interessante observar as centenas de pessoas, das mais variadas extrações sociais, até simples populares, que aderiram a essa proposta desse tipo de economia.

Todos os textos, mesmo os mais analíticos, vêm perpassados pelo humanismo radical vivido, testemunhado e pregado pelo inesquecível Papa Francisco. A centralidade é a vida em sua imensa diversidade, particularmente a vida humana. Em razão da vida, existe a política, a economia, a cultura e a espiritualidade.

Neste sentido o livro é um texto de esperança. Os autores sabem da força sedutora do sistema político-econômico imperante. Não temem denunciá-lo como capitalismo criador de duas injustiças, uma ecológica, depredando a natureza, e outra social, criando bilhões de pobres e miseráveis. Esse sistema é cruel e sem piedade, pois se orienta apenas pela acumulação de bens materiais, à custa da exploração dos bens e serviços da Mãe Terra e dos trabalhadores, pela via da competição, sem qualquer solidariedade.

Mesmo sabendo de sua perversidade intrínseca, os protagonistas da economia de Francisco e Clara aproveitam todas as brechas para lançar a semente do alternativo e novo. Nunca um sistema é de tal forma cerrado que não permita ocasiões de melhoras, levadas avante por aqueles que, sabendo da desigualdade de forças, procuram introduzir modificações que tornem menos desumana a vida.

Da leitura dos textos se nota claramente que dois paradigmas se confrontam: aquele do punho cerrado, que submete e domina, e o outro da mão estendida, cujos dedos se entrelaçam para fortalecer a solidariedade, capaz de aprofundar a brecha no sistema e impedir sua ferocidade.

Dito em termos mais teóricos: vigora ainda o paradigma dominante que vê o ser humano fora e acima da natureza, entendendo-o como senhor e dono dela. É o paradigma da modernidade, do dominus (dono). Modificou pela tecno-ciência a face da Terra tornando menos onerosa a nossa existência. Por outro lado, no afã de dominar, criou o princípio de autodestruição, com armas químicas, biológicas e nucleares, que poderão destruir toda a vida do planeta. Vivemos nos tempos atuais o risco de tal autodestruição.

O outro paradigma, bem formulado na encíclicla Fratelli tutti, é o do frater (do irmão e da irmã), cujo ideal é a fraternidade sem limites e o amor social. Nesse paradigma o ser humano é visto como parte da natureza, com o imperativo ético de cuidar do Jardim do Éden e guardá-lo, vale dizer, cuidar da Terra fecunda e geradora. Todos os seres, também os humanos – essa é a lição do Gênesis –, são filhos e filhas da Terra. Dessa origem comum surge a fraternidade universal, coisa que é comprovada pela biologia, ao afirmar que todos os seres vivos, desde a bactéria mais originária de 3.800 bilhões de anos, passando pelos dinossauros, os cavalos e por nós seres humanos, somos formados pelos mesmos 20 aminoácidos e por 4 bases fosfatadas. A diferença das combinações faz surgir a imensa biodiversidade. Dessa constatação científica resulta que somos todos irmãos e irmãs, desde a formiguinha que caminha sobre minha mesa e o tucano que pousou num galho, à frente de minha janela. A vida que está neles está também em mim.

Dessa compreensão nasce o sentimento de pertença, o laço afetivo que surge entre irmãos e irmãs.

Esse paradigma é urgente nos dias atuais, que são atravessados por guerras de grande devastação e verdadeiros genocídios, a céu aberto. O Papa Francisco tomou tão a sério a presente situação que chegou a esta severa advertência: "Estamos todos no mesmo barco, ou nos salvamos todos ou ninguém se salva".

O presente livro nos dá a esperança de que a vida é mais forte que todas as ameaças que a assolam e que o futuro estará sempre aberto a novos projetos que humanizam e tornam amigável a relação dos humanos para com a natureza. Por aqui "há caminho que se faz caminhando". Caminhemos, confiantes, pois, o Deus que se revelou "apaixonado amigo da vida" (Sb 11,26) caminhará conosco e não permitirá um fim trágico aos seres que Ele criou com amor.

# APRESENTAÇÃO

## O CAMINHO SE FAZ AO CAMINHAR

*Marcia Castagna Molina*

> "É preciso ter esperança, mas ter esperança do verbo esperançar; porque tem gente que tem esperança do verbo esperar. E esperança do verbo esperar não é esperança, é espera. Esperançar é se levantar, esperançar é ir atrás, esperançar é construir, esperançar é não desistir!"
> *(Paulo Freire)*

Este é o volume 2 da Coleção "O Caminho se faz ao caminhar", que retrata a trajetória do Núcleo Campinas da Articulação Brasileira pela Economia de Francisco e Clara (NC-ABEFC). No volume 1, "Formando Multiplicadores da Economia de Francisco e Clara nos territórios", são descritas as formações realizadas em 2024 em políticas públicas de combate às desigualdades sociais, assistência social, saúde, moradia, educação, compromissadas com os princípios da Economia de Francisco e Clara.

Neste volume, "Realmando a economia nos territórios", apresentamos uma reflexão inicial, que perpassa todas as formações realizadas, sobre como aplicar na prática os dez princípios da Economia de Francisco e Clara: 1) a experiência da Cozinha solidária São Marcos; 2) as vivências de economia solidária realizadas por integrantes do Núcleo Campinas da ABEFC; as hortas agroecológicas comunitárias; as finanças solidárias, construídas pela CRESOL Campinas; 3) a análise destas experiências, a partir de vários olhares – a) do GT de formação; b) da ABEFC; c) de jovens do Núcleo Campinas, que foram para Assis encontrar o Papa Francisco e têm a tarefa de multiplicar nos territórios o que lá vivenciaram.

Dois mil e vinte e cinco é um ano especial. Temos três festas ligadas aos nossos trabalhos em curso: Dez anos da Laudato si, Oitocentos anos do Cântico das Criaturas e o Jubileu da Esperança, decretado pelo Papa Francisco. O lançamento deste livro, neste ano, é um retorno ao Papa Francisco, que nos chama a construir uma nova economia, uma economia que cresça sem destruir a natureza e sem excluir ninguém. É expressão de sintonia com a mística de Clara e Francisco de Assis, exercício prático e reflexão sobre o que significa ser hoje peregrinos da esperança.

A Laudato si tem sido fonte constante de referência para as nossas formações e ações e será inúmeras vezes citada neste livro. A Economia de Francisco e Clara nasce da Laudato si. Esta encíclica é uma carta escrita pelo Papa Francisco a cada um e a cada uma de nós, pedindo que escutemos e respondamos ao grito da terra e ao grito dos pobres.

Dentre tantas iniciativas proféticas do Papa, ele chama, em primeiro de maio de 2019, os jovens do mundo inteiro para se reunirem em Assis e pensarem uma nova economia que proteja a natureza e não a deprede, que inclua e não exclua, que rejeite a cultura da exploração, do extrativismo, da dominação na relação com a natureza e com os seres humanos. Em função da pandemia, só em setembro de 2022 o encontro em Assis foi possível e reuniu dois mil jovens de 145 países diferentes. A delegação do Brasil contou com cerca de cem jovens, que voltaram com a incumbência de formar núcleos pelo país para discutir e vivenciar a proposta da nova economia. Já em 2019 se formou a Articulação Brasileira pela Economia de Francisco e Clara (ABEFC), que elaborou, com representantes de todo o país, os dez princípios descritos neste livro. Em dezembro de 2019, fundamos o Núcleo Campinas da ABEFC e de lá para cá nos reunimos nos últimos sábados de cada mês para uma formação, procurando aplicar os princípios aprendidos em projetos que coloquem em prática a nova economia em construção.

Encontramos em Francisco de Assis outra grande inspiração. No Cântico das Criaturas, ele revela ao mundo o que é enxergar a vida através de um fino véu que separa o céu e a terra. A sua sintonia cósmica consegue ver em cada criatura a chama do criador. Conseguiu abandonar tudo que o mundo valorizava como riquezas, status, regalias, reconhecimento social de sua época, para abraçar a boa nova trazida por Jesus de que somos todos irmãos e irmãs. Tinha uma alegria que contagiava as pessoas. Francisco de Assis é exemplo da mudança de estilo de vida que buscamos na nova economia: do consumismo para a sobriedade, da exploração para a comunhão, do conflito para a concórdia, do egoísmo para a solidariedade, da indiferença para a compaixão, do isolamento para a unidade. No Brasil, escolhemos também Clara de Assis como nossa padroeira, pela importância crucial que tem a mulher na economia de nosso país, que pode ser vista nas inúmeras mulheres que são arrimo de família, nas mães solo, nas avós que além de criarem seus filhos, criam seus netos e muitas vezes até os filhos de seus netos. Clara é conhecida por fazer pontes. Procuramos fazer pontes entre os que têm e os que não têm, entre as diferentes gerações, que assumem o desafio de transformar a terra, entre as várias religiões, movimentos, partidos políticos, que se dedicam à tão necessária transformação social de que precisamos. Assim, no Brasil, diferentemente dos outros países, em que o movimento se chama "Economia de Francisco", nós nos constituímos como "Economia de Francisco e Clara".

Ao proclamar 2025 como ano do Jubileu da Esperança, o Papa Francisco trouxe novo significado a cada dia deste ano, a cada festa, a cada ação que realizamos. O Jubileu da Esperança é um período de graça, reconciliação e renovação espiritual, é um convite à transformação pessoal e coletiva, é um tempo de esperança e unidade.

Que este livro possa semear esperança em muitos corações desalentados com tamanhas dificuldades do tempo presente. Que voltemos a acreditar na força da verdade, do amor, da solidariedade e da partilha pregados por Jesus, rosto misericordioso de Deus. Que neste ano de graça, possamos esperançar e como Francisco de Assis e o Papa Francisco nos tornemos profetas, Peregrinos da Esperança, nos tempos tão difíceis em que vivemos.

*Campinas, março de 2025*

# PARTE I

## COMO APLICAR OS PRINCÍPIOS DA ECONOMIA DE FRANCISCO E CLARA?

# PRINCÍPIO 1 - CREMOS NA ECOLOGIA INTEGRAL

*Sérgio Gomes Tôsto*

*"Cremos em uma ecologia integral, que reconheça as relações humanas, sociais, ambientais, políticas e econômicas, que esteja respaldada nos valores franciscanos e clarianos, que garantam a vida em sua dignidade, e que não seja nociva aos demais seres. Que parta do fundamento de que tudo aquilo que existe e vive deve ser respeitado"* (ABEFC *apud* Brasileiro, 2023, p. 315).

## A Trajetória da Economia Ambiental Neoclássica, Economia Ecológica, Economia Solidária e suas interseções com o Meio Ambiente e Sociedade

A trajetória do sistema econômico e do relacionamento humano com o meio natural que o sustenta tem sido apontada como insustentável. Acadêmicos de todas as áreas e matizes teóricas, preocupados com o bem-estar geral da espécie humana e não humanas, bem como com a garantia de condições de vida para as gerações futuras, vêm alertando para a necessidade de se tornar mais harmônica a relação homem-natureza, pois é cada vez mais elevado o risco de rupturas abruptas e irreversíveis no funcionamento adequado do ecossistema terrestre. Análise global como a "Avaliação Ecossistêmica do Milênio, 2003" aponta para uma trajetória de degradação dos ecossistemas terrestres, reduzindo os benefícios derivados para o bem-estar humano e colocando em risco a própria sustentabilidade do sistema econômico e bem-estar das gerações futuras.

## A Economia Ambiental Neoclássica

No século XIX, graças à oferta de alimentos via expansão do comércio internacional, notadamente das ex-colônias, e ao desenvolvimento tecnológico, os economistas neoclássicos focalizavam economias nas quais a indústria já tinha assumido posição predominante, ficando a natureza em segundo plano.

> A Economia Neoclássica é considerada como o ramo mais importante da Teoria Ambiental Neoclássica, tem como substrato a teoria do bem-estar (welfare economics) e dos bens públicos. A Economia do Bem-Estar procura estabelecer como uma economia consegue o seu bem-estar, ou até mesmo se aproxima desse bem-estar, que culmina com o desenvolvimento econômico e social de uma população determinada. Tem como meta fundamental explicar como identificar e atingir alocações de recursos socialmente eficientes. Na Economia Ambiental Neoclássica, procura-se responder a questões referentes ao padrão ótimo de uso destes recursos, qual o manejo adequado dos recursos renováveis e qual a taxa ótima de depleção dos recursos não-renováveis. O caráter finito dos recursos naturais pode significar um obstáculo à expansão do sistema econômico. A questão da utilização dos recursos naturais deve ser resolvida através de uma alocação intertemporal de sua extração com base na maximização dos ganhos obtidos com a extração dos recursos ao longo do tempo, usando-se os conceitos de custos de oportunidade e de taxa de desconto para se determinar a taxa ótima de extração. Essa corrente teórica tem como pressuposto que os recursos naturais (como fonte de insumos e como capacidade de

> assimilação de rejeitos) não representam, no longo prazo, um limite absoluto à expansão da economia. Os limites impostos pela disponibilidade de recursos naturais (capital natural) podem ser indefinidamente superados pelo progresso técnico, que os substitui por capital produzido (ou capital humano). Supõe também, implicitamente, que não é relevante o risco de perdas irreversíveis ao longo do processo de ajuste. Portanto, o capital natural disponível representa restrição apenas relativa, superável indefinidamente pelo progresso científico e tecnológico (Motta, 1998, p. 14).

Os mecanismos fundamentais que garantem, com eficiência, a ampliação indefinida dos limites ambientais ao crescimento econômico é derivada, principalmente, dos mecanismos de mercado. A escassez crescente de determinado recurso se traduziria facilmente na elevação de seu preço, o que, por sua vez, induziria à introdução de inovações que permitissem poupá-lo, com a substituição por outro recurso mais abundante. No entanto, em se tratando de recursos naturais não transacionados no mercado, devido à sua natureza de bens públicos (ar, água etc.), e que prestam serviços ambientais (como aquele de assimilação de rejeitos), a escassez crescente não se traduz na elevação de preços, mas apenas em externalidades ambientais negativas.

> Por externalidades ambientais negativas entendem-se os impactos negativos das atividades de um agente econômico sobre o nível de bem-estar de outro, por meio da degradação de um recurso ambiental de uso coletivo, sem que, na ausência de direitos de propriedade definidos sobre esse recurso, o agente prejudicado possa ser compensado ou indenizado por isso. Nesses casos, é preciso que o Estado intervenha, seja definindo direitos de propriedade, seja atribuindo valor a esses recursos. Nesse último caso, as externalidades são internalizadas, na medida em que o Estado cobra

> dos agentes poluidores, através de taxas, os valores atribuídos a esses recursos (Romeiro, 2000, p. 12).

A Economia Ambiental Neoclássica não reconhece a problemática do capital natural enquanto obstáculo para o contínuo aumento do sistema econômico, uma vez que o progresso tecnológico e a possibilidade de substituição entre os diversos tipos de capital assegurarão que sua perda não danifique a atual engrenagem econômica. Sua base de inspiração mecanicista sugere que todos os fenômenos são reversíveis e que não há a possibilidade de perdas irreparáveis. Seus conceitos são profundamente falhos em reconhecer a complexidade dos nexos entre o sistema econômico e sua base ecológica, desconsiderando solenemente a base vital sobre a qual se constroem todas as relações econômicas e sociais entre os homens.

## A Economia Ecológica

Já compreendemos, em outra oportunidade, que a Economia Ecológica

> é um ramo relativamente recente do conhecimento, a decisão de estruturação da economia ecológica se deu em 1987, por ocasião de uma conferência realizada em Barcelona, onde foi evidenciada a insatisfação de pesquisadores, tanto do ramo da economia como do das ciências naturais, com o potencial da teoria econômica neoclássica em propor soluções adequadas para os problemas ambientais relevantes. Partiu-se da premissa comum de que a complexidade inerente aos problemas ambientais não permite que esses sejam analisados pela ótica de apenas uma disciplina. Ao contrário, a natureza da problemática ambiental exige uma integração analítica de várias perspectivas. A economia ecológica advoga, pois, a integração de conceitos

> das ciências econômicas (e demais ciências sociais e políticas) e das ciências naturais, notadamente a ecologia, oferecendo uma perspectiva integrada e biofísica das interações meio ambiente-economia, objetivando, em primeiro lugar, fornecer soluções estruturais para os problemas ambientais (Tôsto, 2010, p. 28).

Ela

> traz implícita a ideia de uma agenda de pesquisa de muitas visões, cujo fulcro pode ser associado ao objetivo último do desenvolvimento sustentável, entendido como a equidade intra e intergeracional. É uma nova abordagem transdisciplinar que contempla toda a gama de inter-relacionamentos entre os sistemas econômico e ecológico, englobando e transcendendo esses limites disciplinares e vendo a economia humana como parte de um todo superior. Seu domínio é a totalidade da rede de interações entre os setores econômico e ecológico (Nobre, 2002, p. 18).

A economia ecológica terá que ir muito além da simples fusão entre economia e ecologia. Os complexos problemas de hoje requerem uma ampla síntese de ideias e de ferramentas das ciências sociais, das ciências naturais e das humanidades.

> O conhecimento humano sobre como as funções ecossistêmicas que emergem do funcionamento e da interação dos elementos estruturais do capital natural é muito limitado, o que dificulta a antecipação dos impactos das atividades humanas sobre tais funções. As tomadas de decisão relacionadas às funções ecossistêmicas envolvem elevado grau de incerteza, o que justifica o recurso ao chamado Princípio da Precaução que tem por objetivo a adoção de medidas relativas a uma fonte potencial de danos, sem esperar que se disponha de certezas científicas quanto às relações de causalidade entre a atividade em questão e o dano temido. A

> aplicação do Princípio da Precaução significa uma (re) imposição de restrições bastantes severas à racionalidade econômica prevalecente, restrições essas fundadas em valores éticos, como a solidariedade para com as gerações futuras (Mueller, 2007, p. 23).

A dificuldade de se determinar uma solução bem definida à economia ecológica deve-se ao número elevado de variáveis envolvidas, ou seja, à sua complexidade. Ao se tentar "minimizar os arrependimentos futuros", as medidas próprias seriam tomadas naturalmente. Uma solução, portanto, não estaria nos mecanismos de preços ou em qualquer lugar da teoria econômica, e sim no campo da ética.

### A Economia Social e Solidária

O conceito de Economia Solidária, na Europa, tem sua origem em um novo capítulo da história da Economia Social, cujas raízes mais distantes datam do século XIX. Ele explica que, naquela época, face às turbulências sociais provocadas pela Revolução Industrial, o associativismo surgiu como uma resposta de operários e camponeses que se caracterizava desde seus primórdios por formas de gestão autônomas e democráticas.

O conceito de Economia Solidária baseia-se em uma ênfase sobre o desejo da Economia Social, em sua origem, de evitar o fosso entre o econômico, o social e o político, pois é na articulação dessas três dimensões que se situam os fundamentos essenciais das Economias Social e Solidária.

> A Economia Social se opôs às tendências de redução da economia ao princípio do mercado e à racionalidade da acumulação privada. Com tais premissas, desempenhou um papel considerável na construção de regimes de bem-estar social. Mas o referido autor também explica que essa Economia

Social começou a apresentar sinais de debilitamento, no limiar do século XX, pois o movimento operário perdeu aos poucos o seu caráter mobilizador, e devido ao fato de ela sofrer um processo de assimilação ao regime dual Estado-Mercado. À medida em que o Mercado e o Estado foram assumindo suas funções de geração de riqueza e de assistência social, a solidariedade do tipo associativo recuou para um papel subsidiário. Depois de um longo período de mudanças sociais, políticas e econômicas, marcadas, por exemplo, pelo envelhecimento da população, o reconhecimento e expansão dos serviços de cuidados às pessoas, o aumento das desigualdades, gerado pela sucessão de políticas neoliberais e pela globalização resultante, presenciou-se a nova geração da Economia Social. A Economia Solidária é outro modo de produção, cujos princípios básicos são a propriedade coletiva ou associada do capital e o direito à liberdade individual. A aplicação desses princípios une todos os que produzem numa única classe de trabalhadores que são possuidores de capital por igual em cada cooperativa ou sociedade econômica. O resultado natural é a solidariedade e a igualdade, cuja reprodução, no entanto, exige mecanismos estatais de redistribuição solidária da renda. Dentre as formas nas quais a Economia Solidária se materializa, destacam-se as expostas abaixo (Gaiger, 2003, p. 11).

*Quadro 1 – Formas de Empreendimentos de Economia Solidária*

| | |
|---|---|
| Cooperativismo | Empreendimento que visa emancipar o indivíduo das atuais relações sociais e distribuição justa de sobras. |
| Clubes de Trocas | Espaço onde os associados trocam entre si produtos, serviços e saberes, de uma forma solidária, promovendo a autoajuda, que respeita normas éticas e ecológicas. |

| | |
|---|---|
| Sistema Local de Emprego e Comércio | Congrega produtores em nível local, para intercambiarem seus produtos mediante crédito mútuo. |
| Empresas autogestionárias | Iniciativa de trabalhadores que se associam para formar uma empresa que será gerida e administrada pelos próprios trabalhadores. |
| Comércio Justo | Alternativa que respeita as necessidades das pessoas, contribui para o desenvolvimento sustentável e visa proteger os direitos dos trabalhadores. |

Com essas características, a economia solidária constitui uma estratégia de desenvolvimento para comunidades que prezam sua autonomia e fazem questão de que todos os membros se beneficiem do desenvolvimento, que resulta do esforço de todos. Para que o desenvolvimento solidário aconteça, é preciso que a comunidade saiba que poderá contar com o apoio de governos municipal, estadual e/ou federal. O apoio que o poder público pode aportar aos empreendedores de economia solidária tem diversas formas: assessoria técnica, formação profissional, abertura de crédito e assessoria para a constituição de bancos comunitários, fundos rotativos solidários e cooperativas de crédito, por exemplo, que permitirão à comunidade reinvestir seu excedente e dessa forma passar a depender cada vez menos da ajuda governamental. A erradicação da pobreza por meio da economia solidária é um processo que se autoalimenta à medida que a comunidade deixa de ser pobre e resignada e se torna consciente de seu potencial, que só se torna realidade se todos os membros juntarem seus empenhos e criatividade em um esforço contínuo e cada vez mais profícuo. É preciso que se saiba também que à medida que o desenvolvimento solidário avance, será menos difícil que as comunidades que por acaso ficaram para trás recuperem o atraso, pois o desenvolvimento local contagia cada comunidade que se desenvolve oferece um mercado crescente às demais em um mesmo território (Gaiger, 2003, p. 20).

## Considerações finais

À luz da realidade e analisando os conceitos dos três tipos de Economia, verifica-se uma aderência grande entre a Economia Ecológica e a Economia Solidária. A Economia Ecológica preconiza a integração de conceitos das ciências econômicas e as demais ciências sociais, políticas e as ciências naturais, notadamente a ecologia, oferecendo uma perspectiva integrada e biofísica das interações do meio ambiente. Para tanto, deve estar apoiada em componentes estruturais como: escala sustentável de exploração; alocação dos bens/serviços ecossistêmicos, distribuição destes bens/serviços e o princípio da precaução e a ética ambiental. Por outro lado, os conceitos da Economia Solidária podem se somar aos pressupostos básicos da Economia Ecológica.

Dessa forma, complementando-se, teremos uma agricultura sustentável com uma eficiente e justa distribuição, principalmente se levarmos em consideração as principais formas de empreendedorismos da Economia Solidária como: Cooperativismo; Clube de trocas; Sistema Local de Emprego e Comércio; Empresas Autogestionárias e Comércio Justo.

Na Economia Ambiental Neoclássica, a expansão contínua do sistema econômico é obtida graças à substituição entre capital natural e capital produzido pelo homem. Todavia, como já explicitado, estes dois tipos de capital possuem um caráter de complementaridade entre si, o que invalida a tese de que a acumulação de capital produzido pelo homem superará a escassez de capital natural. Ao contrário, a crescente escassez de capital natural pode representar obstáculos à produção e acumulação dos demais tipos de capital. Ademais, a própria finitude da biosfera terrestre demonstra a inadequação deste paradigma dentro do novo padrão de escassez.

## Referências

BRASILEIRO, E. (org.). *Realmar a Economia:* a economia de Francisco e Clara. São Paulo: Paulus, 2023.

GAIGER, L. I. Empreendimentos econômicos solidários. In: CATTANI, A. (Org.). *A outra economia*. Porto Alegre: Veraz, 2003. 135-143 p.

MILLENNIUM ECOSYSTEM ASSESSMENT (MA). *Ecosystem and Human WellBeing: a framework for assessment.* Washington, DC: Island Press, 2003.

MOTTA, R. S. da. *Manual para valoração econômica de recursos ambientais*. Brasília: Ministério do Meio Ambiente, dos Recursos Hídricos e da Amazônia Legal, 1998.

MUELLER, C. C. *Os economistas e as relações entre o sistema econômico e o meio ambiente*. Brasília: Editora UnB, 2007.

NOBRE, M. & AMAZONAS S, M. de C. *Desenvolvimento Sustentável: a institucionalização de um conceito*. Brasília. Ibama, 2002.

ROMEIRO, A. R. *Sustainable development and institutional change: the role of altruistic behavior*. Texto para Discussão, Instituto de Economia/UNICAMP, n. 97, junho, 2000.

TÔSTO, S. G. *Sustentabilidade e valoração de serviços ecossistêmicos no espaço rural do município de Araras, SP* – Campinas, SP: [s.n.], 2010.

# 2

# PRINCÍPIO 2 – CREMOS NO DESENVOLVIMENTO INTEGRAL

*Izalene Tiene*

*"Cremos que só é possível pensar em desenvolvimento aliado ao cuidado da criação, com a participação dos empobrecidos nos processos de construção das políticas sociais e econômicas. Cremos, assim, no desenvolvimento humano integral como princípio fundamental das mudanças estruturais necessárias, o qual pressupõe a soberania dos povos e a luta nos territórios, e sugere uma economia solidária, fraterna, ecológica e democrática (Fratelli Tutti, 169)"* (ABEFC *apud* Brasileiro, 2023, p. 315).

## Contexto de onde falo

Falo aqui do Amazonas, onde a água é a rainha; rios e córregos lembram veias, e toda forma de vida brota dela. "A água encanta no grande Amazonas, que abraça e vivifica tudo ao seu redor" (Querida Amazônia, 44). Seu eixo principal é o grande rio, filho de muitos rios. As águas subterrâneas afloram para abraçar-se com a água que desceu dos Andes. De mais alto ainda, desce a água celeste, que de dezembro a maio é mais abundante. É a grande Amazônia, trópico úmido. Com sua floresta ainda compacta, mas há um terrível temor: a de que essa natureza, essa vida esteja, devagarinho, tomando o rumo do fim, pela intervenção do capitalismo, um sistema perverso, que visa o lucro em prejuízo ao bem viver numa Casa que é Comum, como podemos ver denunciado no Documento Pontifício 43, Querida Amazônia, n. 47-52.

No início de fevereiro 2025, em um projeto missionário combinado com as Irmãs Calvarianas, viajei para o Amazonas. Para vocês terem uma noção da distância, saímos às 8 horas de Campinas-SP e, pouco antes das 20 horas, já estávamos em Autazes-AM. Uma realidade muito diferente de onde vivo, mas o que me encanta e me move, mesmo sabendo que a idade e a maturidade pedem cuidados, chegar ao Amazonas me rejuvenesce e me enche de vigor (vivi no Alto Solimões e depois em Manaus, de 2012 a 2018).

Aqui parece que a Economia de Francisco e Clara, que propõe uma fraternidade universal, pode se tornar mais viável!?!? Fruto do esperançar!

Em Autazes, Município com 40 mil habitantes, não encontrei pessoas em situação de rua, mas, na mesma rua, encontramos uma casa grande, com boa e exuberante estrutura, e encontramos uma casa de madeira, em má-estado de conservação e com sinais de miséria e carências!? A população é jovem: estudantes, trabalhadores e trabalhadoras. Observamos gestos de partilha solidária na alimentação, na carona de motos. É pelo rio Autazes-Açu que se chega à cidade, mas é pelo Rio Madeira que, além do transporte de passageiro, é onde se dinamiza toda economia que abastece e garante a vida neste território.

As escolas estaduais e municipais, assim como as unidades básicas de saúde, estão próximas da população. Observamos e ouvimos depoimentos sobre a falta de profissionais para os atendimentos. Há uma interferência política de gestores nas contratações. Não há concursos, o que prejudica a continuidade dos serviços. A população depende muito dos serviços públicos de Manaus.

Visitei o restaurante Bom Prato. Mantido pelo Estado. Localizado no centro da cidade. Serve almoço com custo de um real, cardápio regional, para todas as pessoas que procuram. Em média atendem 400 pessoas. A alimentação não pode ser levada para casa. Existem mais quatro cozinhas que servem alimentação nos bairros mais periféricos para as pessoas cadastradas no Bolsa Família. Esse serviço é mantido pela prefeitura.

Duas etnias indígenas estão em maioria na região: os Mura e os Munduruku. A grande demanda dos povos indígenas é a demarcação das terras e o respeito às suas terras demarcadas.

Em Autazes, desde 2009, a Mineradora criada pelo Banco Canadense Forbes & Manhattan, denominada Potássio do Brasil, disputa com os povos Mura, a instalação da Mina de Potássio, para extração do minério, em terras indígenas às margens do Rio Madeira. O objetivo da extração do potássio é para abastecer as empresas de fertilizantes na produção que atende ao agronegócio. É um conflito que o capitalismo devastador estabelece: de um lado coopta uns e, de outro lado, divide os Mura que defendem permanecer nas terras sagradas de seus ancestrais. Os que aceitaram as propostas de vender as terras para a Potássio do Brasil, receberam incentivo político e econômico de governos do Estado e também, mais recentemente, com o consentimento do governo federal e do Supremo Tribunal Federal.

Em uma reunião que aconteceu em 17 de fevereiro de 2025, em Brasília, entre a FUNAI (Fundação Nacional dos Povos Indígenas) e a APIAM (Articulação das Organizações e Povos Indígenas do Amazonas), houve a discussão sobre a situação fundiária dos territórios tradicionalmente ocupados no Estado que abriga o maior contingente populacional de povos indígenas do Brasil. As instituições debateram estratégias de cooperação para a proteção, demarcação e monitoramento das terras indígenas do Brasil. A posição da Presidenta da FUNAI, a indígena Joenia Wapichana, ressaltou que a autarquia tem como diretriz a defesa das terras indígenas e do direito dos povos indígenas. A FUNAI afirmou que a demarcação de terras indígenas segue como prioridade em 2025.

Faço esse relato, acima, para explicar por que estou voltando a essas terras, porque creio no desenvolvimento integral e porque tenho um sonho: ter uma Amazônia que integre e promova todos os seus habitantes, para poderem consolidar o "*Bem viver e o Bem conviver*", num mundo onde os pobres serão os protagonistas.

1) **Desenvolvimento e cuidado com a criação com a participação dos pobres no processo de construção das políticas públicas e de um mundo socialista, onde não há acúmulo para alguns, mas partilha solidária para todas as pessoas**
Como diz o Papa Francisco, no documento Querida Amazônia: "os interesses colonizadores que, legal e ilegalmente, fizeram e fazem aumentar o corte da madeira e implantam a indústria mineradora, expulsaram e estão, cada dia mais presentes, expulsando e encurralando os povos indígenas, ribeirinhos e afrodescendentes, provocam um grande clamor" (cf. Querida Amazônia, 47). Esse clamor é para que haja demarcação das terras indígenas, que cessem os movimentos migratórios dos indígenas para as periferias das cidades, onde encontram as piores formas de escravidão, sujeição e miséria. As cidades são caracterizadas por uma grande desigualdade, onde crescem a xenofobia, a exploração sexual, o tráfico de pessoas... Por isso, o nosso clamor precisa ser coletivo, não apenas na defesa das florestas, dos rios, mas do interior das cidades, onde as Igrejas e os movimentos sociais precisam seguir Jesus Cristo e as lideranças proféticas que apontam para uma sociedade construída a partir dos pobres e pelos pobres.

2) **Construção de processos políticos sociais na perspectiva de uma nova economia.**
A devastação ambiental da Amazônia é uma ameaça à dignidade humana das suas populações. Nos próprios programas educacionais de crianças e jovens, os indígenas são apresentados como intrusos e usurpadores. Suas vidas e preocupações, a sua maneira de lutar e de viver e sobreviver não interessam! São considerados pelo capital como um obstáculo ao "desenvolvimento", onde tudo se torna mercadoria. Precisamos nos contrapor a esse sistema que mata (cf. Evangelii Gaudium – A alegria do Evangelho, 53), com uma proposta e implantação de uma economia que considera o humano com dignidade e protagonismo. Um país que respeita os direitos de cidadãos e cidadãs, a ele pertencentes, que cuidam há milhares de anos, antes de chegarem os colonizadores. Esses povos pobres ficam sempre mais pobres e os ricos tornam-se cada vez mais ricos. Esse modelo e este sistema econômico precisam ser mudados e transformados.

3) **Desenvolvimento humano integral como princípio fundamental.**
Quando empresas capitalistas, que só visam o lucro fácil, se apropriam das terras e das águas (potássio do Brasil é uma delas), privatizando até a água potável, quando as autoridades, os governos deixam caminhos livres para madeireiros, para projetos minerários ou petrolíferos, outras ações que devastam as florestas e contaminam as águas, as terras e o ar, transformam indevidamente as relações econômicas e se tornam um instrumento que mata! Estamos no limite de tudo isso! Há graves violações dos direitos humanos e surgem novas escravidões, que atingem principalmente nós mulheres, os jovens, a população negra, a população

LGBTQIA+. O tráfico de pessoas que se aproveitam de situações em que as pessoas foram expulsas de seu contexto cultural. O avanço do narcotráfico e do crime organizado, que submetem as pessoas, e neste caso, os povos indígenas, globalizam e caracterizam um novo tipo de colonialismo. Esse desenvolvimento que destrói e mata precisa ser superado, vencendo as diferentes marcas da colonização e do patriarcalismo, para construir redes de solidariedade e desenvolvimento que considerem o humano em primeiro lugar.

Precisamos fortalecer as organizações populares, com uma educação que desenvolva asas nos educandos e não os coloquem em uma gaiola. As Igrejas e os movimentos sociais podem e devem ter papel protagonista nessa proposta.

4) **Mudanças estruturais necessárias para garantir soberania dos povos e a luta em seus territórios: uma economia solidária, fraterna, ecológica e democrática.**

Papa Francisco, na encíclica Laudato Si', alerta que "*a visão consumista do ser humano, incentivada pelos mecanismos da economia globalizada atual, tende a homogeneizar as culturas e a debilitar a imensa variedade cultural, que é um tesouro da humanidade*" (LS,144). Isso afeta muito os jovens. A globalização do neoliberalismo danifica a vida humana. Precisamos responder e nos contrapor, provocando mudanças a partir dos pobres. Do lugar onde moram, trabalham, estudam, onde vive a população pobre.

Precisamos incentivar e formar pessoas e grupos para assumir uma nova economia, como a de Francisco e Clara, proposta pelo Papa Francisco. Para isso, é necessário acreditar e retomar o trabalho de base com uma pedagogia de educação popular na perspectiva de Paulo Freire (Freire, P. Pedagogia do Oprimido). Apresentar ao povo os temas políticos que mais o afligem. Os crimes ambientais parecem ser um deles. Reconhecer a igualdade das mulheres e garantir seus direitos. Buscar nas organizações sociais e nas comunidades eclesiais de base motivações, que ajudem a desenvolver ações coletivas, que provoquem mudanças estruturais no fortalecimento da democracia participativa.

## Referências


BRASILEIRO, Eduardo (org.). *Realmar a Economia:* a Economia de Francisco e Clara. São Paulo: Paulus, 2023.

PAPA FRANCISCO. *Exortação Apostólica Evangelii Gaudium – A Alegria do Evangelho: sobre o anúncio do Evangelho no mundo atual.* São Paulo: Paulus – Edições Loyola, 2013.

PAPA FRANCISCO. *Carta Encíclica Laudato Si' – Louvado sejas, sobre o cuidado da casa comum.* São Paulo: Paulus – Edições Loyola, 2015.

PAPA FRANCISCO. *Fratelli Tutti sobre a Fraternidade e a Amizade Social.* São Paulo: Edições Paulinas, 2020.

PAPA FRANCISCO. *Exortação Apostólica Pós-Sinodal Querida Amazônia.* Documentos Pontifícios – 43. Brasília: Edições CNBB, 2020.

SÍNODO PARA A AMAZÔNIA. *Amazônia: Novos caminhos para a Igreja e para uma ecologia integral.* Documento Final. Brasília: Edições CNBB, 2019.

FREIRE, Paulo. *Pedagogia do Oprimido.* São Paulo: Paz e Terra, 1968.

# 3

# PRINCÍPIO 3 – CREMOS EM ALTERNATIVAS ANTICAPITALISTAS

*Marcos Francisco Martins*

> *"Cremos no Bem Viver porque o capitalismo é um sistema econômico, cujas leis próprias geram exclusão e desigualdade (Evangelii Gaudium, 53), pelo que se faz um sistema insuportável, e que precisa ser superado, juntamente do colonialismo e do patriarcado. Cremos que um suposto 'capitalismo inclusivo' é contraditório com a opção pelo respeito à criação e por uma ecologia integral e não é a resposta para a crise que vivemos. Cremos, portanto, que o bem viver é a filosofia prática que nos faz caminhar na direção da nova economia construída sob o paradigma da igualdade, da sustentabilidade e da cidadania"* (ABEFC *apud* Brasileiro, 2023, p. 315-316).

## Introdução

Neste capítulo há uma leitura das Cartas Encíclicas "Laudato Si'" (2015) e "Fratelli Tutti" (2020), do Papa Francisco, com vistas a indicar sugestões sobre como aplicar os princípios da "Economia de Francisco e Clara", que se constituem como um projeto popular de igreja, de comunidade e de sociedade. Tais princípios são entendidos como alternativos ao capitalismo, hoje efetivado na forma de uma vida fechada, precária e insegura, por conflitos e medos produzidos pela globalização sem rumo comum, agressiva e despudorada, que espedaça sonhos, porque não tem um projeto de vida digna para todos(as), já que tudo é concebido como descartável, inclusive o ser humano e a nossa "casa comum" (Francisco, 2015).

Inicialmente, serão apresentadas características basilares do capitalismo, contrapostas ao "bem viver" preconizado por Francisco como a filosofia prática, que advoga o cultivo da "paz social" mediante o cuidado com a "amizade social", tomada como pano de fundo para reconstituir o atual tecido societário, roído pela orientação da ideologia neoliberal. Em seguida, são listadas iniciativas que podem colaborar para superar o atual sistema de vida, insuportável ao ser humano e à Mãe Terra, pois dirigem o caminhar rumo a uma nova economia, construída a partir do paradigma da igualdade, sustentabilidade e cidadania. Na conclusão, é reafirmado o humanista "cuidado pelo que é frágil e por uma ecologia integral, vivida com alegria e autenticidade" (Francisco, 2015) "neste tempo que nos cabe viver, reconhecendo a dignidade de cada pessoa humana, [para que] possamos fazer renascer, entre todos, um anseio mundial de fraternidade" (Francisco, 2020), um projeto que contradiz o atual modo de viver a vida.

## Sobre alguns fundamentos do atual modo de viver: o capitalismo

O modo de viver contemporâneo, vivenciado com variações em diversas partes do globo terrestre, é identificado pelo termo capitalismo. Essa nomenclatura enfatiza que o centro da vida social é o capital e não o ser humano. Fosse o humano o elemento central, o nome do atual sistema de vida deveria ser "humanismo", mas não é, porque no capitalismo o humano é tomado como "capital", submetido aos processos que o identifica e à sua lógica de funcionamento.

Depois do interstício de séculos de origem, implantação e consolidação, há poucas pessoas hoje que discordam da leitura de que o capitalismo está em crise profunda, afetando-lhe a aparência e a essência. Mas quais são as caraterísticas basilares desse sistema de vida?

O capitalismo se sustenta em uma noção de ser humano contrária à concepção cristã presente na "Economia de Francisco e Clara", e opera com ela em todas as dinâmicas que produz para consolidar um tipo específico de vida social, de relações sociais, a partir das quais resultam anti-humanitárias decorrências aos(às) que vivem nele, como por exemplo: a exploração, a alienação, a opressão e a destruição da Mãe Terra e de toda a vida que nela habita.

É liberal a noção de ser humano presente no capitalismo. A propósito, a "categoria de povo, que inclui intrinsecamente uma avaliação positiva dos vínculos comunitários e culturais, habitualmente é rejeitada pelas visões liberais individualistas, que consideram a sociedade como uma mera soma de interesses que coexistem" (Francisco, 2020, p. 42). Em verdade, o liberalismo é uma formulação política e econômica que sustenta/justifica o capitalismo como "modo de produção" social da existência humana. Nascido entre os séculos XVII e XVIII, sobretudo, com as contribuições de John Locke (1632-1704) e Adam Smith (1723-1790), o liberalismo entende o ser humano como mônada, um "átomo", unidade orgânica simples, que se basta a si mesma, autônoma, autossuficiente (Thatcher: "Não existe tal coisa [sociedade]! Existem apenas homens e mulheres individuais" – cf. Tomšič, 2023). Segundo o liberalismo, o humano nasce com direitos naturais e não criados socio-historicamente: direito à propriedade do próprio corpo, que é capaz de, por livre iniciativa em um ambiente de liberdade, trabalhar maximizando os resultados da ação para si; assim, em busca dos próprios interesses, poderá o indivíduo ter o mérito de conquistar outras propriedades, que passarão a ser legitimadas como suas, do que necessariamente deveria decorrer, segundo os(as) liberais, o bem estar coletivo, o que é contradito por Francisco: "A mera soma dos interesses individuais não é capaz de gerar um mundo melhor para toda a humanidade" (Francisco, 2020, p. 28).

A noção liberal do humano como indivíduo egoísta, que compete com todos(as), está capilarizada na estrutura e superestrutura social, e confere consentimento social à meritocracia e ao espaço em que ela se efetiva com maior vigor, porque sem amarras: o mercado, que "tende a criar um mecanismo consumista compulsivo" (Francisco, 2015, s/p.). Mas meritocracia e mercado têm antônimos na "gratidão e gratuidade" preconizadas por Francisco (2015, s/p.).

É no mercado, no qual se idolatra o capital, que se formam grupos sociais com perfis específicos e posições contraditórias: a minoria compõe-se de proprietários(as) dos meios de produção e a maioria pelos(as) que foram deles expropriados. Não os tendo, têm que vender força de trabalho, sua única propriedade, mas necessária para que a minoria transforme a natureza em bens úteis, agregue um valor a mais às matérias primas, que passam a ter mais valor do que tinham. Essa «mais valia», que o trabalho da maioria social produziu, é apropriada pela minoria e, assim, toma lugar um "jogo onde aqueles que sempre ficam a perder são os pobres" (Francisco, 2020, p. 14). Desse modo, edifica-se a interdependência entre maioria e minoria, mas com injusta relação entre elas (pois o resultado do trabalho é expropriado de quem o produziu e apropriado pela minoria não trabalhadora) e com interesses contraditórios (quanto mais os/as trabalhadores/as produzem valor, menos valorizados/as são, pois são explorados/as). Nessa relação social capitalista não cabe "Reconhecer todo o ser humano como um irmão ou uma irmã e procurar uma amizade social que integre a todos [em] um exercício alto da caridade [...] de fraternidade e justiça para todos" (Francisco, 2020, p. 47).

A exploração a que são submetidos(as) os(as) trabalhadores(as) é um processo alienante, porque eles(as) passam a dar a outrem o que lhes pertence (alienação: do latim alienare, alienus, que pertence a outro – alius; transferir ao outro o que é seu; perda). Nesse processo, a maioria social, isto é, os(as) que dispõem apenas da força de trabalho para garantir a existência, sofrem vários tipos de alienação: a) perda da propriedade dos meios de produção; b) pela divisão do trabalho, o(a) trabalhador(a) perde a consciência de todo o processo produtivo, dominando apenas a parte que executa; c) perda do produto que produz (mercadorias), que é apropriado pela minoria social não produtora; d) perda do valor humano, que deveria identificar o trabalhador(a) como pessoa, transferindo-o às mercadorias por ele produzidas. Em se tratando dessa última modalidade de alienação, cabe dizer que, por ela, os seres humanos se reificam, transformam-se em "coisa" (reificação: do latim res, coisa; coisificação do/a trabalhador/a); por sua vez, as coisas produzidas pelo(a) trabalhador(a) (mercadorias) passam a ter um valor que lhe é estranho, uma espécie de "feitiço", pois diz respeito a qualidades humanas (fetichismo da mercadoria). No capitalismo, o sujeito (trabalhador/a) se transforma em objeto, o que repercute na vida social, já que nela o que faz o "ser" ser o que é, é o "ter" (mercadorias). Só se é, se se tem; isso é algo em desacordo com a mais significativa oração de Cristo: "Pai Nosso", em cuja primeira frase expressa que "somos" pessoas iguais, porque irmãos e irmãs de um mesmo Pai.

No capitalismo, vive-se nas "sombras dum mundo fechado" (Francisco, 2020, p. 3), avesso à acolhida de todos(as), pois muitos(as) que nos são diferentes são concebidos como "coisa" e não como "pessoa". Isso mostra o quão deletérias são ao espírito do "bem viver" a exploração e a alienação, até porque dialeticamente articulado a elas apresentam-se no cotidiano outros processos opressores, desumanizadores, como o racismo, a xenofobia, o colonialismo e o patriarcado, que "desfigura[m] o ser humano" (Francisco, 2020, p. 64) e o faz sofrer. Mas "Ao homem que sofre, Deus não dá um raciocínio que explique tudo, mas oferece a sua resposta sob a forma duma presença que o acompanha, duma história de bem que se une a cada história de sofrimento para nela abrir uma brecha de luz" (Francisco, 2013, s/p.). De fato, tem-se que "a adoração de Deus e o amor ao próximo [...] não [podem] alimentar formas de desprezo, ódio, xenofobia, negação do outro. A verdade é que a violência não encontra fundamento algum nas convicções religiosas fundamentais, mas nas suas deformações" (Francisco, 2020, p. 75).

Neste dinâmico mundo, marcado pelos referidos processos desumanizadores, ocorre o descuido com a "nossa casa comum" (poluição das águas e do ar, desmatamento e consequente perda de biodiversidade...), que tem gerado gravíssimos efeitos, como as mudanças climáticas e "esgotamento dos recursos naturais" (Francisco, 2015, s/p.). Em uma realidade em que tudo é descartável, as rápidas mudanças provocadas pelo desenvolvimento científico e tecnológico, aliado ao neoliberalismo, têm resultado "em deterioração do mundo e da qualidade de vida de grande parte da humanidade" (Francisco, 2015, s/p.) e na "desigualdade planetária", que nega o "projecto do amor de Deus, onde cada criatura tem um valor e um significado" (Francisco, 2015, s/p.). De fato, "destruindo a natureza – ele que é um ser natural-biológico –, alienando-se dos demais – ele que é um ser social –, e tornando mercadoria seus produtos culturais – ele que é um ser simbólico –, o homem está se desumanizando" (Martins, 2008, p. 63). O que fazer?

## Cremos em alternativas anticapitalistas

Variadas respostas podem ser dadas à pergunta feita. As de Francisco, em "Laudato Si'", são claras: à "luz da fé" e inspirados(as) pela "sabedoria das narrações bíblicas", deve-se entender "O mistério do universo" como "amor de Deus [que] é a razão fundamental de toda a criação" (Francisco, 2015, passim), pois se alcançará a "harmonia de toda a criação" em "Uma comunhão universal", isto é, um "destino comum dos bens", orientado por uma "Ecologia integral" (ambiental, econômica, social, cultural, da vida quotidiana), porquanto sustentada no "princípio do bem comum" e na "justiça intergeneracional". Tomando o diálogo como instrumento didático-político, Francisco pretende promover a "educação e a espiritualidade ecológicas" e "Apontar para outro estilo de vida" (Francisco, 2015, passim), que não ecocida.

Por sua vez, em "Fratelli Tutti", Francisco exalta a fraternidade e a "amizade social". Faz a crítica ao "mundo fechado" que se está a viver e propugna construir uma nova realidade "Sem fronteiras", rearticulando fragmentos do mundo despedaçado (o amor une, o diabólico divide!) pela globalização neoliberal, o que exige recuperar a consciência do "sentido da história" e produzir um "rumo comum", um "projeto comum" à humanidade, ancorado na universalidade dos "Direitos humanos". Isso exige, entre outras ações, resgatar com "sabedoria" a "comunicação" não violenta ("amabilidade"), já que o que tem caracterizado a convivência nas redes e ruas é a postura agressiva, intolerante, fechada ao(à) outro(a). "A perspectiva de fundo" é colaborar para superar mazelas sociais do mundo atual, que contrariam a fé cristã, e "recomeçar", vendo o(a) outro(a) como "próximo", como irmãos(ãs) que devem conviver "sem fronteiras", orientados(as) pelo "valor único do amor", um "amor universal" assentado na "Liberdade, igualdade e fraternidade" (Francisco, 2020, passim). Assim, recompondo o tecido social a partir da "solidariedade", se almeja "Repropor a função social da propriedade" (Francisco, 2020, p. 31), núcleo central da vida capitalista, fazendo germinar a acolhedora "gratuidade" (oposta à meritocracia), o "Direito sem fronteiras" e o "intercâmbio fecundo" entre criaturas da "Mãe Terra", na dimensão "local e universal" que ela guarda, de modo a "Construir juntos" a "arquitetura e o artesanato da paz", baseados no "Amor que integra e reúne" e se expressa na forma de "Diálogo e amizade social" (Francisco, 2020).

Urge inferir dessas referências ações a serem efetivadas. Além de outras em projeto ou mesmo em curso, cabe citar algumas nas quais se julga crer a Economia de Francisco e Clara:

*** Financeirização:**

– Denunciar "A especulação financeira, [que] tendo a ganância de lucro fácil como objetivo fundamental, continua a fazer estragos" (Francisco, 2020, p. 44) no mundo, e apoiar iniciativas baseadas em "princípios éticos e para uma nova regulamentação da atividade financeira especulativa e da riqueza virtual" (Francisco, 2020, p. 45).

*** Tributação, renda e orçamento dos entes federados:**

– Estimular a criação e apoiar propostas "ecotributárias" e reformas baseadas no "imposto progressivo" (quem tem mais, pagar mais, e quem tem menos, pagar menos);

– Estimular e apoiar sistemas de crédito ao povo que mais precisa, para que reúnam as condições de caminhar na direção da superação da pobreza e da dependência;

– Apoiar iniciativas que promovam a renda básica de cidadania a quem precisa;

– Apoiar iniciativas de governo que possibilitem a participação da definição dos orçamentos dos entes federados.

*** Mundo do trabalho e desenvolvimento econômico:**

– Promover ações sustentadas não na exploração e na alienação, mas no trabalho cooperado, para "realmar a economia" e habilitar a humanidade para que "ajude-nos a encontrar modelos de progresso, que não se baseiem apenas na utilidade e no lucro mas considerem a criação como dom, de que todos somos devedores" (Francisco, 2013, s/p.);

– Estimular e apoiar ações que reproponham o valor social da propriedade, considerando o "bem comum" como eixo articulador desse processo;

– Defender o trabalho digno como direito humano fundamental, considerando salário justo, jornada saudável e exercício profissional seguro e salubre;

– Exercitar o protagonismo comunitário, sobretudo, o periférico, no desenvolvimento econômico local, por meio, entre outros, de ações da economia solidária e da agricultura familiar; reivindicar dos entes federados destinarem recursos a essas iniciativas.

*** Sustentabilidade:**

– Apoiar iniciativas que questionem e proponham alternativas às economias baseadas exclusivamente no ilimitado crescimento econômico em um ecossistema é limitado;

– Apoiar a pesquisa e o desenvolvimento tecnológico de energias limpas e renováveis, e de sistemas de baixa emissão de carbono;

– Estimular o desenvolvimento da chamada "Economia Circular [que] envolve a superação da 'economia linear' [...]. A economia circular pressupõe novas formas de produção, com remanufatura, reuso, reparo, partilha e locação de produtos como serviços [...] via unidades produtivas descentralizadas" (Bragatto; Turino, 2020, s/p.).

*** Política**:

– Exercitar o protagonismo comunitário, sobretudo, o periférico, no exercício político local, regional, nacional e global, para empoderar pessoas e comunidades dos meios e modos de se autodeterminarem, respeitando a ontológica "dignidade única de cada pessoa" (Francisco, 2013, s/p.), mormente daquelas que nos são diferentes;

– Apoiar e participar de movimentos sociais que lutam pelos direitos dos(as) que mais precisam e militam em favor de um mundo solidário, fraterno, democrático e sustentável ecologicamente, mais igualitário e cidadão.

* **Cultura:**

– Estimular o desenvolvimento das ações culturais voltadas aos(às) jovens, para lhes possibilitar espaços de reflexão sobre si e sobre o mundo, de exercício da comunicação não violenta, bem como a coletiva produção cultural, como são os "pontos de cultura";

– Estimular a criação de espaços e tempos de partilha multiétnica, multicultural e intergeracional, sobretudo, no âmbito local, para propiciar o desenvolvimento da "cultura do encontro", considerando, na alteridade, inclusive, a diversidade do sagrado.

* **Educação:**

– Promover ações educativas dialógicas, mediadas pela "cultura do encontro" e pela "escuta amorosa" (Francisco, 2013, passim) do(a) outro(a), nas escolas e fora delas (nas pastorais sociais, por exemplo), para ser ensinada a nova "espiritualidade", baseada na "ecologia integral", centrada no cuidado com todas as formas de vida que habitam a Mãe Terra e no compromisso de superar as formas atuais de propagação do diabólico divisionismo e da cruel violência entre irmãos(ãs) nas redes e nas ruas;

– Apoiar educação pública, gratuita, inclusiva, libertadora, de qualidade e voltada à formação integral da pessoa para um mundo ambiental e socialmente sustentável, e denunciar as ações que atentem contra ela.

* **Assistência social:**

– Criar e apoiar iniciativas coletivas de atendimento às demandas de comunidades que enfrentam desafios que colocam em imediato risco a existência; por exemplo:

cozinhas solidárias, hortas urbanas com produção destinada a quem mais precisa, entre outras.

* **Comunicação**:

– Exercitar a comunicação "amável", isto é, não violenta, aproximando pessoas de diferentes perfis, inclusive, geracionais, para que possam dialogar sobre os problemas vividos e, orientados pela noção de bem comum, articularem iniciativas econômicas, sociais, políticas e culturais solidárias e sustentáveis;

– denunciar em todos os espaços os limites e a degeneração promovida pela sociedade fundada no mercado, no individualismo liberal, no consumismo, na meritocracia e no neoliberalismo, apresentando o "bem viver" como filosofia prática, por meio da qual se produz a "paz e a amizade social" como novo tecido social solidário, fundado no amoroso "serviço concreto da justiça, do direito e da paz" (Francisco, 2013, s/p.).

## À guisa de conclusão

Considerando o exíguo espaço deste texto, resta apenas concluir com a afirmação de Francisco de que "não podemos esperar que o modelo econômico subjacente ao desenvolvimento injusto e insustentável resolva os nossos problemas. Não o fez e não o fará" (Instituto Humanitas Unisinos, 2020, s/p.). Daí a necessidade de buscar alternativas e a "Economia de Francisco e Clara" é significativo ponto de referência para tanto.

## Referências

BRASILEIRO, Eduardo (org.). *Realmar a Economia:* a Economia de Francisco e Clara. São Paulo: Paulus, 2023.

BRAGATTO, Silvana; TURINO, Célio. *Cidades com alma. Um programa da Economia de Francisco e Clara para os municípios*. Instituto Humanitas Unisinos. 2020.

Disponível em: https://www.ihu.unisinos.br/categorias/603671-cidades-com-alma-um-programa-da-economia-de-francisco-e-clara-para-os-municipios Acesso em 25 nov. 2024.

FRANCISCO. *Carta Encíclica Lumen Fidei*. 2013. Disponível em: https://franciscanos.org.br/vidacrista/carta-enciclica-lumen-fidei-do-papa-francisco/#gsc.tab=0 Acesso em: 25 nov. 2024.

FRANCISCO. *Carta Encíclica Laudato Si' do Santo Padre Francisco sobre o cuidado da casa comum*. 2015. Disponível em: https://www.vatican.va/content/francesco/pt/encyclicals/documents/papa-francesco_20150524_enciclica-laudato-si.html Acesso em: 06 jul. 2024.

FRANCISCO, Papa. *Carta Encíclica Fratelli Tutti do Santo Padre Francisco sobre a fraternidade e a amizade social*. 2020. Disponível em: https://www.vatican.va/content/francesco/pt/encyclicals/documents/papa-francesco_20201003_enciclica-fratelli-tutti.pdf Acesso em: 06 jul. 2024.

INSTITUTO HUMANITAS UNISINOS. "Não podemos esperar que o atual modelo econômico resolva os nossos problemas. Não resolveu e não resolverá", constata o Papa. 2020. Disponível em: https://www.ihu.unisinos.br/78-noticias/603336-nao-podemos-esperar-que-o-atual-modelo-economico-resolva-os-nossos-problemas-nao-resolveu-e-nao-resolvera-constata-o-papa Acesso em: 26 nov. 2024.

MARTINS, Marcos F. *Pedagogia do engajamento:* considerações sobre a desumanização e as possibilidades de sua superação. Práxis Educativa, Ponta Grossa, v. 3, n. 1, p. 55-66, jan.-jun. 2008. Disponível em: http://www.revistas2.uepg.br/index.php/praxiseducativa/article/view/343/351 Acesso em: 24 nov. 2024.

TOMŠIČ, Samo. A sociedade não existe? *A Terra é redonda*, 14 fev. 2023. Disponível em: https://aterraeredonda.com.br/a-sociedade-nao-existe/ Acesso em: 24 nov. 2024.

# 4

# PRINCÍPIO 4 – CREMOS NOS BENS COMUNS

*Isaías Daniel*

*"Cremos nos Bens Comuns porque o neoliberalismo, versão contemporânea do capitalismo, acentuou as características de uma economia que mata, com a idolatria ao capital e ao mercado; cremos se tratar de um pensamento limitado, que recorre à mágica teoria do 'gotejamento' como única via para resolver os problemas sociais, a qual, por sua vez, não funciona, pois o mercado não regula tudo (Fratelli tutti, 168); pelo contrário, torna a política refém de uma economia tecnocrática (Laudato si, 189), e prejudica o necessário papel do Estado na garantia dos direitos sociais inalienáveis, pois privatiza direitos e estatiza prejuízos"* (ABEFC *apud* Brasileiro, 2023, p. 316).

*"A palavra do Senhor criou os céus, e o sopro de seus lábios, as estrelas. Como num odre junta as águas do oceano, e mantém no seu limite as grandes águas. Adore ao Senhor a terra inteira, e o respeitem os que habitam o universo! Ele falou e toda a terra foi criada, ele ordenou e as coisas todas existiram" (Sl 32/33,6-9).*

Os diversos dicionários da língua portuguesa afirmam que a palavra crer significa "tomar por verdadeiro", "acreditar". Portanto, antes de aprofundar questões relevantes acerca do assunto principal deste artigo, faz-se necessário reforçar essa realidade: CREMOS! Sim, nós, adeptos da economia de Francisco e Clara, cremos nos Bens Comuns! Na perspectiva da fé cristã, essa crença não significa tão somente saber que os Bens Comuns são vitais para o ser humano, mas que se apresentam como dádivas de Deus, o criador de todas as coisas.[1] Vale recordar o ensinamento do Papa Francisco:

> "A palavra do Senhor criou os céus" (Sl 33/32,6). Deste modo indica-se que o mundo procede, não do caos nem do acaso, mas duma decisão, o que o exalta ainda mais. Há uma opção livre, expressa na palavra criadora. O universo não apareceu como resultado duma onipotência arbitrária, duma demonstração de força ou dum desejo de autoafirmação. A criação pertence à ordem do amor. O amor de Deus é a razão fundamental de toda a criação (Laudato Si, n. 77).

## Mas o que são Bens Comuns?

A discussão acerca dos Bens Comuns tem ganhado, a cada ano, mais espaço nos círculos de debate, em todas as esferas e âmbitos sociais. As mudanças climáticas, o aquecimento global, as poluições atmosférica, hídrica e dos solos, o desmatamento, as queimadas, a desertificação e a perda de biodiversidade apontam

[1] Além do cristianismo, o Judaísmo e o Islamismo professam a fé no Deus Criador de todas as coisas. Essa mesma crença faz parte também da teologia de tradições religiosas, como o Espiritismo, Umbanda e Candomblé. Um trecho do mito da tradição Ketu, a maior e mais popular nação do candomblé, diz o seguinte: *"No começo só existia Olorun. Olorunn começou a se mexer e de seu movimento, surgiu uma massa de água que era Orisalá. Olorun continuou a se mexer, soltando seu "ofurufu" (sopro, hálito) e desse ar, misturado com a água, surgiu a lama. Da lama nasceu uma bolha. Orisalá viu a bolha e admirou sua beleza, soprando sobre ela. Da bolha surgiu a vida: nasceu assim Esú Langui, o primeiro ser criado"* (ver "Criação do Mundo" in: https://odeloya.wordpress.com/orixas/historias-e-lendas/criacao-do-mundo/, s/p).

para uma grande necessidade: a mudança de paradigma na relação do ser humano com o Bens Comuns.

Bens Comuns, na perspectiva ecológica, são recursos naturais, como água, terra, ar, florestas e biodiversidade, que são compartilhados por um grupo de pessoas.[2] Não obstante, a terminologia Bens Comuns também pode ser usada para designar recursos culturais, sociais e intelectuais, como a internet, a literatura, a música, o conhecimento, a tecnologia e os sistemas de saúde e educação.

## Os Bens Comuns na atual conjuntura socioeconômica

Ao longo da história, as sociedades desenvolveram modos de gestão coletiva dos recursos naturais para garantir a sua sobrevivência e prosperidade. No entanto, o sistema capitalista capturou grande parte dos bens naturais como propriedade particular de indivíduos, grupos e povos. Sua visão dos Bens Comuns, como fonte de lucro, desiquilibrou a relação entre recursos naturais e ser humano. A versão contemporânea do capitalismo, o neoliberalismo, patrocinador de uma economia que mata, com a idolatria ao capital e

---

[2] Segundo o teólogo Marcelo Barros, faz-se necessária a superação da concepção utilitária acerca dos bens comuns, para a qual eles existissem apenas em função do uso que deles, nós, seres humanos fazemos. Essa visão serve à mentalidade capitalista. Cf. BARROS, Marcelo. *A quem pertencem os bens comuns?* Movimento Ecos. 24 de junho 2019. https://ecossocioambiental.org.br/2019/06/24/a-quem-pertencem-os-bens-comuns/. Acesso em 12 de dezembro de 2024.

ao mercado, impera e expõe um grande desafio ao ser humano: a necessidade de uma transição ecológica.[3]

Na versão capitalista da economia até mesmo o ser humano é considerado, em si mesmo, como um bem de consumo que se pode usar e depois ser lançado fora. Sendo assim, torna-se também descartável. No horizonte do neoliberalismo, além da riqueza nas mãos de poucos, estão os fenômenos da exploração, opressão e exclusão. No bojo desta realidade, os pobres são as principais vítimas desse sistema. Segundo o Papa Francisco, mais do que explorados, os pobres são tratados como resíduos, sobras (cf. Evangelii Gaudium, n. 53).

A realidade nua e crua consiste nas ameaças profundas pelas quais água, terra, ar, florestas e biodiversidade sofrem diante das mágicas e ineficientes teorias e sistemas que alimentam o neoliberalismo, como, por exemplo, a *teoria do gotejamento*[4], a economia tecnocrática e a cul-

---

[3] A espiritualidade dos povos originários não concebe os Bens Comuns como mercadoria. Numa famosa carta, escrita em 1855, por um cacique Seattle, da tribo Suquamish, do estado de Washington, ao presidente dos Estados Unidos, Francis Pierce, ele respondia dessa maneira à proposta do governo de comprar o território ocupado pelos índios: "Como pode-se comprar ou vender o céu, o calor da terra? Tal ideia é estranha. Nós não somos donos da pureza do ar ou do brilho da água. Como pode então comprá-los de nós? (...) Toda esta terra é sagrada para o meu povo. Cada folha reluzente, todas as praias de areia, cada véu de neblina nas florestas escuras, cada clareira e todos os insetos a zumbir são sagrados nas tradições e na crença do meu povo".

[4] Na teoria do gotejamento está uma crença de que, para recuperação econômica de um país, deve-se adotar políticas que venham ajudar as altas finanças e a elite empresarial, uma vez que os benefícios dessa política irão ser distribuídos ao longo de toda a pirâmide social. No entanto, vários estudos e críticas demonstram que essa teoria não é comprovada. Um estudo do Fundo Monetário Internacional, de 2015, mostrou que o aumento de renda dos 20% mais ricos não gera efeito no crescimento da produção de um país.

tura política de defesa das privatizações[5], cujo resultado é a estatização de prejuízos incalculáveis.

## Os Bens Comuns e a Doutrina Social da Igreja

O ensinamento social da Igreja, com base na teologia da criação[6], esclarece-nos acerca da relação do ser humano com os Bens Comuns. Segundo o magistério eclesial,

> Deus destinou a terra com tudo o que ela contém para uso de todos os homens e povos; de modo que os bens criados devem chegar equitativamente às mãos de todos, segundo a justiça, secundada pela caridade. Sejam quais forem as formas de propriedade, conforme as legítimas instituições dos povos e segundo as diferentes e mutáveis circunstâncias, deve-se sempre atender a este destino universal dos bens (Gaudium et Spes, n. 69).

Nessa perspectiva, é legítimo que todas as pessoas usufruam dos benefícios da natureza, tomando para si o necessário para seu sustento e para sua família. Contudo, a ninguém é dado o direito de tomar como propriedade sua os Bens Comuns, patrimônios da humanidade toda.

A retenção dos Bens Comuns, ou a relação doentia do ser humano com eles, é uma das causas das grandes desigualdades socioeconômicas e do desiquilíbrio ambiental. A escolha por reter os bens é alimentada pela ganância e pelo egoísmo, desarmoniza o ecossistema, transgride as regras da economia solidária e faz crescer a distância das

---

[5] Um exemplo dessa expressão política é a polêmica Proposta de Emenda à Constituição (PEC 03/22), de relatoria de Flávio Bolsonaro, que permite a venda de terrenos da União na beira das praias. A proposta é uma grande ameaça à população brasileira e ao meio ambiente, pois as praias são uma das grandes fontes de lazer e de vivência democrática da população. Caso aconteça essa privatização, esse bem público, até então de uso comum e livre das pessoas, estará sob o controle de grandes corporações para especulação imobiliária.

[6] Cf. Livro do Gênesis 1-2.

pessoas entre si, com os seres vivos e demais organismos da natureza. Não é em vão o que a Bíblia nos alerta: *"Tal é a vereda de todos os que lucram pela ganância, e essa ganância toma a vida de todos os que a possuem"* (Livro dos Provérbios 1,19). Jesus também é incisivo nessa questão: *"Atenção! Tomai cuidado contra todo tipo de ganância, porque, mesmo que alguém tenha muitas coisas, a vida de um homem não consiste na abundância de bens"* (Lucas 14,15). Portanto, *"quando alguém tem mais do que o suficiente e existe alguém que não tem o necessário, o que está em causa não é uma questão de caridade, mas sim e sobretudo de justiça"* (DOCAT, n. 89).

A cada pessoa humana deve ser garantido o acesso aos bens indispensáveis para a sobrevivência. Assegurar esse direito é também um ato de fé e um aspecto importante da ação evangelizadora da Igreja no mundo. Nesse sentido, São João Crisóstomo, bispo e doutor da Igreja, conhecido por suas poderosas homilias, com as quais denunciava os abusos cometidos por líderes políticos e eclesiásticos de sua época, ensina-nos duas duras verdades na relação com os pobres: 1. não fazer os pobres participar dos próprios bens é roubar e tirar-lhes a vida; 2. não são nossos, mas deles, os bens que aferrolhamos.

Recentemente, o magistério social da Igreja tem se agitado com as contribuições de grande relevância oferecidas pelo Papa Francisco[7]. Suas palavras, iniciativas e seus gestos apontam para um horizonte socioeconômico diferente, sobretudo no tocante às questões ecológicas. Segundo o Pontífice, uma nova economia, inspirada em Francisco de Assis, pode e deve ser uma economia amiga da ecologia e construtora paz. Trata-se de substituir o sistema econômico que mata por uma economia da vida, em todas as suas dimensões. Vale a pena recordar suas palavras na exortação apostólica *Evangelii Gaudium:*

---

[7] Dentre suas contribuições no ensino social, destacam-se as encíclicas *Laudato Si, Laudate Deum* e *Fratelli Tutti,* e a exortação apostólica pós-sinodal *Querida Amazônia.*

> Assim como o mandamento não matar põe um limite claro para assegurar o valor da vida humana, assim também hoje devemos dizer não a uma economia da exclusão e da desigualdade social. Esta economia mata. Não é possível que a morte por enregelamento dum idoso sem abrigo não seja notícia, enquanto o é a descida de dois pontos na Bolsa. Isto é exclusão. Não se pode tolerar mais o facto de se lançar comida no lixo, quando há pessoas que passam fome. Isto é desigualdade social. Hoje, tudo entra no jogo da competitividade e da lei do mais forte, onde o poderoso engole o mais fraco. Em consequência desta situação, grandes massas da população veem-se excluídas e marginalizadas: sem trabalho, sem perspectivas, num beco sem saída (Evangelii Gaudium, n. 53).

Para o Papa Francisco não há limites entre economia e dignidade humana. Nesse sentido, os Bens Comuns cumprem um papel de servir a toda a humanidade, pois não são mercadorias a serviço das grandes corporações, empresas multinacionais ou grupos financeiros hegemônicos.

> O mundo existe para todos, porque todos nós, seres humanos, nascemos nesta terra com a mesma dignidade. As diferenças de cor, religião, capacidade, local de nascimento, lugar de residência e muitas outras não podem antepor-se nem ser usadas para justificar privilégios de alguns em detrimento dos direitos de todos. Por conseguinte, como comunidade, temos o dever de garantir que cada pessoa viva com dignidade e disponha de adequadas oportunidades para o seu desenvolvimento integral (Fratelli Tutti, n. 118).

## Caminhos para a transição ecológica

Hoje, fala-se bastante de transição ecológica. A necessidade de mudança de mentalidade e comportamento no tocante às questões ambientais exige esse processo.

Sabemos que toda transição depende de meios que possibilitem chegar ao bom termo. Nesse caso, a única saída é a solidariedade. Ela é o caminho para a sobrevivência planetária. *"Se falarmos de transição ecológica, mas permanecermos dentro do paradigma econômico do século XX, que depredou os recursos naturais e a terra, as manobras que adotaremos serão sempre insuficientes ou doentes nas raízes".*[8] Não basta mudar paradigmas. Antes é preciso acolher o valor fundamental que está em jogo: a vida!

Desde Paulo VI, como forma de superação da crise planetária que aumenta a cada ano, a Igreja propõe um humanismo que tenda ao Absoluto: *"Tal é o verdadeiro e pleno humanismo que se há de promover"* (Populorum Progressio, n. 42). O Pontificado de São João Paulo II reforçou essa proposta:

> Como consequência, torna-se hoje tanto mais necessário e urgente propor os valores de um humanismo pleno, baseado no reconhecimento da verdadeira dignidade e dos direitos do homem, aberto à solidariedade cultural, social e econômica entre pessoas, grupos e nações, na consciência de que uma mesma vocação reúne toda a humanidade. (Mensagem para a XVII Jornada Mundial da Comunicações Sociais, 1983, p. 1).

O Papa Francisco tem insistido bastante na proposta de seus antecessores. No bojo de sua relevante encíclica *Laudato Si,* ele aponta para humanismo integral que integra o cuidado com o meio ambiente, o consumo sustentável, a justiça social e o bem viver humano.[9] Nessa perspectiva, vale ressaltar a importante atuação dos movimentos sociais com suas dignas e utópicas lutas, suas

---

[8] Discurso do Papa Francisco aos jovens, em Assis, aos 24 de setembro de 2022.

[9] A teoria idealista do humanismo integral é fruto da produção filosófica de Jacques Maritain.

técnicas alternativas de subsistência e seu modo de se relacionar com os Bens Comuns.

> É necessário pensar a participação social, política e econômica segundo modalidades tais que incluam os movimentos populares e animem as estruturas de governo locais, nacionais e internacionais com aquela torrente de energia moral que nasce da integração dos excluídos na construção do destino comum... Mas fazê-lo sem trair o seu estilo caraterístico, porque são semeadores de mudanças, promotores de um processo para o qual convergem milhões de pequenas e grandes ações interligadas de modo criativo, como numa poesia. Neste sentido, são poetas sociais que à sua maneira trabalham, propõem, promovem e libertam. Com eles, será possível um desenvolvimento humano integral, que implica superar a ideia das políticas sociais concebidas como uma política para os pobres, mas nunca com os pobres, nunca dos pobres, e muito menos inserida num projeto que reúna os povos (Fratelli Tutti, n. 169).

## Conclusão

Em seu discurso, dirigido aos jovens participantes do evento "Economia de Francisco", no dia 24 de setembro de 2022, em Assis, na Itália, o Papa Francisco alertou:

> A nossa geração deixou de herança para vocês muitas riquezas, mas não soubemos proteger o planeta e não estamos protegendo a paz. Vocês são chamados a se tornar artesãos e construtores da casa comum, uma casa comum que está ficando em ruínas. Estamos fazendo o suficiente para mudar essa economia ou nos contentamos em envernizar uma parede, mudando de cor, sem mudar a estrutura da casa? Não se trata de dar algumas

pinceladas de verniz, não: é preciso mudar a estrutura.[10] (Francisco, 2022, s/p).

Enfim, seguir lutando contra a correnteza do sistema econômico predatório é a razão de homens e mulheres sonhadores do mundo novo. A luta pela integridade dos Bens Comuns, mais do que uma necessidade é um imperativo da espiritualidade cristã. Com essa luta vai a poesia. Elas peregrinam juntas, apontando um único horizonte. Não há luta sem poesia. Não há poesia sem o vigor de nossas lutas. Destarte, vale a pena alimentar nossa utopia de *novos céus e nova terra*[11] com o poema e a espiritualidade de um grande profeta da humanidade, Dom Pedro Casaldáliga:

*Dá- nos, Senhor, aquela paz inquieta*
*Que denuncia a paz dos cemitérios e a paz dos lucros fartos.*
*Dá-nos a paz que luta pela paz. A paz que nos sacode com a urgência do Reino.*
*A paz que nos invade com o vento do Espírito, a rotina e o medo,*
*o sossego das praias e a oração de refúgio.*
*Paz das armas rotas na derrota das armas.*
*A paz do pão, da fome de justiça. A paz da liberdade conquistada.*
*A paz que se faz nossa sem cercas, nem fronteiras.*
*Que tanto é shalom, como salaam, perdão, retorno, abraço.*

---

[10] Disponível em: https://www.vatican.va/content/francesco/pt/speeches/2022/september/documents/20220924-visita-assisi.html Acesso em 04/04/2025.

[11] Novos céus e nova terra são um conceito bíblico que diz respeito à transformação da humanidade. Traz a ideia de uma nova realidade sem pecado, onde não haverá mais morte, tristeza, dor, doenças, desemprego, diferenças sociais, ódio e separações. Cf. Is 65,17-18, Ap 21,1-5.

*Dá-nos a tua paz! Essa paz marginal que*
*soletra em Belém,*
*agoniza na cruz e triunfa na páscoa.*
*Dá-nos, Senhor, aquela paz inquieta que não*
*nos deixa em paz!*[12]

**Referências**


BRASILEIRO, Eduardo (org.). *Realmar a Economia:* a Economia de Francisco e Clara. São Paulo: Paulus, 2023.

"CRIAÇÃO DO MUNDO". Disponível em: https://odeloya.wordpress.com/orixas/historias-e-lendas/criacao-do-mundo/ Acesso em 10/04/2025.

DOCAT BRASIL. *Como agir? Doutrina Social da Igreja.* São Paulo: Paulus, 2016.

DOCUMENTOS DO CONCÍLIO ECUMÊNICO VATICANO II. *Constituição pastoral Gaudium et Spes.* Sobre a Igreja no mundo de hoje. São Paulo: Paulus, 1997, p. 539-661.

CASALDÁLIGA, Pedro. A paz inquieta. Disponível em: https://vermelho.org.br/prosa-poesia-arte/pedro-casaldaliga-a-paz-inquieta/ Acesso em 12/04/2025.

FRANCISCO, Papa. *Exortação apostólica pós-sinodal Evangelii Gaudium.* A alegria do Evangelho – sobre o anúncio do Evangelho no mundo atual. São Paulo: Paulus, 2013.

FRANCISCO, Papa. *Carta Encíclica Laudato Si'.* Louvado sejas – sobre o cuidado da casa comum. São Paulo: Paulus, 2015.

FRANCISCO, Papa. *Carta Encíclica Fratelli Tutti.* Sobre a Fraternidade e a Amizade Social. São Paulo: Paulus, 2020.

PAULO VI, Papa. *Carta Encíclica Populorum Progressio.* Sobre o desenvolvimento dos povos. São Paulo: Paulinas, 1967.


---

[12] Vide https://vermelho.org.br/prosa-poesia-arte/pedro-casaldaliga-a-paz-inquieta/

# 5

# PRINCÍPIO 5 – CREMOS QUE "TUDO ESTÁ INTERLIGADO"

*José Arlindo de Nadai*
*Márcio Roberto Pereira Tangerino*

*"Cremos que a superação da crise se dá por caminhos onde tudo está interligado, inclusive as soluções diante da crise socioambiental que possuem implicações ambientais, sociais, econômicas, distributivas, políticas e que afetam principalmente os empobrecidos (Laudato si, 25), os povos originários e tradicionais"* (ABEFC *apud* Brasileiro, 2023, p. 316).

## Introdução

Escrevemos este capítulo em parceria. Na primeira parte, Pe. Nadai busca na espiritualidade franciscana, nos salmos, nos textos bíblicos, na encíclica *Laudato Si*, do Papa Francisco, suas fontes de inspiração. Também busca na memória aqueles acontecimentos revestidos de significados, que marcaram sua vida e que de alguma forma dialogam com o tema deste capítulo.

Na segunda parte eu, inspirado pelas reflexões do Pe. Nadai e atento à temática do capítulo em questão, procurei fundamentar minha análise em textos de diversas áreas das ciências humanas e sociais que dessem suporte às preocupações que norteiam os grupos organizados de "Economia de Francisco e Clara".

Posteriormente, conversamos longamente e achamos que esta deveria ser a forma de apresentação deste capítulo, em duas partes distintas, mas complementares. A reflexão que brota das experiências de vida, seguida da reflexão que emerge das pesquisas científicas.

## 1ª Parte

### 1. Inspiração

O livro da Natureza pode ser fonte inesgotável de inspiração, para o conhecimento e contemplação, pela grandiosidade da realidade em si mesma; sua consistência, evolução, diversidade e beleza! De fato, a Natureza é verdadeira, bela e boa.

Na Sagrada Escritura, são recorrentes as referências à Natureza criada.

*"Nos salmos encontramos articulada toda a gama de sentimentos que o homem pode ter na sua própria existência e que são sapientemente colocados diante de Deus; alegria e sofrimento, angústia e esperança, medo e perplexidade, encontram lá sua expressão"* (Verbum Domini, 24).

O **Salmo 8** é um "hino *de louvor à grandeza da criação na enorme variedade das criaturas: a terra, o céu, as estrelas, as crianças, os animais, ovelhas e bois, aves do céu e peixes do mar. E, no meio disso tudo, nós, seres humanos":*

*"Senhor, quando contemplo o céu, obra de tuas mãos, a lua e as estrelas, que valor não deve ter o ser humano, para dele lembrares e venhas visitá-lo?"* (cf. Mesters, 2016).

O Salmo 148, talvez seja o mais belo entre os de louvor:

*"Louvai o Senhor! Louvai-o, sol e lua, louvai-o astros todos de luz! Louvai-o, águas e granizo, neve e bruma! Louvai-o, montes e colinas, árvores e cedros! Louvai-o povos e nações, rapazes e moças, velhos e crianças!"*

O salmista convoca todo o Universo criado e todos os habitantes da Casa Comum para a grande louvação. Tudo está interligado como se fôssemos um.

Essas referências remetem-nos ao Gênesis:

*"Deus viu tudo o que tinha feito: e era muito bom"* (Gn 1,31) e *"o Senhor Deus tomou o Homem e o colocou no jardim do Éden para o cultivar e guardar"* (Gn 2,15).

**Cântico das Criaturas**

A leitura contemplativa e orante do Livro da Natureza terá inspirado o menestrel Francisco de Assis (1182-1226) no jubiloso Cântico das Criaturas.

*"Após uma noite especialmente dolorosa e exaustiva, Francisco mandou chamar um dos frades e disse que desejava compor uma nova canção.*

*Enquanto o frade se apressava em transcrever suas palavras, Francisco deixou brotar um dos grandes hinos da civilização medieval, uma canção adiantada vários séculos em relação ao seu tempo. No que se refere à sensibilidade mística e também ecológica."*

A voz de Francisco ressoa em meio à escuridão e à dor. Já não via o sol e a lua, as estrelas, a água e a terra, nem as flores. Mas ele canta, mesmo completamente cego, porque profundamente ligado ao mundo criado por Deus (cf. Spoto, 2003):

*Altíssimo e onipotente Bom Senhor*
*Teus são os louvores, a glória a honra e toda a benção*
*A Ti somente, Altíssimo, eles convêm*
*E nenhum homem é digno de te imitar*

*Louvado sejas, meu Senhor, com todas as*
*Tuas criaturas*
*Especialmente o senhor irmão Sol*
*O qual faz o dia e por ele alumia*
*E ele é belo, radiante, com grande*
*esplendor de Ti*
*Louvado sejas, meu Senhor, pela irmã Lua*
*Pelas estrelas que no céu formaste-as claras*
*preciosas e belas*
*Louvado sejas, meu Senhor, pelo irmão*
*vento*
*Pelo ar, pela nuvem, pelo sereno e todo tempo*
*Pelo qual dá às tuas criaturas o sustento*

*Louvado sejas, meu Senhor, pela irmã água*
*A qual nos é muito útil, úmida, preciosa e*
*casta*
*Louvado sejas, meu Senhor, pelo irmão fogo*
*Pelo qual iluminas a noite, ele é belo,*
*robusto e forte*
*Louvado sejas, meu Senhor, pela nossa*
*irmã a mãe terra*
*A qual nos sustenta, governa e produz*
*diversos frutos,*
*Flores coloridas e ervas.*

Nos últimos dias de vida, em fase terminal, Francisco pediu que os frades que o assistiam cantassem o "Cântico" e, ao final, murmurando, acrescentou o último verso que se refere à Irmã Morte.

*Louvado sejas, meu Senhor, pela nossa*
*irmã a morte corporal*
*Da qual nenhum vivente pode escapar*
*Bendito aquele que se encontra na Tua*
*santíssima vontade*
*Ao qual a morte não fará mal.*

E, para concluir, certamente a leitura atenta da Encíclica *Laudato Si* terá inspirado o poeta Cirineu Khun[1] (SVD) o poema – Tudo está interligado –, cantado pelas Comunidades e estudiosos dessa encíclica do Papa Francisco (2015).

*TUDO ESTÁ INTERLIGADO*
*TUDO ESTÁ INTERLIGADO COMO SE FÔSSEMOS UM*
*TUDO ESTÁ INTERLIGADO NESTA CASA COMUM.*
*O cuidado com as flores do jardim, com as matas, os rios e mananciais*
*O cuidado com o ar e os biomas com a terra e com os animais.*
*O cuidado com o ser em gestação co´as crianças um amor especial*
*O cuidado com doentes e idosos pelos pobres, opção preferencial*
*A luta pelo pão de cada dia, por trabalho, saúde e educação*
*A luta pra livrar-se do egoísmo e a luta contra toda corrupção.*
*O esforço contra o mal do consumismo a busca da verdade e do bem*
*Valer-se do tempo de descanso, da beleza deste mundo e do além*
*O diálogo na escola e na família entre povos, culturas, religiões*
*Os saberes da ciência, da política, da fé, da economia em comunhão*
*O cuidado pelo eu e pelo tu pela nossa ecologia integral*

[1] O Pe. Cirineu Kuhn pertence à Congregação dos Missionários do Verbo Divino. Diretor da Verbo Filmes; compositor de canções como "Pai Nosso dos Mártires", obras para as CFs e – Tudo está interligado.

*O cultivo do amor de São Francisco feito solidariedade universal.*

## 2. Lembranças

Talvez este item pudesse ser denominado por memorial, pois, lembrança é uma recordação... enquanto memorial é a memória de um acontecimento passado que pode ser presencializado de novo, de algum modo.

A primeira lembrança é a de uma árvore, enorme, frondosa e que fazia ampla sombra: a paineira.

Lançava raízes profundas, espalhando-se em toda a superfície ao redor. A seu tempo produzia flores vermelhas que a enfeitavam por inteiro. Delas brotavam painas, leves como uma brisa suave.

Essa paineira era a extensão de nossa casa, onde as crianças brincavam com seus jogos inventados por elas mesmas. Éramos abrigados em sua sombra generosa, acariciados por uma brisa que fazia voar painas delicadas que, em vão, procurávamos alcançar...

A árvore é um arquétipo que nos acompanha desde sempre. O livro das Origens já fala das árvores, especialmente daquela simbólica de cujos frutos é proibido comer! Nos livros das profecias é recorrente a analogia da vinha bem-amada, carinhosamente cultivada, como imagem do Povo de Deus.

Jesus de Nazaré, nos Evangelhos, colhe da natureza, elementos preciosos para seus ensinamentos: *"Olhem como crescem os lírios do campo: eles não trabalham nem fiam. Eu, porém, lhes digo: nem o rei Salomão, em toda a sua glória, jamais se vestiu como um deles"* (Mt 6,28).

O que dizer, então, das parábolas do Reino? A do semeador; a semente de mostarda que se torna uma árvore; a parábola do joio e do trigo, cujo cultivo exige paciência e prudência; a figueira...

Não bastasse, Jesus diz: *"Eu sou a videira verdadeira... e vocês são os ramos"* (Jo 15,5).

Este arquétipo da árvore tão enraizado na cultura dos povos e na consciência humana, reaparece comovente até na Liturgia. Por exemplo: na celebração da Sexta-feira Santa, na veneração da Árvore da Cruz:

*"Eis o lenho da Cruz do qual pendeu*
*a salvação do mundo".*
*"Cruz fiel, árvore nobre, que flor e fruto nos*
*dais!"*

Ainda, brevemente, duas lembranças. Certa ocasião, assistindo à conferência do Prof. Joel Martins, disse que certo dia, saindo da PUC-SP, onde era Reitor, e caminhando por uma das ruas do bairro Perdizes, parou debaixo de um Ipê, para contemplar a exuberante florada. De repente, passantes foram se aglomerando embaixo da mesma árvore, a olhar para cima... então alguém rompeu o silêncio e perguntou – o que vocês estão olhando? – Não sei, ainda não vi nada de diferente! Outro, estou procurando! – Um terceiro, mais afoito, disse bem alto, – vamos trabalhar. Vocês são visionários...

O professor, filósofo e humanista teceu suas considerações a partir dos diferentes olhares, das quais me restam tênue reminiscência: cada um olha e vê a realidade segundo o próprio mundo interior, pelas lentes do coração que podem ampliar ou reduzir, iluminar ou ofuscar o que se vê.

Deus escreveu um livro estupendo *"cujas letras são representadas pela multidão das criaturas presentes no Universo. A natureza é um manancial incessante de encanto e reverência..."* (Laudato Si, 85).

Não basta olhar de relance para a Natureza, é preciso parar diante dela: admirar e contemplar!

Clarisse Lispector chama esta atitude de ato gratuito.

*"Eram duas horas da tarde de verão. Interrompi meu trabalho, mudei rapidamente de roupa, desci, tomei um táxi que passava e disse ao chofer: vamos ao Jardim Botânico... Deixei abertas as vidraças do carro, que corria*

*muito, e eu já começava minha liberdade deixando que um vento fortíssimo me desalinhasse os cabelos e me batesse no rosto grato de olhos entrefechados de felicidade. Eu ia ao Jardim Botânico para que? Só para olhar. Só para ver. Só para sentir. Só para viver" (O ato gratuito).*

Outra lembrança. A visita à Universidade São Francisco (USF) do Ministro Geral da Ordem (OFM) para conferência na sede da Universidade, em Bragança Paulista, cujo tema versava sobre a mística Franciscana, a partir da fraternidade, sororidade universal de Francisco e Clara.

Em dado momento, o conferencista chamou a atenção dos ouvintes para um grande aquário que ornamentava o cenário onde falava. E disse, se começarmos a jogar alimentos estranhos dentro deste aquário, sob o pretexto de alimentar os peixinhos, em poucos dias a água será poluída e os peixinhos intoxicados, viram-se todos de barriguinha para cima. Morrem!

As crianças adoram arremessar bolinhas de pão nos aquários. Nós, adultos, fazemos o mesmo com o grande aquário da Natureza, contribuindo com a crise climática que, dizem os cientistas, ameaça o planeta terra e os peixinhos que o habitam.

*"O acesso à água potável e segura, é um direito humano essencial, fundamental e universal, porque determina a sobrevivência das pessoas e, portanto, a condição para o exercício de outros direitos humanos"* (Laudato Si, 30).

Francisco de Assis e Clara são protótipos da comunhão fraternal.

O ser humano não é o senhor e dono da natureza, mas parte integrante dela. Não está acima, mas no meio dela, como quem *"guarda e cultiva".* Como Francisco contempla, admira, agradece e louva. Como Clara canta e dança. "A Bíblia não dá lugar para um antropocentrismo despótico que se desinteressa das outras criaturas" (Laudato Si). *"Se encontrares no caminho, em cima de uma árvore ou no chão, um ninho de pássaros, com filhotes ou ovos cobertos, pela mãe, não apanharás a mãe com a ninhada* (DT 22,46).

## 3. Crise Climática

Nos tempos em que vivemos, temos acompanhado de perto essa triste realidade. A tragédia que aconteceu no Rio Grande do Sul causada pelas chuvas, tempestades e ventanias, que resultaram em enchentes, alagamentos, destruição de estradas, casas e até de cidades. Milhares de famílias desabrigadas. Danos incalculáveis para a produção agrícola, negócios e serviços. Todas as espécies de vida foram gravemente atingidas e algumas perdidas, inclusive vidas humanas.

Com espanto e medo temos acompanhado as queimadas no Pantanal, na Amazônia, também em algumas regiões do Estado de São Paulo. A fumaça e fuligem desses incêndios e queimadas atingiram as populações urbanas, com danos à saúde. Por outro lado, temos convivido com a seca, alta temperatura, esvaziamento de rios e barragens.

*"O ritmo de consumo, desperdício e alteração do meio ambiente superou de tal maneira as possibilidades do planeta, que o estilo de vida atual – por ser insustentável – só pode resultar em catástrofes, como, aliás, já está acontecendo em várias regiões"* (Laudato Si, 161).

Com mais frequência temos acompanhado, em tempo real, pelas redes sociais de comunicação, furacões, tornados e tsunamis, em outras regiões do planeta.

*"Tanto a experiência comum da vida cotidiana, como a investigação científica demonstram que os efeitos mais graves de todas as agressões ambientais recaem sobre as pessoas mais pobres"* (Laudato Si, 18).

O clamor da terra é uníssono ao clamor das populações pobres, pois a crise climática e ambiental é também social.

*"Tudo está interligado como se fôssemos um.*
*Tudo está interligado nesta Casa comum."*

## 4. Conclusão – Uma Rede de relações

A título de fechamento desta primeira parte, transcrevemos duas das várias afirmações da Laudato Si, onde o Papa Francisco reafirma que: Tudo está interligado.

"*Não há duas crises separadas: uma ambiental e outra social, mas uma única e complexa crise socioambiental. As diretrizes para a solução requerem uma abordagem integral para combater a pobreza, devolver a dignidade aos excluídos e, simultaneamente, cuidar da natureza*" (Laudato Si, 139).

E, no final da mesma Encíclica, Francisco conclui:

"*Na verdade, a pessoa humana cresce, amadurece e santifica-se tanto mais quanto mais se relaciona, sai de si mesma para viver em comunhão com Deus, com os outros e com todas as criaturas*" (Laudato Si, 240).

# 2ª Parte

## 1. Um pouco de história

Quando vivenciamos o cotidiano de nossas vidas sempre pensamos as relações sociais a partir de nossas experiências mais imediatas e dificilmente ligamos os grandes problemas econômicos, políticos e sociais, para além da alçada subjetivista da nossa consciência ou da forma como estruturamos a nossa visão de mundo.

Estudando o passado remoto de nossa espécie, seja como povos coletores, seja como povos caçadores, como bem demonstrou a antropologia, comparando estes seres humanos aos animais de outras espécies, observamos que estes garantiram a sobrevivência pela adaptação ao meio, e os que não possuíam capacidades adaptativas foram extintos da face da terra, enquanto os seres humanos, que também desenvolveram características adaptativas, garantiram sua sobrevivência transformando o meio em que viviam e vivem hoje.

O trabalho humano que transforma o meio e garante a sobrevivência da espécie, povos coletores nômades ou seminômades em busca de alimentos, completamente dependentes da fertilidade da terra e do clima para a produção de frutos, tubérculos e gramíneas; povos caçadores produzindo armadilhas, lanças e flechas para esta atividade; povos agricultores fazendo instrumentos de trabalho, domando animais, para sujeitar a terra aos seus objetivos. Tudo dependeu e depende do trabalho humano, do mais simples ao mais complexo.

Porém, é importante lembrar que toda a transformação que o ser humano impôs sobre a natureza implicou numa mudança adaptativa em si mesmo, como um efeito rebote, que o levou a uma necessária evolução biológica que não estava sob seu controle. Assim sua coluna foi se tornando mais ereta, seus dentes, com a descoberta do fogo foram diminuindo de tamanho; a ingestão de proteínas animal proporcionou o aumento da estatura e pouco a pouco se tornou mais longevo. Ou seja, a médio e longo prazo, toda mudança no meio em que o ser humano estava provocou e provoca mudanças na própria espécie.

Mas estas mudanças foram pequenas, quando comparadas com o que aconteceu a partir do século XVI, e sobretudo com as mudanças que ocorreram no século XX, com uma enorme aceleração do tempo dado às tecnologias que diminuíram as distâncias geográficas entre os países do globo terrestre e sofisticados meios de comunicação que interligaram as nações e os indivíduos (cf. Hobsbawn, 1995).

Com a modernidade, marcada pela descoberta das ciências, pelo desenvolvimento do comércio e a urbanização, pela acumulação sem precedentes de riquezas – a extração de matérias-primas e metais valiosos das colônias europeias –, mais a apropriação do conhecimento científico pela burguesia, o cenário mudou completamente quando comparado ao período medieval. Esses vários fatores conjugados possibilitaram que as revoluções industriais fossem realizadas em suas várias etapas.

Daí para frente as mudanças econômicas e culturais ganharam um ritmo vertiginoso, tanto ao que se refere às alterações provocadas no ambiente pela ação humana – a indústria em busca de matéria-prima, depredando o meio em busca de fontes de energia (caldeira a vapor, carvão mineral, petróleo e eletricidade e mais tarde a energia atômica) –, quanto às mudanças biológicas alcançadas pela humanidade graças à descoberta de vacinas e antibióticos, prorrogando a vida humana sobre a terra.

Porém, no século XX, depois de duas guerras mundiais, brota a consciência de que as promessas da modernidade que nos levariam ao "paraíso terrestre" não estavam se cumprindo, ou se cumpriam de forma muito contraditória: parte do conhecimento científico, talvez aquela mais desenvolvida, foi apropriada pela indústria de guerra, elevando a números estratosféricos a capacidade do ser humano de matar em grande escala. O que deveria estar tão e somente a serviço da humanidade volta-se contra ela e contra o meio ambiente (cf. Küng, 1993).

A busca incessante pelo lucro, a justificativa de que a economia deveria crescer sempre para que houvesse desenvolvimento, para assim eliminar a miséria e a pobreza, e satisfazer a todas as necessidades humanas e seus desejos de conforto e acúmulo, beiram a tragédia.

Na prática, o que tem se observado, como veremos à frente, é uma crescente concentração de renda e do capital nas mãos de poucos, o que faz aumentar a marginalização social como resultado de um sistema no qual o lucro está em primeiro lugar, levando à disseminação da pobreza e da miséria. Por certo, isso tudo nos mostra que enveredamos pelo caminho errado, pois a primazia deveria estar no ser humano e não no acúmulo de riquezas.

## 2. O momento atual

Como bem apontou Souza, analisando as falas sobre sustentabilidade e a ideologia enganosa por detrás deste vocábulo, ela desvenda o discurso dominante afirmando:

> A sustentabilidade é hoje o discurso político poderoso e falacioso como foi outrora aquele do desenvolvimento, no qual os países pobres acreditaram por mais de meio século. Neste caso, contrariamente à sua proposta, os países aumentaram o número de pobres e a pobreza alcançou classes que se imaginavam protegidas das perversidades de um modo de produção que tem na sua essência a preocupação com o mercado e não com a humanidade, ou seja, a vida no planeta (Souza, 2008, p. 16).

Essa é a consciência que devemos ter. A mundialização da economia, a presença das empresas de caráter transnacional explorando recursos naturais onde eles ainda estão disponíveis, as práticas consumistas das populações de países desenvolvidos e em desenvolvimento são uma afronta às populações pobres da Ásia, África e América-latina. E, normalmente, nos países considerados em desenvolvimento, as classes dominantes concentram a renda em suas mãos para consumir de modo análogo às populações dos países de primeiro mundo. A ideologia dominante nos diz que o ser humano vale pelo que tem e não pelo aquilo que é. O ter substituiu o ser.

Então vamos às compras, não interessando se o produto é supérfluo, se aquisição deles representa a ausência do necessário na "mesa dos pobres". O consumo desenfreado dos produtos industrializados é incentivado pelas empresas por meio do *marketing* e da "obsolescência programada". Tudo se torna ultrapassado em poucos anos, meses e semanas. "Precisamos" sempre do modelo mais novo, mais potente, com mais funcionalidades, mais "memória", mais veloz, mais atual, mais prático.

Essa forma de produção e consumo são os grandes responsáveis pela crise climática que vivenciamos na atualidade, pois não há como produzir sem buscar na natureza as matérias-primas para a confecção das mercadorias. E se produzimos muito também descartamos muito. No início e ao final do processo, é a natureza que paga o ônus desse modelo social. É uma lógica perversa!

### 3. Consequências evidentes

O planeta terra é nossa casa comum e o que afeta presumivelmente uma parte da população afetará todos, a médio e longo prazo, mas, que sem dúvidas, afeta principalmente os mais pobres.

Os eventos extremos cada vez mais frequentes – enchentes no Rio Grande do Sul em 2023/2024, tempestades que provocaram desmoronamentos em São Sebastião, em 2023, como já haviam provocado desmoronamentos em Petrópolis e Teresópolis em anos recentes, e agora o rastro de destruição que chuvas torrenciais deixaram na região de Valência, na Espanha – mostram que ninguém se verá livre de seus efeitos.

Observem que mesmo os eventos naturais atingem setores populacionais de várias partes do mundo também de forma seletiva. Assim, vejamos: o terremoto que sacudiu o Haiti, em 12 de janeiro de 2010, matou mais de 230 mil pessoas e deixou mais de um milhão de desabrigados; no Chile, em 27 de fevereiro do mesmo ano, foi registrado um dos mais fortes terremotos da história e, apesar da destruição causada na parte mais central do país, deixou em torno de 700 mortos. O primeiro terremoto, no Haiti, alcançou intensidade de 7,3 graus, na escala Richter, enquanto no Chile alcançou 8,8 graus (lembrando que para cada grau de aumento a intensidade sobe 10 vezes, então, no caso, o terremoto que atingiu o Chile teve intensidade 15 vezes maior do que aquele que atingiu o Haiti).

Como vemos há, então, como nos prevenir em relação aos fenômenos naturais, desde que o país em questão e as respectivas classes sociais tenham condições para isso. No Chile, apesar de todas as consequências do terremoto, os efeitos deste foram bem menores do que no Haiti, principalmente no que tange à vida humana[2].

Então, são sempre os pobres e marginalizados os principais atingidos, seja pelos fenômenos naturais, seja pelos eventos extremos provocados pela ação humana.

Ainda mais, os efeitos do modelo econômico atual fazem agravar as consequências das mudanças climáticas.

---

2 Em relação aos dois grandes terremotos ocorridos em 2010: Terremoto no Haiti: dia 12 de janeiro de 2010, às 16h53, um terremoto de 7.3 graus na escala Richter atingiu a capital do Haiti, Porto Príncipe. Com epicentro próximo à principal cidade haitiana, o sismo causou enorme destruição, matou cerca de 230 mil pessoas e deixou mais de um milhão de desabrigados. (Memória Globo). Disponível em: https://memoriaglobo.globo.com/jornalismo/jornalismo-e-telejornais/jornal-nacional/reportagens-e-entrevistas/noticia/terremoto-no-haiti.ghtml Acesso em 15/11/2024. "A Unicef destaca que principalmente a população mais pobre vive, até hoje, como consequência do terremoto de 2010, problemas como: - agravamento da insegurança alimentar; - desnutrição; - epidemia de cólera e outras doenças transmitidas pela água; - aumento da sua fragilidade e insegurança diante da ocorrência de novos desastres naturais. Disponível em: https://brasilescola.uol.com.br/geografia/o-terremoto-no-haiti.htm. Acesso em: 15/11/2024. Terremoto no Chile: na madrugada de 27 de fevereiro de 2010, um tremor de 8,8 graus na escala Richter atingiu o Chile, deixando mais de 700 mortos. O epicentro do terremoto foi no mar, a 35 quilômetros de profundidade e a 120 quilômetros de Concepción, a cidade mais atingida. A região central do país ficou parcialmente isolada, sem água, energia e comunicação. O aeroporto de Santiago ficou fechado e as estradas foram bloqueadas. Com dois milhões de chilenos atingidos pela tragédia, a presidente Michelle Bachelet declarou estado de catástrofe. Ondas gigantes varreram cidades costeiras, minutos depois do abalo sísmico. O risco de tsunami colocou em alerta diversos pontos da costa do Pacífico, do Havaí à Nova Zelândia. Os tremores também foram sentidos na Argentina e no Brasil. Disponível em: https://memoriaglobo.globo.com/jornalismo/coberturas/terremoto-no-chile/noticia/terremoto-no-chile.ghtml - consulta realizada em 15/11/2024.

A curto prazo, observamos que os mais pobres e marginalizados, os desempregados ou subempregados, os terceirizados e outras categorias de trabalhos flexibilizados, aqueles que não foram integrados pelo sistema econômico ou o foram de forma subalterna, são as principais vítimas desta situação.

No campo, os povos originários veem o agronegócio avançar sobre suas terras destruindo florestas para a prática da monocultura e/ou pecuária, destruindo suas culturas e modos de vida integradas à natureza (naquilo ao que se refere a reduzir o impacto da presença humana no ambiente). Os habitantes das periferias urbanas que constroem suas moradias nas encostas dos morros e nas várzeas dos rios que cortam as cidades, quase sempre ignorados pelo poder público e sacrificados pela especulação imobiliária, são os mais atingidos pelos fenômenos extremos, cada vez mais frequentes, no mundo atual.

## 4. O modo de produção capitalista e a (não) preservação da vida

O modo de produção capitalista se organiza a partir de uma premissa básica, a ideia de que ele representa a liberdade social e econômica. O fato de em sua origem ele se opor ao Estado absolutista, no qual o direito à riqueza era exclusivo da nobreza e do clero, abriu a possibilidade de se fazer riqueza por meio do trabalho e permitiu que a burguesia ascendesse economicamente fazendo uso do lucro que obtinha com o comércio.

“Homens livres” agora se encontram no mercado como compradores e vendedores de mão de obra. O valor que se paga à mesma depende de livre negociação, por isso, juridicamente, instaura-se a premissa básica do Estado de direito moderno, a de que todos são iguais perante a lei, não importando o poder econômico de cada indivíduo, classe, títulos e posição social. “A lei não faz acepção de pessoas", diriam parte dos juristas deste sistema: "*dura lex, sed lex*" (a lei é dura, mas é a lei).

Ora, este sistema de produção, tão bem estudado por Adam Smith, Karl Marx, John Maynard Keynes, entre outros pensadores modernos e contemporâneos, de perspectivas diferentes, opostas e/ou complementares, à medida que foi se firmando, historicamente exigiu, como diria Max Weber (2001, p. 99) uma racionalização da vida cotidiana que a todos submeteu, "a jaula de ferro". Na empresa foi necessário um aparato administrativo e contábil e na sociedade o ordenamento de um sistema jurídico.

Assim o capitalismo, em seu desenvolvimento, foi se protegendo no sentido de não ser confrontado, especialmente quando o lucro era ameaçado. Em suas várias etapas, comercial, industrial (concorrencial e monopolista), financeiro e informacional, foi sempre se reinventando e subvertendo, na prática, os princípios genéticos que lhe deram origem.

E por que isso se deu?

Observando do ponto de vista econômico, há uma tendência do capital, ao se reproduzir, de se concentrar em poucas mãos. Na evolução do modo de produção capitalista, para se proteger da concorrência, o capital tendeu a formar grandes conglomerados empresariais, como por exemplo os trustes, holdings e cartéis. A livre concorrência que derrubaria os preços e ajudaria os consumidores (desejo ou necessidade de pagar menos) não passa de retórica de mercado.

Então o que vemos hoje no mundo é uma brutal concentração da renda (Piketty, 2014), fazendo aumentar a pobreza e a miséria não só nos países subdesenvolvidos, mas também nos países desenvolvidos. As esperanças que nasceram após a 2ª guerra mundial, de um mundo que faria brotar uma sociedade mais igualitária e justa desvaneceram-se. A riqueza concentrada em mãos de poucos indivíduos dá uma dimensão da gravidade dos problemas que vivenciamos hoje.

Luiz Marques (2016, p. 554) nos mostra que:

> Em 2014, a Oxfam[3] mostrou que esses 85 indivíduos mais ricos do planeta possuíam em conjunto mais de 1,7 trilhões de dólares, o que equivalia à riqueza detida por 3,5 bilhões de pessoas, a metade mais pobre da humanidade. A concentração destes ativos prossegue a ritmo vertiginoso, conforme mostra o seguinte quadro da evolução do número declinante de indivíduos cuja riqueza iguala a da metade mais pobre da humanidade:

| | Número de indivíduos |
|---|---|
| 2010 | 388 |
| 2014 | 85 |
| 2015 | 62 |

E, de modo bem didático, mas não exatamente com as mesmas palavras, o mesmo Luiz Marques, em seu livro (de onde extraímos o excerto acima citado), cujo título é *Capitalismo e colapso ambiental*, mostra-nos, em 711 páginas, que "tudo está interligado". Com clareza ímpar e muito bem fundamentado cientificamente vai explicitando como as crises ambientais estão fundamentalmente ligadas ao nosso *modus vivendi.*

Não há como explicar os eventos extremos atuais sem ligá-los ao aquecimento global e este à forma como se produz e o que se produz, dos combustíveis fósseis às mercadorias fetichizadas que satisfazem os desejos – criados pelo marketing e propagandas diversas –, deixando de lado a produção daquilo que satisfaz as necessidades de todos os seres humanos.

[3] Organização humanitária internacional, que está presente em quase cem países, tendo como objetivo principal combater a pobreza e a desigualdade (Oxfam é a abreviação de Oxford Comittee for Famine Relief, cuja tradução é Comitê de Oxford para Alívio da Fome).

Também Milton Santos em um estudo sobre o espaço humano afirma: "*Os locais de trabalho, de estudo, de lazer, o quadro de nossa vida cotidiana, são concebidos como mercadorias para seduzir e atrair o consumidor. Na verdade, todos estes rostos se resumem num só, o da mais completa fetichização*" (Santos, 2012, p. 38).

O conceito de fetichismo da mercadoria é oriundo do pensamento de Marx e aponta para o fato dos produtos das mãos humanas escaparem do controle dos trabalhadores escondendo a gênese da produção. Com isso a "criatura" volta-se contra o criador e o domina.

Em uma linguagem menos sofisticada, a mercadoria exerce um encantamento sobre os seres humanos, fazendo com que estes (de forma quase sempre irracional, pois estão "enfeitiçados", confundam necessidades e desejos) consumam muito mais do que realmente é necessário.

Na mesma linha de reflexão, Chomsky e Waterstone (2022) refletem longamente sobre as consequências do capitalismo e, análogo à afirmação acima, Waterstone, em palestra proferida em 2019, afirma:

> Essa forma de capitalismo exige a produção constante do desejo. Hoje, nos Estados Unidos, gastamos algo em torno de US$ 200 bilhões por ano em publicidade, algo em torno de US$ 500 bilhões por ano em *marketing* e, em todo o mundo, vocês podem ver estes custos chegando à estratosfera. Tudo isso para garantir que os desejos das pessoas sejam redefinidos como necessidades (Waterstone, 2022, p. 235).

E seguindo em sua reflexão diz que o capitalismo inverteu a máxima de que a "necessidade é a mãe da invenção", pois hoje, se não há um prognóstico da aceitação de um determinado produto no mercado "a invenção torna-se a mãe da necessidade" (cf. p. 236). Ou seja, lança-se um produto no mercado e aguça-se o desejo do consumidor, por meio da propaganda e do marketing, afirmando que ele é absolutamente necessário.

Esse consumismo realimenta o modo de produção atual que, em busca de sua reprodução contínua, depreda os recursos naturais em quantidade tamanha que não permite à natureza se refazer, transformando a paisagem e degradando o meio.

## 5. Apontamentos finais

Em 2009, foram estabelecidos nove processos limites de resiliência que mantêm o planeta Terra em equilíbrio. São eles:

1. Mudanças no uso da terra do planeta;
2. Mudanças climáticas;
3. Biodiversidade;
4. Ciclo do nitrogênio e fósforo;
5. Uso de água doce;
6. Poluição química por compostos como microplásticos;
7. Acidificação dos oceanos;
8. Aerossóis na atmosfera;
9. Camada de ozônio.

Desses nove pontos limítrofes, só não ultrapassamos os dois últimos. Isso vem sendo publicado com insistência nos últimos meses pelos meios de comunicação, sejam os jornais impressos ou virtuais, seja pelos sites da internet ou telejornais.

O que as Ciências têm demonstrado é que precisamos de ações urgentes para mitigar a curto prazo os efeitos da crise climática em curso e, de fato, assumirmos uma postura mais efetiva no sentido de mudarmos a rota estrutural da produção a médio prazo, com o abandono do uso de combustíveis fósseis, com investimentos em energia renovável, com a diminuição do consumo de carne vermelha, com a não expansão da agricultura, com o uso racional da água doce (hoje, 75% da água doce é utilizado na irrigação agrícola) entre outras medidas. O que fica claro é que não temos muito mais tempo e que as nações ricas e em desenvolvimento devem assumir de fato compromissos nesta direção.

Antunes (cf. 2000, p. 173) afirma que podemos mudar o curso dos acontecimentos, se a produção destrutiva for eliminada, priorizando a produção de valores de uso (aquilo que efetivamente satisfaz as necessidades humanas) e não de troca (aquilo que satisfaz o desejo de consumo das classes mais abastadas), invertendo assim a lógica da produção societal.

Aponta também que isso levaria a uma necessária redução da jornada de trabalho, abrindo espaço para mais tempo livre, carregado de novos sentidos, visto que "o tempo livre atualmente existente é tempo para consumir mercadorias, sejam ela materiais ou imateriais. O tempo fora do trabalho também está fortemente poluído pelo fetichismo da mercadoria" (Ib. p. 173). Corroborando com esta afirmação, basta observarmos os shoppings centers, tidos como centro de compras, de lazer, de entretenimentos etc.

Em recente evento na feira literária de Frankfurt, na Alemanha, realizada entre os dias 16 e 20 de outubro de 2024, o israelense Yuval Noah Harari (autor do livro Sapiens, entre outros), de pensamento liberal, apontava para a necessidade de a humanidade desacelerar, seja pela forma desenfreada do capitalismo, que avassala o meio ambiente, bem como pela busca incessante das *big techs* por mais participação dos usuários. Seu pensamento foi referendado pelo filósofo japonês Kohei Sato, de tendência marxista, que também apontava para a necessidade de uma desaceleração (cf. Walter Porto, Folha de São Paulo, 21/10/2024, p. B5).

Tomando por exemplo os dois autores acima, não é hora de ficarmos discutindo questiúnculas. Temos que fazer um esforço global para que haja um engajamento de todos, das nações, dos blocos econômicos, dos continentes, para tomarmos medidas efetivas no combate à crise climática. Ainda que certo ceticismo paire sobre nossa cabeça, com as decisões tomadas pela COP29, a cúpula do clima da ONU, realizada em Baku, no Azerbaijão, onde se percebeu claramente que os países que mais exploram recursos naturais e emitem gás carbônico (países desenvolvidos) – e que foram os que mais se beneficiaram historicamente em termos de crescimento e desenvolvimento econômicos – são os mais resistentes a se comprometerem com as mudanças de rotas em seus modelos de produção e de crescimento econômico (cf. Giuliana Miranda, Folha de São Paulo, 23/11/24, p. A 42). Ou seja, "não querem pagar a conta" ou, se aceitam, querem pagar um valor bem menor, e, ainda assim, dividir a fatura com os países em desenvolvimento.

Mas os sinais de esperança estão aí. Em diversas partes do mundo, movimentos sociais, sindicais, partidos políticos, ONGs, empresas (em números menores) têm tomado iniciativas na linha de diminuição da jornada de trabalho, na conscientização sobre os problemas ambientais e climáticos. As ciências com insistência crescente, com apoio de universidades e escolas, têm informado e formado novas gerações dentro de novos parâmetros ecológicos. Também igrejas e religiões de diversas matizes de crenças têm alertado sobre esses problemas.

Então é urgente nos apropriarmos de uma visão holística que nos mostre "que tudo está interligado".

## Referências


ANTUNES, R. *Adeus ao trabalho? Ensaios sobre as metamorfoses e a centralidade do mundo do trabalho*. 7ed. rev. e ampl. São Paulo, SP: Cortez; Campinas, SP: Unicamp, 2000.

BENTO XVI, Papa. *Verbum Domini:* Sobre a palavra de Deus na vida e missão da Igreja. São Paulo: Paulinas, 2011.

BÍBLIA SAGRADA – CNBB – 2001.

BRASILEIRO, Eduardo (org.). *Realmar a Economia:* a Economia de Francisco e Clara. São Paulo: Paulus, 2023.

CHOMSKY, N; WATERSTONE, M. *As consequências do capitalismo:* produzindo descontentamento e resistência. Tradução de Bruno Gambarotto. Petrópolis, RJ: Vozes, 2022.

FRANCISCO, Papa. *Fratelli Tutti:* sobre a fraternidade e a amizade social. São Paulo: Paulus, 2020.

FRANCISCO, Papa. *Laudato Si':* Sobre o cuidado da casa comum. São Paulo: Paulus, 2015.

HOBSBAWN, E. *A era dos extremos*: o breve século XX: 1914 – 1991. Tradução de Marcos Santarrita. São Paulo: Companhia das Letras, 1995.

KÜNG, H. *Projeto de Ética mundial*: uma moral ecumênica em vista da sobrevivência humana. Tradução de Haroldo Reimer. São Paulo: Paulinas,1993.

MARQUES, L. *Capitalismo e colapso ambiental.* 2ª ed. rev. e ampl. Campinas, SP: Unicamp, 2016.

MESTERS, C. e outros. *Rezar os Salmos hoje*. São Paulo: Paulus, 2016.

MIRANDA, Giuliana. Folha de São Paulo, 23/11/24, p. A 42.

PIKETTY, T. *O capital no século XXI*. Tradução de Monica Baumgarten de Bolle. Rio de Janeiro: Intrínseca, 2014.

PORTO, Walter. Folha de São Paulo, 21/10/2024, p. B5.

SANTOS, M. *Pensando o espaço do homem*. 5ª ed., 3ª reimpr. São Paulo: Edusp, 2012.

SOUZA, M.A.A. "A geopolítica do desenvolvimento sustentável: panorama mundial. O planeta e as metáforas". In: *SOCIEDADE DE TEOLOGIA E CIÊNCIAS DA RELIGIÃO – SOTER (Org.). Sustentabilidade da vida e espiritualidade*. São Paulo: Paulinas, 2008. p. 15-37.

SPOTO, D. *Francisco de Assis*. São Paulo: Objetiva, 2003.

WEBER, M. *A ética protestante e o espírito do capitalismo*. Tradução de M. Irene de Q. F. Szmrecsányi e Tomás J. N. K. Szmrecsányi. 2ª ed. rev. São Paulo: Pioneira e Thomson Learning, 2001.

# 6

# PRINCÍPIO 6 – CREMOS NA POTÊNCIA DAS PERIFERIAS VIVAS

*Gabriela Consolaro Nabozny*

*Cremos que o caminho de reconstrução de novas economias passe pelas "sementes de esperança semeadas pacientemente nas periferias esquecidas do planeta, destes rebentos de ternura que lutam por subsistir na escuridão da exclusão" (Papa Francisco). Cremos que é nas periferias que germinam as experiências revolucionárias que brotam das lutas emancipatórias dos movimentos sociais, das comunidades de base, dos povos originários, das articulações populares, e de tantos outros afins* (ABEFC *apud* Brasileiro, 2023, p. 317).

A perspectiva econômica que coletivamente almejamos construir pisa um chão muito específico, por isso carrega o compromisso de olhar o mundo por meio dos olhos daquelas e daqueles que constroem os territórios – banhados pelo florescer comunitário de resistência a tantas opressões [a acumulação da terra, a uberização do trabalho, a *rapidação* das rotinas, o clericalismo da Igreja, a *patriarcalização* das relações].

Crer na potência das periferias vivas significa posicionar a construção de novas economias na periferia do mundo, no chão do Brasil, envolto à América Latina da diversidade cultural que se mantém no desvio dos autoritarismos históricos, localizada junto de outros continentes expropriados no chamado Sul Global: o espaço do globo que tem concentrado as extrações, expulsões e descartes do "outro lado" do mapa-múndi. Desse lado, em que estamos nós, faz-se necessário superar a saga desenvolvimentista que se esconde na premissa da sustentabilidade e que propõe mudanças insignificantes diante do cenário de extrema desigualdade mundial, catalisando os bens comuns do Sul Global para sustentar a economia do Norte.

Aqui, frisa-se: esse é o lado em que *todos nós* estamos. As periferias geográficas do mundo incluem todas aquelas e aqueles que se colocam enquanto trabalhadoras e trabalhadores no Sul Global, que estão e vivem no Brasil, que saboreiam o gosto agridoce de ser e estar colonizado. O neocolonialismo faz de todos nós servis ao interesse dos poderosos do mundo. No entanto, inseridos nesse plano da desigualdade, o abismo social nos faz conhecer também territórios periféricos e marginalizados que intensificam ainda mais a segregação. A marca racial é evidente, a distinção das funções de gênero se torna ainda mais gritante, o acesso às políticas públicas chega à escassez. A naturalização dessas violências dá vazão ao racismo estrutural enraizado na sociedade brasileira que empurra as pessoas negras a representarem 68,3% daquelas que vivem em regiões de periferias (Goes *et al*, 2021).

Crer na potência das periferias vivas é, portanto, legitimar o trabalho das mulheres, a sabedoria ancestral, o conhecimento das populações tradicionais. Desse lado, faz-se essencial bradar pelo reconhecimento do que é feito pequeno e invisível, mas, para nós, é chave de leitura, é um jeito de olhar para tudo, uma práxis revolucionária. Alberto Acosta (2016), ao tratar da filosofia do Bem Viver, aponta que em meio à crise civilizatória que corrói a humanidade "é imprescindível construir modos de vida que não sejam regidos pela acumulação de capital". Ou seja, contra uma economia financeirizada e do crescimento ilimitado, urge o germinar de economias que brotam da terra, dos territórios, centradas na vida e regidas pelo suficiente. O território, da maneira que tratamos, não representa apenas o recorte geográfico, mas transita em diversos âmbitos da(s) existência(s) do(s) povo(s), principalmente com o objetivo de sugerir alternativas para as desigualdades sociais. Pegamos carona no que pensou o grande geógrafo brasileiro Milton Santos (2001) para trabalhar o território como identidade, fato e sentimento de pertencer, ao mesmo tempo em que denuncia que o espaço geográfico é capaz de revelar o transcurso da história e a forma pela qual os seus atores nela intervém.

Reconhecer a construção do pensar novas economias em um determinado território é partir da premissa de que se respeita tudo aquilo que começou muito antes – a estruturação comunitária das comunidades eclesiais de base, os empreendimentos de economia solidária, a forma de organização social dos povos originários. A partir da história que sedimentou a base para o caminho ser feito, podemos olhar para as conquistas históricas e o saber-fazer do povo, aprendendo a direcionar os próximos passos. Este caminho (se fazendo ao caminhar) carrega o respeito sagrado ao que já foi construído e impulsiona a negação àquilo que se vende enquanto solução, mas reproduz a opressão.

"Não basta pintar as paredes de verde", disse-nos o Papa Francisco, naquele setembro de 2022, em Assis/Itália. A partir dessa orientação muito clara, a busca da superação do capitalismo implica evidenciar que não basta pintá-lo de verde, que não é suficiente mudar a cor da acumulação de riquezas para continuar enchendo os mesmos bolsos. O capitalismo verde, a transição energética sem atenção ao povo, as reformas legislativas predatórias, o empreendedorismo vazio de direitos: não nos servem.

Ter o foco na vida que brota das periferias é mudar o sentido da atenção social. Não mais ao lucro, à ostentação, ao reluzente. Mas, sim, à valorização do que é invisibilizado, à construção de relações sociais que valorizam as flores que brotam do asfalto, os barracos que crescem nos morros, as palafitas que resistem às cheias e as malocas que resguardam culturas ancestrais. Em novas realidades, de reconhecimento e impulsionamento, não se romantiza a pobreza, mas se valoriza a potencialidade que emerge mesmo com a violência da marginalização proposital do neoliberalismo. Nesse mesmo lugar que ocupa a fé, pode-se ver as sementes de revolução que indicam ser tudo possível pela organização popular. Como cantou Zé Vicente, "a liberdade é pra lá".

É necessário, desde a mística do cuidado, consolidar o engajamento concreto, com respostas que transformem realidade e teoria, considerando todas as vidas em primeiro lugar. Para efetivar o chamado a re-almar a Economia, o processo envolve as práticas das economias (que são também ecologias) do povo, que brotam das comunidades, das discussões populares, das reivindicações das minorias-maiorias. Inclusive, na pretensão do fortalecimento e criação de novas economias, essas também devem ser redimensionadas a partir da ecologia. Afinal, "Numa visão ecológica, tudo o que existe coexiste" (Boff, 1996, p. 15). Essa é a proposta coletiva forjada no comunitário, no periférico e no coletivo. Não apenas a partir da introdução de conceitos específicos que mascaram a reprodução das mesmas práticas, mas introduzindo o cuidado com a casa comum na essência da reelaboração dos saberes (Oss-Emer, Nabozny, 2021).

No campo do cuidado, importa frisar que a potência viva das periferias é feminina. O trabalho feminino, sobretudo de cuidado, invisibilizado e tornado insignificante, é reflexo da reprodução das relações capitalistas dentro das casas e entre as famílias. As relações sociais, tornadas relações de produção, passaram a se estruturar em função das necessidades da produção e acumulação de capital. O ato de cozinhar, os direitos reprodutivos, a agricultura de subsistência, o cuidado com os mais novos e os mais velhos, são atos invisíveis e insignificantes aos olhos do modelo econômico atual. É a partir da força dessas mulheres, especialmente as mulheres periféricas, que a vida se sustenta, mesmo em um contexto de extrema desigualdade, descaso e abandono estatal.

Crer na potência das periferias é valorizar as atividades e processos silenciados e invisibilizados que geram novas economias, ouvir e reconhecer a sabedoria acumulada das mulheres que regem as famílias e as comunidades. Essa força motriz faz germinar as experiências revolucionárias, nascer as lutas emancipatórias e se fortalecer os movimentos populares, as comunidades de base, os povos originários e tantas outras articulações do povo que ousa se organizar.

As periferias são espaços de criatividade, movimentação e resistência. Na busca pelo estabelecimento das políticas públicas adequadas, pelo acesso aos direitos fundamentais e pelo alcance do necessário para a vida digna, os territórios periféricos devem ser fortalecidos, para garantir que as pessoas não sucumbam ao descaso estatal, à desigualdade social e à degradação ambiental. Pelo contrário, é essencial estimular a potência para construir novas possibilidades. Essa dinâmica é também uma metodologia, que se aplica e replica na forma pela qual se deve construir a organização popular.

A participação social se observa nas práticas cotidianas da sociedade civil, como os posicionamentos em sindicatos, movimentos e organizações sociais. A participação é ação relacional, constrói-se por e para a transformação social. A profusão do sentimento de valorização e reconhecimento evidencia que a participação comunitária é decorrência da percepção da importância da própria contribuição para o coletivo (Gohn, 2019). Ao ostentar o objetivo de rumar a novas economias, a atenção aos sujeitos coletivos faz atentar à necessidade de compreender o fazer comunitário periférico enquanto metodologia de ação – urgente e necessária.

Isso passa pelo incentivo a empreendimentos populares, bancos comunitários e moedas sociais – formas de organização financeira e popular que promovem autonomia e fortalecem as comunidades para além do mercado tradicional e dos bancos. Passa também pelo fortalecimento e participação em movimentos sociais organizados, que se enraízam nos territórios e nas comunidades de base, movidos por um impulso coletivo e sem renunciar à prática comunitária e territorial. Direciona-se ainda ao reconhecimento da organização dos povos originários, indígenas e quilombolas, que, por meio da partilha e da troca de saberes, preservam a força ancestral e milenar.

Fortalecer essas articulações populares exige capacitação, formação, investimento financeiro e de força de trabalho nos territórios. Somente assim será possível construir novas economias. Esse é o modelo que precisamos reconhecer, fomentar e fortalecer.

## Referências


ACOSTA, Alberto. *O bem viver:* uma oportunidade para imaginar outros mundos. Tradução de Tadeu Breda. São Paulo: Autonomia Literária; Elefante, 2016.

BRASILEIRO, Eduardo (org.). *Realmar a Economia:* a Economia de Francisco e Clara. São Paulo: Paulus, 2023.

BOFF, Leonardo. *Ecologia, Mundialização, Espiritualidade*. Editora Ática: São Paulo, 1996.

FEDERICI, Silvia. *O ponto zero da revolução:* Trabalho doméstico, reprodução e luta feminista. São Paulo: Elefante, 2019.

GOES, Fernanda Lira *et al*. *Atlas das periferias no Brasil:* Aspectos Raciais de Infraestrutura nos aglomerados subnormais. Rio de Janeiro: Ipea, 2021. Acesso em: https://repositorio.ipea.gov.br/bitstream/11058/11050/1/Atlas_das_periferias.pdf.

GOHN, Maria da Glória. *Participação e democracia no Brasil:* da década de 1960 aos impactos pós-junho de 2013. Petrópolis: Editora Vozes, 2019.

OSS-EMER, Andrei Thomaz; NABOZNY, Gabriela Consolaro. Ecologias de Claras e Franciscos: Cuidado com a Casa Comum para Novas Economias. In: Porto Alegre: ESTEF. *Cadernos da ESTEF*, n. 66, 2021/1, p. 25-49.

SANTOS, Milton. *Por uma outra globalização:* do pensamento único à consciência universal. 6 ed. Rio de Janeiro: Record, 2001.

# 7

# PRINCÍPIO 7 – CREMOS NA ECONOMIA A SERVIÇO DA VIDA

## UM COMPROMISSO DE IGUALDADE E INCLUSÃO

*Aparecida do Carmo Miranda Campos*

> *"Cremos na urgente necessidade de realmar a economia, colocando no centro das relações sociais a vida em sua diversidade e dignidade, na construção de uma nova sociedade mais igualitária, onde mulheres, crianças e adolescentes, negras e negros, povos originários, comunidades LGBTQIA+ e todos os demais grupos oprimidos tenham seus corpos respeitados e direitos garantidos, pautando-se pelos valores da sororidade/fraternidade universal, diversidade do sagrado, justiça social, paz e sustentabilidade"* (ABEFC *apud* Brasileiro, 2023, p. 317).

O Brasil tem uma imensa desigualdade histórica e social de classe, raça, gênero, sexo, geracional e acesso, que compõe a formação da sociedade e que está dividida em milionários, ricos, classe média, pobres e miseráveis, onde há uma camada da população chamada de "minoria social". Esta inclui povos originários, população negra, mulheres, pessoas com orientações sexuais e gênero não binários, pessoas com deficiência e imigrantes que estão excluídos ou em desvantagem em relação a outro grupo, quando se trata de relação de classe, financeira, mesmo que ambos façam parte da mesma sociedade mais ampla. Esta população, considerada "minoria", é a maior parte do povo que compõe esta nação, porém está alijada de direitos sociais, de justiça e de bens de consumo, portanto, demandando, social e politicamente, necessidade de atenção mais focalizada para suas necessidades básicas.

Em âmbito global, a riqueza está distribuída entre os 10% mais ricos do mundo, que detêm 82% da riqueza, em detrimento dos 50% mais pobres, que não atingem 1% da riqueza mundial. Esses dados apenas ratificam a avaliação de Jon Sobrino de que a miséria no mundo não é um mero acaso, mas parte da estratégia de globalização capitalista (Sobrino, 2019).

Um agravante desse cenário é identificado quando há alguma interseccionalidade, ou seja, quando a pessoa pertence a mais de um grupo de diversidade, como mulheres, juventudes, pessoas LGBTQIA+, indígenas ou pessoas negras com deficiência. Neste caso, as diferenças são ainda maiores, assim como as dificuldades de ascender na carreira.

Pela Agência de Notícias do IBGE:

> No Brasil, as mulheres pretas ou pardas são mais afetadas pelas desigualdades na educação, no mercado de trabalho, na renda e na representatividade política do que as brancas. Mulheres pretas ou pardas gastam mais tempo em tarefas domésticas, participam menos do mercado de trabalho e são mais afetadas pela pobreza (Agência IBGE, 8/3/24).

Um levantamento feito pelo Instituto Brasileiro de Geografia e Estatística (IBGE-2022) demonstrou que o Brasil é majoritariamente mestiço, sendo atualmente composto por pessoas negras (pretas e pardas), que totalizam 55,5% da população. Apesar dessa imensa representatividade negra, esta população na realidade não está representada no mercado de trabalho, principalmente em cargos de liderança, segundo o Instituto Ethos (cf. *Perfil Social, Racial* e *de Gênero das 1.100 Maiores Empresas do Brasil* e *suas Ações Afirmativas*, 2024, Online).

Segundo o presidente Caio Magri do Instituto Ethos:

> A realidade encontrada nas empresas ainda não reflete as diversidades da sociedade brasileira. Ainda que o estudo mostre que os profissionais negros estão mais presentes nos quadros funcionais em comparação com as pesquisas anteriores, essa representatividade não se dá nos níveis hierárquicos de maior influência, maior responsabilidade e melhor remuneração. É nesses pontos que as empresas precisam avançar (Instituto Ethos, 2024, Online).

Complementa dizendo que "as desigualdades também são encontradas quando analisados os salários médios das populações brancas e negras. As mulheres que não são negras, com ensino superior, ganham, em média, R$ 5.303,00 mensais, enquanto as negras, com ensino superior, ganham R$ 3.271,00 por mês, em média. A disparidade se torna ainda mais evidente quando se verifica a remuneração média mensal dos homens: os não negros ganham R$ 8.173,00, enquanto os negros recebem R$ 5.755,00" (Instituto Ethos, 2024).

Apesar de executivos e executivas observarem a ausência de pessoas negras em diferentes níveis hierárquicos, evidenciam que existe a percepção das principais lideranças empresariais de que o cenário social no país reflete que a presença da população negra está abaixo do que deveria estar nos quadros da empresa onde são gestores.

Marcus Bicalho Pinto Rodrigues *et al* afirma que "nossa pobreza certamente está ligada ao fato da cultura enraizada que construiu certo medo e ódio dos negros libertos da escravidão e que muito facilmente se transportou para os mesmos sentimentos em relação aos pobres" (Rodrigues, 2022, p. 14).

Uma economia a serviço da vida é aquela que considera que todos, sem exclusão de ninguém, são dignos e precisam ter seus direitos respeitados, de forma que seja considerada a diversidade de gênero, étnica, social, política e religiosa.

Em 2019, o STF sentenciou que a homotransfobia é um crime imprescritível e inafiançável. Na decisão, o STF entendeu que se aplicava aos casos de homofobia e transfobia a lei do Racismo (Lei n 7.716/1989).

No encontro de ministros do G20, em 2024, foi mencionado o avanço da presença feminina no mercado de trabalho global. Apesar disso, os salários das mulheres ainda mostram disparidades significativas quando comparados aos dos homens. Mesmo com metade das nações do G20 integrando a Coalizão Internacional pela Igualdade Salarial (EPIC), muito ainda precisa ser feito. A taxa de participação feminina passou de 34,8%, em 1990, para 52,2%, em 2023. É importante ressaltar, porém, que esse número era mais alto antes da pandemia, atingindo 54,3%, em 2019. Nos últimos anos, a diferença salarial entre homens e mulheres tem diminuído. Contudo, mulheres negras continuam enfrentando desafios maiores, com maiores taxas de desemprego e menos oportunidades formais de trabalho. De acordo com dados do Dieese, no quarto trimestre de 2023, o desemprego entre mulheres negras era de 11%, enquanto entre as não negras era de 7% (Boletim Dieese, 2024, p. 2).

Rodrigues (2022), baseado nas orientações do Papa Francisco, sublinha que a salvação só poderá atingir sua universalidade se partir dos pobres, dos marginalizados, dos desprezados, dos mais periféricos, dos mais abandonados. E, ainda, que esta salvação há de passar pela retirada destes de sua situação de opressão, indigência e marginalidade, denunciar e superar as estruturas que mantêm esta situação e se constituir uma nova sociedade da partilha e do cuidar do outro, como irmãos zelosos, filhos do mesmo pai.

Segundo o sociólogo Jessé de Souza, juntas, a elite e a classe média formam um bloco antipopular que se posiciona contra qualquer política que diminua a distância entre as classes. "Acreditamos que a forma de Estado patrimonial era a nossa grande questão e a escravidão um dado secundário, desconsiderando que a forma de Estado decorre da forma como a sociedade se organiza" (Souza, 2018, Online).

Fanon (2008) coloca que quando não há mais escravos, não há mais senhores. O homem só é humano na medida em que ele quer se impor a um outro homem, a fim de ser reconhecido. Enquanto ele não é efetivamente reconhecido pelo outro, é este outro que permanece o tema de sua ação (Fanon, 2008, p.180, 182).

Como observa Piketty (2020), propriedades e rendas muito concentradas não trazem qualquer tipo de ganho ao interesse geral, isto é, não contribuem em nada para o bem-estar coletivo. A fim de viabilizar um acesso universal e igualitário a bens fundamentais, a riqueza precisa ser distribuída.

Uma economia a serviço da vida é aquela que considera que todos, sem exclusão de ninguém, são dignos e precisam ter seus direitos respeitados, de forma que seja levada em conta a diversidade de gênero, etnia, social, política e religiosa.

A Fundação Fundo Brasil analisa que apesar de ter alcançado muitas conquistas ao longo dos anos, a população LGBTQIA+ ainda enfrenta desafios diários, em relação a direitos como saúde, educação, trabalho, entre outros. As pessoas LGBTQIA+ ainda têm um longo caminho a percorrer, no que diz respeito a uma vida mais justa, igualitária e sem preconceitos" (Fundo Brasil, 2024, Online).

Ainda, conforme a mesma Fundação:

> É de conhecimento geral que nos últimos anos, o Brasil traz números cada vez mais preocupantes com relação à taxa de desemprego. Quando falamos então da situação da comunidade LGBTQIA+, os desafios são ainda maiores, uma vez que essas pessoas sofrem diariamente com o preconceito, exclusão, violação de seus direitos e dificuldade de acesso à educação e ao mercado de trabalho (Fundo Brasil, 2024, Online).

Em relação a esconder a sexualidade para garantir a vaga no emprego, 61% dos funcionários LGBTQIA+ agem assim por medo da rejeição de gestão e colegas de trabalho, em função de suas orientações sexuais, segundo pesquisa do Center for Talent Innovation. A pesquisa ainda revelou outros dados alarmantes: 33% das empresas do Brasil não contratariam para cargos de chefia pessoas LGBTQIA+, 41% das pessoas LGBTQIA+ afirmam terem sofrido algum tipo de discriminação em razão da sua orientação sexual ou identidade de gênero no ambiente de trabalho; e 90% de travestis se prostituem por não terem conseguido nenhum outro emprego, até mesmo aqueles que têm boas qualificações (Fundo Brasil, 2021, Online).

Vivemos em um momento histórico que exige uma revisão profunda dos fundamentos da economia. Durante décadas, a economia tem sido regida por princípios que colocam o lucro acima de tudo, muitas vezes às custas da dignidade humana e da sustentabilidade do planeta. Porém, acreditamos ser urgente realmar a economia, trazendo para o centro das relações sociais a vida em toda a sua diversidade e dignidade.

Ignácio Sachs afirma que:

> O padrão do crescimento perverso é excludente (do mercado de consumo) e concentrador (de renda e riqueza). O desenvolvimento includente requer, acima de tudo a garantia do exercício dos direitos civis, cívicos e políticos: assistência aos necessitados, educação, saúde, moradia etc. (SACHS, 2004).

## Pensar e planejar uma economia para a vida

No cerne desse princípio está o reconhecimento de que a economia deve servir à vida, não o contrário. Isso significa ressignificar o que entendemos como riqueza e prosperidade. Em vez de acumulação material desenfreada, a economia deve priorizar a satisfação das necessidades humanas básicas, como alimentação, saúde, educação e habitação, e garantir o acesso igualitário a esses direitos. Essa visão exige um rompimento com as estruturas que perpetuam desigualdades, como o racismo, o patriarcado, a LGBTQIA+fobia e a exploração dos recursos naturais sem critérios de sustentabilidade.

## Diversidade e dignidade no centro da economia

Ao colocar a vida no centro, reafirmamos a dignidade de todos os seres humanos, especialmente daqueles historicamente marginalizados. Mulheres, crianças e adolescentes, pessoas negras, povos originários, comunidades LGBTQIA+ e outros grupos oprimidos devem ser protagonistas na construção dessa nova economia. Isso significa não apenas incluir essas populações em condições de igualdade, mas também reconhecer e valorizar seus saberes, culturas e formas de organização econômica.

Uma economia a serviço da vida também exige um repúdio claro à exploração que degrada corpos e territórios. Isso inclui o combate ao trabalho escravo contemporâneo, ao trabalho infantil e a todas as formas de exploração que desumanizam as pessoas. Da mesma forma, deve-se preservar e respeitar os territórios dos povos originários e tradicionais, garantindo-lhes o direito à autodeterminação e ao uso sustentável de recursos naturais conforme suas práticas culturais e necessidades específicas, promovendo a valorização de sua identidade e o equilíbrio ambiental. Além disso, é essencial assegurar a participação ativa desses povos na definição de políticas públicas que impactem seus territórios e modos de vida.

A construção de uma economia a serviço da vida deve ser guiada por valores fundamentais de sororidade, fraternidade universal, diversidade do sagrado, justiça social, paz e sustentabilidade. Esses valores desafiam os paradigmas atuais que incentivam a competição e a acumulação a qualquer custo, propondo uma nova forma de organização baseada na cooperação e no bem comum.

A sororidade e a fraternidade universal apontam para uma relação solidária entre os povos, rompendo barreiras de gênero, raça, etnia e religião. Já a diversidade do sagrado reforça a importância de reconhecer e respeitar as diferentes formas de espiritualidade e conexão com o transcendente, sem impor uma visão hegemônica.

Longhini (2020) assevera que justiça social, por sua vez, implica na criação de políticas públicas e estruturas econômicas que promovam a redistribuição de recursos, garantindo que todos tenham acesso às condições necessárias para uma vida digna. A paz é um valor intrínseco à convivência harmoniosa, não apenas entre as pessoas, mas também entre os povos e com a natureza. Por fim, a sustentabilidade deve estar no centro de todas as ações econômicas, garantindo que os recursos naturais sejam utilizados de forma equilibrada, preservando o planeta para as gerações futuras a partir da *Carta das Terras* (2020).

Essa transformação econômica está intrinsecamente ligada à construção de uma sociedade mais igualitária. Isso significa enfrentar as estruturas de poder que perpetuam desigualdades, como o racismo, o patriarcado e o capitalismo predatório. Implica também em democratizar os espaços de decisão e assegurar que todas as vozes sejam ouvidas, especialmente aquelas historicamente silenciadas.

Uma economia igualitária também exige uma mudança cultural. Devemos questionar os valores que associam sucesso ao acúmulo material e começar a valorizar relações baseadas na solidariedade, na empatia e no cuidado com o outro. Essa é uma tarefa coletiva que envolve governos, sociedade civil, empresas e indivíduos.

O zelo deve ser central em uma economia a serviço da vida. Isso significa reconhecer o valor do trabalho reprodutivo e da atenção, muitas vezes invisibilizado e realizado, em sua maioria, por mulheres. Deve-se investir em políticas públicas que garantam condições dignas para quem cuida e para quem é cuidado, promovendo um sistema que valorize a interdependência entre as pessoas.

Também é essencial promover a educação e assistência para com a natureza. A exploração desenfreada dos recursos naturais tem levado ao colapso ambiental, ameaçando a vida no planeta. Uma economia centrada na vida deve integrar práticas sustentáveis, respeitando os ciclos naturais e fomentando a recuperação do meio ambiente degradado, preservação da biodiversidade e equilíbrio climático, através de adoção de tecnologias limpas, redução de desperdício e incentivo ao consumo consciente, será possível garantir um futuro justo e viável para todas as formas de vida no planeta.

A construção dessa nova economia requer mobilização e articulação entre diversos atores sociais. Movimentos sociais, instituições religiosas, organizações da sociedade civil, governos e empresa, que têm um papel essencial na promoção de um modelo econômico que priorize a vida. Para tanto, é necessário implementar políticas públicas que promovam a inclusão social e econômica, como a criação de empregos dignos, a redistribuição de riquezas, o acesso igualitário à educação e à saúde, e a garantia de direitos para todos. No âmbito individual, cada pessoa pode contribuir para a transformação ao adotar práticas de consumo consciente, apoiar iniciativas individuais, locais e sustentáveis e promover o respeito à diversidade em seu cotidiano.

Conclui-se então, a partir do princípio 7, que a economia a serviço da vida é um chamado urgente para a transformação de nossas estruturas sociais, culturais e econômicas. Ela nos convida a repensar nossas prioridades e ações, colocando a dignidade humana, a justiça social e a sustentabilidade ambiental no centro de nossas decisões.

A implementação do princípio 7 exige uma abordagem interseccional, considerando as necessidades específicas das populações negras, LGBTQIA+, indígenas e outras comunidades marginalizadas.

Mais do que um objetivo distante, essa visão é uma necessidade inadiável para enfrentar os desafios do presente e garantir um futuro mais justo e equilibrado para todos. Cada passo em direção a essa nova economia, seja por meio de políticas públicas, práticas empresariais ou ações individuais, é uma semente plantada em prol de uma sociedade onde a vida em toda a sua diversidade e dignidade seja verdadeiramente valorizada e protegida.

## Referências

AGÊNCIA DE NOTÍCIAS IBGE, *Mulheres pretas ou pardas gastam mais tempo em tarefas domésticas, participam menos do mercado de trabalho e são mais afetadas pela pobreza*, RJ, 08/03/24. Disponível em: https://agenciadenoticias.ibge.gov.br/agencia-noticias/2 012-agencia-de-noticias/noticias/39358-mulheres-pretas-ou-pardas-gastam-mais--tempo-em-tarefas-domesticas-participam-menos-do-mercado-de-trabalho-e-sao-mais-afetadas- pela-pobreza. Acesso: 08/02/25.

BOLETIM Especial 8 de março 2024 DIEESE, *Mulheres no mercado de trabalho: desafios e desigualdades constantes, Dia Internacional da Mulher,* Dieese Departamento Intersindical de Estatística e Estudos Socioeconômicos, São Paulo, p. 2, 2024. Documento Eletrônico Disponível em: https://www.dieese.org.br/boletimespecial/2024/mulheres2024/index.html?page=3 Acesso em: 03/02/2025.

BRASIL. *Supremo Tribunal Federal. STF enquadra homofobia e transfobia como crimes de racismo ao reconhecer omissão legislativa.* 2019. Documento Eletrônico. Disponível em: https://portal.stf.jus.br/noticias/verNoticiaDetalhe.asp?idConteudo=414010. Acesso em: 03/02/2025.

BRASIL. Decreto-lei n. 7.716, de 5 de janeiro de 1989. Define os crimes resultantes de preconceito de raça ou de cor. *Diário Oficial [da] República Federativa do Brasil*, Brasília, D.F., 6 jan. 1989.

BRASILEIRO, Eduardo (org.). *Realmar a Economia:* a Economia de Francisco e Clara. São Paulo: Paulus, 2023.

FANON, Frantz, *Pele negra, máscaras brancas / Frantz Fanon.* Trad. Renato da Silveira – Salvador: EDUFBA, 2008.

FUNDO BRASIL *As dificuldades enfrentadas pelas pessoas LGBTQIA+* São Paulo-27/08/2021. Documento Eletrônico. Disponível em https://www.fundobrasil.org.br/blog/as-dificuldades-enfrentadas-pelas-pessoas-lgbtqia/ Acesso em 21/01/25.

INSTITUTO ETHOS, *Estudo do Instituto Ethos mostra que pessoas negras ainda são minorias em cargos de alto escalão das empresas e têm salários menores*, São Paulo – SP,20/12/2024.Documento Eletrônico Disponível em https://www.ethos.org.br/estudo-do-instituto-ethos-mostra-que-pessoas-negras-ainda-as

o-minorias-em-cargos-de-alto-escalao-das-empresas-e-tem--salarios-menores/ Acesso em 07/02/25.

LONGUINI, Luiz. *Carta da Terra*. Revista FACES, v. 1, n. 2, 2020.

PIKETTY, Thomas. *Capital e Ideologia.* Tradução de Dorothée de Bruchard e Maria de Fátima Oliva do Couto. Rio de Janeiro: Intrínseca, 2020.

RODRIGUES, Marcus Bicalho Pinto *et al. Fora dos pobres não há salvação: um axioma para a cristologia latino-americana ante o desafio da realidade.* Dissertação (Mestrado em Teologia) -Pontifícia Universidade Católica do Rio Grande do Sul,14, 2022.

SACHS, Ignacy. *Desenvolvimento: includente, sustentável, sustentado.* Rio de Janeiro. Ed. Garamond. 2004.

SOBRINO, Jon. *Fora dos pobres não há salvação.* Paulinas, 2019.

SOUZA, Jessé de (2018) identidade do brasileiro é fruto de três mentiras contadas pela elite. Documento Eletrônico Disponível em: https://cee.fiocruz.br/?q=jesse-de-souza--identidade-do-brasileiro-e-fruto-de-tres-mentiras-contadas--pela-elite. Acesso 07/02/2025.

# 8

# PRINCÍPIO 8 – CREMOS NAS COMUNIDADES COMO SAÍDA

*André Luiz Rossi*

*"Cremos que a territorialidade, entendida como o espaço de vivência concreta no cotidiano, tem um papel crucial na construção de novas práticas econômicas. Cremos que é desde o chão da existência real e da práxis que se forja o ser político social, potencializando os saberes e fazeres por meio do protagonismo dos atores locais sendo parte da ação necessária à mudança macro territorial. Cremos que a decolonização começa por uma reparação histórica, e deve se constituir na luta pelos direitos territoriais sagrados dos povos originários e quilombolas. Cremos na práxis de libertação que valorize efetivamente a pluralidade cultural contra toda a desterritorialização dos periféricos, dos camponeses, migrantes e outros marginalizados"* (ABEFC *apud* Brasileiro, 2023, p. 318).

## Cremos nas Comunidades como Saída

Em sua primeira Exortação Apostólica, o Papa Francisco dedica um tópico para expressar a necessidade de retomar aquele espírito de saída que é inerente a nossa fé. Em um contexto em que há grupos católicos que ainda rejeitam o Concílio Vaticano II e pregam um retorno tradicionalista, o Pontífice esclarece já no início de seu ministério petrino o que espera dos católicos. Não é novidade que Deus nos chama a sairmos, porém, enfatizar isso em um momento em que a Igreja Católica corre o risco de novamente se fechar ao mundo moderno, é realmente necessário. Francisco faz isso com clareza e firmeza: a alegria do Evangelho e a beleza da Evangelização só podem ser vividas em perspectiva de saída. É no caminho que se forma o discípulo e se vive do aprendizado do Mestre. Nas palavras do Pontífice: "Cada cristão e cada comunidade há de discernir qual é o caminho que o Senhor lhe pede, mas todos somos convidados a aceitar esta chamada: sair da própria comodidade e ter a coragem de alcançar todas as periferias que precisam da luz do Evangelho" (EG n. 20).

Porém, sair não é fácil. Exige, em primeiro lugar, humildade; uma postura contrária à rigidez e inflexibilidade de uma fé que outorgue superioridade e legitimidade exclusivas. Vai justamente contra as posturas eclesiológicas que se colocam como verdade absoluta, únicas, detentoras de um saber que deve orientar toda esfera social, sem diálogo, apenas implementando a verdade *a priori* que contém nas realidades de um mundo decaído que precisa de salvação. Essa humildade nos faz reconhecer que o agente principal e protagonista da história é o Espírito Santo e não nós! É o Espírito de Deus, impetuoso e livre, que sopra onde quer, e o qual não podemos controlá-lo: "A Igreja deve aceitar esta liberdade incontrolável da Palavra, que é eficaz a seu modo e sob formas tão variadas que muitas vezes nos escapam, superando nossas previsões e quebrando nossos esquemas" (EG n. 22).

É preciso aqui destacar que o sair não basta se ele não estiver alicerçado em uma postura fundante, que leve os cristãos a estarem nas realidades sociais com o desejo de levar a misericórdia e sua ação libertadora às pessoas. De nada adianta sair se a postura for de uma evangelização impositora, que implementa uma pretensa cultura diferente e superior à força, sem notar as mazelas humanas e os dramas concretos da realidade à sua volta. Francisco enfatiza que é necessário ir às encruzilhadas em busca dos excluídos, é preciso adquirir o cheiro das ovelhas, ou seja, ir ao encontro daqueles que, tantas vezes, não são bem recebidos nas Igrejas. E, em uma análise honesta da história recente, notar-se-á que se torna necessário sair ao encontro dessas pessoas porque elas deixaram de se sentir acolhidas nas Igrejas, deixaram de buscar ajuda e misericórdia naquele espaço que, por excelência, é destinado aos necessitados e aos pecadores. É preciso retomar a imagem da Igreja como um espaço para os miseráveis e não apenas para os santos, afinal, ela é um grande hospital de campanha (cf. FRANCISCO, 2013). Francisco exorta a Igreja a não ter medo de abaixar-se e, desse modo, imitar o mesmo gesto que Jesus realizou na última Ceia: "Com obras e gestos, a comunidade missionária entra na vida diária dos outros, encurta as distâncias, abaixa-se – se for necessário – até à humilhação e, com isso, assume a vida humana, tocando a carne sofredora de Cristo no povo. Os evangelizadores contraem assim o 'cheiro das ovelhas', e estas escutam sua voz" (EG n. 24).

Todavia, aqui é preciso levar em conta a tensão entre a identidade pessoal daquele que sai de si mesmo e a realidade da qual se aproxima. É a tensão entre *local e global*, que o Papa Francisco evidencia, principalmente ao tratar do princípio social "o todo é superior à parte" (EG n. 234-237). Em sua Exortação Apostólica, ao tratar da dimensão social da evangelização, o Papa propõe quatro princípios de análise social, dentre eles o acima citado. Esse axioma precisa ser entendido à luz da dialética assumida por Francisco que, por sua vez, tem forma no conceito do poliedro. Ao tratar das diferenças que há no mundo, e das oposições polares, o conceito geométrico de um poliedro ajuda a compreender como deve ser essa relação de oposição: nesse modelo geométrico, os pontos estão equidistantes do centro, demonstrando a igualdade em importância, entretanto mantendo-se como ponto e não se perdendo em um modelo esférico, onde não há pontos nem lados, tudo é uma mesma coisa. Para Francisco, as contradições podem dialogar e manter suas particularidades. Ao integrar-se em um todo, sem perder o que é próprio, mantém-se o respeito pelo que é diferente e, dessa forma, assume-se o que é possível de diálogo comum. No poliedro, e assim deve ser no convívio social, "nada se dissolve, nada se destrói, nada se domina, tudo se integra" (FRANCISCO, 2014).

Tendo como base esse princípio poliédrico, é possível entender que apesar do *todo* ser superior à *parte*, não se pode cair em um dos extremos, privilegiando apenas o todo, ou apenas a parte. Em outras palavras, ainda que seja necessário sair ao encontro dos povos, em suas realidades e comunidades, é preciso também ter o horizonte da universalidade em vista, para que não haja um fechamento que isole o grupo de um contexto mais amplo. No entanto, ao mesmo tempo, não pode haver uma diluição que faça com que aquela comunidade específica perca suas particularidades, seus costumes e sua cultura. A tensão nunca é resolvida, pelo contrário, ela é assumida, compreendida e, no diálogo, é possível conviver com o diferente e avançar na busca pela Fraternidade Universal. Somente compreendendo, e assumindo essa tensão, norteados pelo princípio de Francisco, é possível entender que uma comunidade em saída é também uma comunidade que assume sua mutabilidade, sua contingência, sua fragilidade e suas capacidades de assumir a novidade do Espírito: "É preciso alargar sempre o olhar para reconhecer um bem maior que trará benefícios a todos nós. Mas há que o fazer sem se evadir nem se desenraizar. É necessário mergulhar as raízes na terra fértil e na história do próprio lugar, que é um dom de Deus" (EG n. 235). Isso se dá pela valorização da cultura local, do outro, por mais diferente que seja: "Na chamada à liberdade descobrimos o verdadeiro significado da inculturação do Evangelho. Qual é este verdadeiro significado? Ser capaz de proclamar a Boa Nova de Cristo Salvador, respeitando o que é bom e verdadeiro nas culturas. Isto não é fácil! Há muitas tentações de impor o próprio modelo de vida como se fosse o mais evoluído e desejável" (FRANCISCO, 2021).

Esse mergulho na história do lugar e na cultura local dos povos primitivos está ameaçado pelos desmantelamentos dos povos, pela desvalorização das culturas indígenas e dos povos originários, pelo desmatamento e pelos interesses econômicos que não permitem que se estabeleça direitos civis que possam garantir a terra àqueles que de fato têm direitos sobre ela. O Papa Francisco, em sua Encíclica *Laudato Si'* (2015), citando o Papa João Paulo II, lembra que é legítimo o direito à propriedade privada, porém, esse direito deve ser compreendido à luz da "Destinação Universal dos Bens", princípio fundamental da doutrina social da Igreja (cf. LS n. 93): "Deus destinou a terra, com tudo que ela contém, para o uso de todos os homens e de todos os povos, de tal modo que os bens criados devem bastar a todos, com equidade, segundo a regra da justiça, inseparável da caridade" (GS n. 69). Ou seja, a propriedade privada deve ter uma função social bem estabelecida que leve em conta sua destinação universal, e, portanto, não seja algo que favoreça ou traga riqueza apenas para poucos. Todos têm direito à terra, e enquanto houver concentração de terra e de riqueza na posse de poucos, continuará a se perpetuar a injustiça social, pois "terra, casa e trabalho, aquilo pelo que lutais, são direitos sagrados. Exigi-lo não é estranho, é a doutrina social da Igreja" (FRANCISCO, 2014).

O respeito pelo outro, por seus direitos e por sua cultura, é essencial para que uma comunidade seja de fato uma comunidade em saída e não uma comunidade colonizadora. Trata-se de espalhar a vida por onde passa, crendo que as sementes do Evangelho (presentes nas culturas e nos povos) necessitam apenas de um impulso para brotarem: "Exige-se um cuidado especial para não nos deixarmos prender por colonialismos ideológicos mascarados de progresso, que entram pouco a pouco delapidando identidades culturais e estabelecendo um pensamento uniforme, único e...

débil" (FRANCISCO, 2018). Faz-se necessário uma atitude de humildade, antropologicamente enraizada na convicção de que o *Absoluto* não pode ser abarcado totalmente por uma pessoa ou grupo, o ser humano não é capaz de abarcar sozinho a *Verdade*. É lembrar-nos "que não somos os donos absolutos da criação" (FRANCISCO, 2018).

Entretanto, é preciso enfatizar que os cristãos em saída deixam a comodidade e a segurança das suas comunidades porque têm algo alegre e feliz para comunicar, e assim de fato deve ser o anúncio: uma Boa Nova! Há algo bom para comunicar, uma alegria que primeiro irradiou o coração da comunidade, e que, portanto, precisa de "ministros do Evangelho cuja vida irradie fervor, pois foram quem recebeu primeiro em si a alegria de Cristo" (EN n. 80). Dessa forma, essa alegria se reproduz, e quem sai para o anúncio do Evangelho dessa maneira, retorna com os frutos multiplicados. Que ecoe pelo mundo, pelas comunidades pobres, periféricas, indígenas e quilombolas a alegria do Criador, que os cristãos sejam portadores dessa alegria e não de fardos pesados e julgamentos que distanciam as pessoas de Deus. É preciso recordar que o anúncio verdadeiro do Evangelho de Jesus liberta as pessoas, e, tornando-as livres, torna-as também felizes: "Esta alegria é um sinal de que o Evangelho foi anunciado e está a frutificar" (EG n. 21). Desse modo, ecoem pelas comunidades em saída o convite de Jesus aos discípulos que retornaram da missão: "Vinde para um lugar deserto e descansai um pouco" (Mc 6,31).

## Referências

BÍBLIA Sagrada. São Paulo: bíblia de Jerusalém, 2008.

BRASILEIRO, Eduardo (org.). *Realmar a Economia:* a Economia de Francisco e Clara. São Paulo: Paulus, 2023.

FRANCISCO, Papa. *Audiência Geral:* quarta-feira, 13 de outubro de 2021. 2021. Disponível em: https://www.vatican.va/content/francesco/pt/audiences/2021/documents/

papa-francesco_20211013_udienza-generale.html. Acesso em: 27 dez 2024.
FRANCISCO, Papa. *Carta Encíclica Laudato Si'*: sobre o cuidado da Casa Comum. São Paulo: Paulinas, 2015.
FRANCISCO, Papa. *Discurso do Papa Francisco aos participantes no encontro mundial dos movimentos populares*. 2014. Disponível em: https://www.vatican.va/content/francesco/pt/speeches/2014/october/documents/papa-francesco_20141028_incontro-mondiale-movimenti-popolari.html. Acesso em: 27 dez 2024.
FRANCISCO, Papa. *Encontro com os povos da Amazônia:* discurso do Santo Padre. 2018. Disponível em: https://www.vatican.va/content/francesco/pt/speeches/2018/january/documents/papa-francesco_20180119_peru-puertomaldonado-popoliamazzonia.html. Acesso em: 27 dez 2024.
FRANCISCO, Papa. *Entrevista ao Papa Francisco*: Pe. Antonio Spadaro. 2013. Disponível em: https://www.vatican.va/content/francesco/pt/speeches/2013/september/documents/papa-francesco_20130921_intervista-spadaro.html?utm_source=chatgpt.com. Acesso em: 27 dez 2024.
FRANCISCO, Papa. *Exortação Apostólica Evangelii Gaudium*. São Paulo: Paulinas, 2013.
PAULO VI, Papa. *Constituição Pastoral Gaudium et Spes*. 1965. Disponível em: https://www.vatican.va/archive/hist_councils/ii_vatican_council/documents/vat-ii_const_19651207_gaudium-et-spes_po.html. Acesso em: 27 dez 2024.
PAULO VI, Papa. *Exortação Apostólica Evangelii Nuntiandi*: sobre a evangelização no mundo contemporâneo. 1975. Disponível em: https://www.vatican.va/content/paul-vi/pt/apost_exhortations/documents/hf_p-vi_exh_19751208_evangelii-nuntiandi.html. Acesso em: 27 dez 2022.

# 9

# PRINCÍPIO 9 – CREMOS NA EDUCAÇÃO INTEGRAL

*Ana Claudia da Rocha Mucci*

> *"Cremos numa educação pública, gratuita, inclusiva, inovadora, libertadora, ambiental e artística, que atenda às necessidades da sociedade, e que possibilite a aprendizagem de pessoas reflexivas e críticas. Cremos na educação popular como síntese da cultura do encontro. Cremos que o ensino, a pesquisa e a extensão devem estar sempre direcionados a novas economias, e que a educação básica deve estar integrada na mesma perspectiva"* (ABEFC *apud* Brasileiro, 2023, p. 318).

Já sabemos que na Constituição Federal, de 1988, há a previsão legal em seus artigos 205 a 208 da garantia de direito a todos e todas a uma educação pública, gratuita e de qualidade. No entanto, essa discussão permanece perene em nossa sociedade, sobretudo quando percebemos que para muitos esse direito é negado.

Poderíamos começar este texto trazendo o que significa cada "adjetivo" interposto à educação em que acreditamos, por princípio, na atuação da Articulação pela Economia de Francisco e Clara: educação pública, gratuita, inclusiva, inovadora, libertadora, ambiental e artística. No entanto, já devemos destacar desde sempre que acreditamos em uma EDUCAÇÃO INTEGRAL, ou seja, aquela que une todos estes "adjetivos" de maneira inequívoca.

Devemos descrever que partimos do pressuposto de que a educação é, em sua essência, um processo de formação social, um caminho de humanização. Nesse sentido, acreditamos que a educação acontece em sociedade, entre pessoas em um contexto coletivo. Portanto, é imprescindível a presença do outro, em um processo dialógico de ensinar e aprender. A educação só é possível se olharmos para nossa atuação em nosso território, nossa família particular ou ampliada, nossa comunidade.

Destaca Bernard Charlot (2021, p. 12): "E como não há ser humano sem sociedade e cultura, nem ser humano sem história irredutivelmente singular, essa humanização é sempre, também, socialização e singularização/subjetivação".

Assim a educação não pode ser vista como algo indissociável dos processos sociais que acontecem sempre. A educação une pessoas, com diferentes condições, em uma troca constante de conhecimento, aprendizagens, experiências, vivências... É por meio dela que refletimos sobre tudo que nos cerca e que podemos buscar elementos para que todos tenham uma vida cada vez mais digna.

Outro aspecto importante é que, historicamente, a escola serviu para manutenção social, sobretudo, daqueles que estavam no poder. Os conteúdos e as práticas trabalhadas por muitas vezes apresentavam um viés ideológico, uma história contada a partir do ponto de vista da classe dominante. Dessa maneira, a escola torna-se também lugar de disputa de poder. Sobre isso, podemos citar Gadotti (2007, p. 11), para quem a instituição educacional, "[...] como lugar de pessoas e de relações, é também um lugar de representações sociais. Como instituição social ela tem contribuído tanto para a manutenção quanto para a transformação social".

Diante do exposto, destacamos a importância de pensarmos que, se a educação é um campo de disputa por poder, seja para a conservação, seja para possível transgressão para uma sociedade mais justa, temos de, enquanto representantes da Economia de Francisco e Clara, lutar por uma educação que possa qualificar as relações na busca por condições melhores de vida para todos, de forma emancipadora, popular e reflexiva, conforme já nos dizia Paulo Freire.

Anísio Teixeira já trazia elementos para esta discussão quando evidenciava a questão da intrínseca e íntima relação entre democracia e educação:

> Numa democracia nenhuma obra supera a da Educação. Haverá, talvez, outras, aparentemente mais urgentes ou imediatas, mas estas mesmas pressupõem, se estivermos em uma democracia, a educação. Todas as demais funções do estado democrático pressupõem a educação. Somente esta não é consequência da democracia, mas a sua base, o seu fundamento, a condição mesma para sua existência (Teixeira, 1947, p. 90).

A educação como base para a democracia também deve ser um dos pilares de nossa atuação. Devemos reconhecer que é nos processos cotidianos que se desenrolam, dentro das unidades educacionais, ações que promovam a democracia na sociedade. Aprendendo a exercer desde a mais tenra idade a possibilidade de escolha, de reflexão coletiva, de pensamento para a promoção social das pessoas, percebemos o que é indispensável para que possamos fazer as mesmas ações num campo mais ampliado de decisões.

A sociedade atual, marcada pelo capitalismo, pautado no individualismo e riqueza para poucos, adentra a escola, de maneira que a luta pela democracia, a valorização do outro enquanto ser social, a busca pela construção coletiva de uma sociedade mais justa e digna para todos, torne-se algo ainda mais distante. Preconiza, muitas vezes, as relações meritocráticas e competitivas em detrimento das trocas, da parceria, do crescimento mútuo.

Diante desse cenário, percebemos ainda mais a importância de uma educação integral que valorize o ser humano enquanto pessoa em processo formativo, em colaboração com os demais. Alguém que reconheça a importância do outro para o desenvolvimento particular, mas, sobretudo, para a preservação da humanidade.

Portanto, a educação integral busca atender ao disposto na Constituição Federal, que garante uma educação para a formação de um cidadão pleno, consciente de seu papel na sociedade e que pensa e reflete em conjunto com seus pares, no território onde mora, se as condições de vida promovem a dignidade humana ou se trazem a pobreza, a miséria, a morte.

Não é possível que a escola continue sendo organizada nos moldes do capitalismo desenfreado que não observa as demandas da sociedade, das pessoas que nela vivem e constroem história. É preciso olhar para cada ser humano como um ser integral, e, por isso mesmo, complexo, único, específico. Não podemos permitir que alguém fique sem o direito básico à educação pública de qualidade. Uma educação pautada nos princípios do bem comum, da relação dialógica entre aprendente e ensinante, como diria Paulo Freire.

A educação integral, se pautada nos princípios destacados acima, pode ser um instrumento importante para a luta contra a exclusão das pessoas em vulnerabilidade ou que não tenham elementos para participação na sociedade. É através do conhecimento e de ações pedagógicas emancipadoras que as pessoas podem sair do processo de opressão, que muitas vezes sofrem, por terem tido seus direitos violados, ao longo da vida, e passarem a se posicionar de forma crítica e com possibilidades de melhorar as condições de vida de sua comunidade.

Consideramos, portanto, que a escola deve ir além de seus muros, atuando em espaços significativos para as pessoas em seu território. A escola precisa criar vínculos com seu entorno, buscando atuar nas dificuldades das pessoas, valorizando as demandas por elas apresentadas. Diante disso, a educação passa a ter sentido para as pessoas, atuando de maneira formativa e emancipadora, desenvolvendo a integralidade do ser humano. Para isso, para além do tempo de permanência na escola, é necessário um currículo construído e vivido a partir das reais necessidades do território e das pessoas que nele vivem. Um currículo que não seja fragmentado, mas que seja vivo e traga conhecimentos importantes para a construção desse ser integral atuante na sociedade.

Destaca-se aqui, também, a importância de escolas com boa infraestrutura e professores valorizados e bem remunerados para que, dessa maneira, possam dar todos os elementos indispensáveis para uma educação de qualidade, a que todos têm direito.

Para finalizar, apresentamos as palavras de Celso Vasconcellos, que sintetizam a necessidade de uma educação integral pautada nos valores humanos:

> (...) as escolas têm de abandonar o modelo mercantil e adotar um modelo mais ecológico de educação, centrado na construção de condições que facilitem o desenvolvimento de interações, relações e interdependências no contexto de uma visão em que a escola é concebida como um organismo vivo e não como uma fábrica. Assim, a adoção de um modelo mais ecológico implica que se analise a saúde das escolas, as verdadeiras unidades de mudança, como organismos que é preciso manter saudáveis. E o que as mantêm saudáveis é uma pensada e deliberada agenda política focada nas questões pedagógicas, na dinamização e colaboração entre os professores, nas relações entre a escola e a comunidade e nas infraestruturas de apoio. As lideranças escolares são igualmente fundamentais e têm de se centrar mais nas questões

> pedagógicas e menos nas questões gestionárias como é apanágio no modelo de educação fabril (Vasconcellos, 2021, p. 21).

Ao concebermos uma educação integral, portanto, vislumbramos uma educação que inclui, integra saberes, territórios e pessoas para pensar em uma escola inserida em uma comunidade, e não apartada dela. Importante ressaltar que o conhecimento é para todos e que não somos seres perfeitos, prontos, acabados, mas passamos continuamente por um processo formativo que vai além das "caixinhas" dos conteúdos destacados nos documentos oficiais. É na construção coletiva que nos constituímos. É na relação entre seres sociais que a educação acontece e pode transformar pessoas, que, como diria Paulo Freire, transformam o mundo.

## Referências


BRASILEIRO, Eduardo (org.). Realmar a Economia: a Economia de Francisco e Clara. São Paulo: Paulus, 2023.

CHARLOT, Bernard (et. al). *Por uma educação democrática e humanizadora*. São Paulo: Uniprosa, 2021.

FREIRE, Paulo. *Educação como prática de liberdade*. Rio de Janeiro: Paz e Terra, 1967.

FREIRE, Paulo. *Pedagogia do oprimido*. Rio de Janeiro: Paz & Terra, 2016.

GADOTTI, Moacir. A escola e o professor: Paulo Freire e a paixão de ensinar. 1a. ed. São Paulo: Publisher Brasil, 2007.

TEIXEIRA, Anísio. *Autonomia para educação*. Revista Brasileira de Estudos Pedagógicos, Rio de Janeiro, v. 11, n. 29, jul./ago. 1947, p. 89-104.

# 10

# PRINCÍPIO 10 – CREMOS NA SOLIDARIEDADE E NO CLAMOR DOS POVOS

*Benedito Ferraro*

*"Cremos numa economia sustentável, democrática e fraterna, que rompa com as desigualdades sociais, proporcione a emancipação humana e garanta o direito à terra, ao teto e ao trabalho, construindo mecanismos de geração de renda que fortaleçam a cooperação, a associação e a autogestão. Cremos numa economia pautada na justiça social, que reconheça as diversidades, e que crie redes entre os movimentos sociais a partir dos princípios da economia solidária e agroecológica"* (ABEFC *apud* Brasileiro, 2023, p. 319).

## 1. Uma só comunidade humana

**1.1.** ***Nostra Aetate***: "Todos os povos, com efeito, constituem uma só comunidade. Têm uma origem comum, uma vez que Deus fez todo o gênero humano habitar a face da terra" (NA, 1).

**1.2. Contraponto atual**: "No mundo atual, esmorecem os sentimentos de pertença à mesma humanidade; e o sonho de construirmos juntos a justiça e a paz parece uma utopia de outros tempos. Vemos como reina uma indiferença acomodada, fria, e globalizada, filha de uma profunda desilusão que se esconde por trás dessa ilusão enganadora: considerar que podemos ser onipotentes e esquecer que nos encontramos todos no mesmo barco" (FT, 30)... "Neste mundo que corre sem um rumo comum, respira-se uma atmosfera em que "a distância entre a obsessão pelo próprio bem-estar e a felicidade da humanidade partilhada parecem aumentar: até fazer pensar que, entre indivíduo e a comunidade humana, já esteja em curso um cisma. (...) Porque uma coisa é sentir-se obrigado a viver junto, outra é apreciar a riqueza e a beleza das sementes de vida em comum que devem ser procuradas e cultivada em conjunto" (FT, 31).

1.3. **Processo irrefreável da Globalização**: "Ele foi visto quase exclusivamente como um fenômeno econômico-financeiro. É a sua idade de ferro segundo Edgar Morin. Mas esse processo representa uma realidade muito mais fundamental, política, cultural, espiritual: uma nova fase da humanidade e da própria Terra, entendida como um superorganismo vivo, chamado Gaia. Ela forma com a Humanidade uma única, grande e complexa entidade, testemunhada pelos astronautas que de suas naves espaciais viram a Terra redonda de fora da Terra".

1.4. **O valor da Solidariedade**: "Nestes momentos em que tudo parece diluir-se e perder consistência, faz-nos bem invocar a solidez, que deriva do fato de nos sabermos responsáveis pela fragilidade dos outros na procura de um destino comum. A solidariedade manifesta-se concretamente no serviço, que pode assumir formas muito variadas de cuidar dos outros. O serviço é, 'em grande parte, cuidar da fragilidade. Servir significa cuidar dos frágeis das nossas famílias, da nossa sociedade e do nosso povo'. Nessa tarefa, cada um de nós é capaz de pôr de lado as suas exigências, expectativas, desejos de onipotência, à vida concreta dos mais frágeis (...). O serviço fixa sempre rosto do irmão, toca sua carne, sente sua proximidade e, em alguns casos, até 'padece' com ela e procura a promoção do irmão. Por isso, o serviço nunca é ideológico, dado que não servimos ideias, mas pessoas" (FT, 115) ... Solidariedade é uma palavra que nem sempre agrada, diria que algumas vezes a transformamos em um palavrão, não se pode dizer; mas uma palavra é muito mais do que alguns gestos de generosidade esporádicos. É pensar e agir em termos de comunidade, de prioridade da vida de todos sobre a apropriação dos bens por parte de alguns. É também lutar contra as causas estruturais de pobreza, a desigualdade, a falta de trabalho, a terra e a casa, a negação dos direitos sociais e laborais. É fazer face aos efeitos destrutivos do império do dinheiro (...). A solidariedade, entendida no seu sentido mais profundo, é uma forma de fazer história e é isso que os movimentos populares fazem" (FT, 116).

1.5. **Serviço no cuidado da Casa Comum**: "Quando falamos em cuidar da Casa Comum, que é o planeta, fazemos apelo àquele mínimo de consciência universa e de preocupação pelo cuidado mútuo que ainda possa existir nas pessoas. De fato, se alguém tem água de sobra, mas poupa-a pensando na humanidade, é porque atingiu um nível moral que lhe permite transcender a si mesmo e ao seu grupo de pertença. Isso é maravilhosamente humano! Requer-se esse mesmo comportamento para reconhecer os direitos de todo ser humano, incluindo os nascidos fora de nossas próprias fronteiras" (FT, 117).

## 2. Cremos em uma economia sustentável, democrática e fraterna

Para se conseguir este sonho, esta utopia, vários documentos da CNBB apontaram e apontam para alguns princípios básicos como: democratizar o Estado e ampliar a participação popular; rever o modelo econômico e o processo de mercantilização da vida; ampliar as oportunidades de trabalho; fortalecer as exigências éticas em defesa da vida; reforçar a soberania da nação; democratizar o acesso à terra e ao solo urbano; proteger o meio ambiente e a Amazônia.

Os cristãos e cristãs compreendem, aos poucos, a importância da participação política para a construção de um novo projeto de nação. É claro que este aprendizado é lento e demanda tempo, como nos afirmam os bispos do Brasil: "Somente ampliando as formas participativas dos cidadãos e cidadãs construiremos uma nação livre, democrática, autônoma, nos níveis estadual e nacional. A democracia é um processo lento, construído continuamente pela participação das pessoas que se organizam e mobilizam a sociedade. A experiência de participação popular na política é uma conquista e um patrimônio histórico do povo brasileiro, formado pelos movimentos sociais, sindicatos, pastorais sociais e partidos políticos. Essa experiência não pode ser perdida pela ação nefasta de políticos que buscam poder e vantagens pessoais a qualquer custo. Esperamos que os movimentos sociais sejam os aliados dos cidadãos conscientes. Sejam viveiros permanentes de consciência política do cidadão, verdadeiras escolas de formação e ação política na construção de uma sociedade autenticamente democrática" (CNBB, 2006, p. 12).

Para explicitar alguns desses princípios que podem nos levar à conquista de uma economia sustentável, democrática e fraterna, vamos retomar "algumas ideias-forças", já presentes na 2ª Semana Social Brasileira (1994), que nos incentivem a buscar novos caminhos para se concretizar um projeto de nação economicamente justa, politicamente democrática, culturalmente plural, ecologicamente sustentável.

### 1.6. Quatro ideias-forças a partir da 2ª Semana Social Brasileira (1994)[1]

a) ***Radicalização da Democracia***: radicalizar a democracia significa apostar na capacidade das pessoas de serem construtoras do conjunto da vida social. Radicalizar significa ir às raízes. Mexer no mais profundo. Ir até o tutano. Isso exige a democratização de todas as dimensões da vida.

- **Democratizar o econômico**: isso equivale a dizer que todos devem ter acesso aos bens necessários à vida e isso exige a democratização da propriedade, das águas, dos meios de comunicação, da informação, do conhecimento. O direito ao trabalho, à produção e reprodução da vida, à moradia faz parte da democratização do econômico.
- **Democratização do político**: esta exige a desconcentração e descentralização da política, da terra, das águas, dos meios de comunicação. Indica o valor da participação e da ação política de cada cidadão e cidadã no que se refere ao bem comum, ao bom e justo funcionamento da vida na cidade. Política vem da palavra grega "polis" que significa cidade. Política é, pois, o governo da cidade. E todos são responsáveis por ela.
- **Democratização do social**: isso significa abolir todo e qualquer tipo de exclusão e apartação social que fere a dignidade da

[1] Cf. SETOR PASTORAL SOCIAL – CNBB, *2ª Semana social brasileira: Mutirão por uma sociedade democrática*. Brasília, 1995, p. 50-53.

pessoa como filha do mesmo Pai-Mãe comum, que é Deus.

- **Democratização do cultural**: isso equivale a dizer que temos que respeitar a diversidade das culturas e as diferentes etnias que compõem a vida em sociedade.

**b) *Construção Coletiva***

A construção coletiva indica que todos podem participar, dando sua contribuição para o todo. Isso exige o respeito pelas diferenças que vão enriquecendo o conjunto da sociedade. Indica que tudo pode ser mudado e nada está colocado como acabado. Mostra também que é necessário ligar o individual com o coletivo, construindo instâncias de decisão onde o poder possa ser partilhado.

**c) *Cidadania Ativa***

Não podemos ficar apenas com os direitos que outros nos garantiram. Além de defender os direitos adquiridos, a cidadania ativa aponta para a conquista de *novos direitos.* Mostra a importância *da luta pelo direito a ter direitos!* Para se conseguir esta cidadania ativa é preciso criar novos espaços de participação na sociedade e na Igreja. É preciso buscar um controle por parte da população organizada de todas as instâncias de decisão.

**d) *Inversão de Prioridades***

O mero crescimento econômico não resolve o problema das grandes maiorias excluídas. Hoje, há muita produção de bens, mas há mais gente excluída da participação nestes bens. A inversão de prioridades aponta na direção do valor da vida de todos e não apenas dos já integrados. O grande desafio é a integração de todos. Temos que pensar numa sociedade da qual ninguém seja excluído! Que todos tenham o direito de viver. Para isso é preciso mudar a forma de aplicação dos recursos.

### 2. Teto, Terra, Trabalho: "São coisas indispensáveis para a vida: água, pão, roupa e casa para preservar a própria intimidade" (Eclo 29,21)

O discurso do Papa Francisco no 2º Encontro Mundial dos Movimentos Populares, em Santa Cruz de la Sierra (Bolívia), em 9 de julho de 2015, ajuda-nos a compreender a importância desses três Ts. Confirma o que as Semanas Sociais Brasileiras apontam e nos alertam para a importância das lutas populares para se conseguir uma sociedade igualitária. Vejamos sua afirmação:

> O futuro da humanidade não está unicamente nas mãos dos grandes dirigentes, das grandes potências e das elites. Está fundamentalmente nas mãos dos povos; na sua capacidade de se organizarem e também nas suas mãos que regem, com humildade e convicção, este processo de mudança. Estou convosco. E cada um, repitamos a nós mesmos do fundo do coração: nenhuma família sem teto, nenhum camponês sem-terra, nenhum trabalhador sem direitos, nenhum povo sem soberania, nenhuma pessoa sem dignidade, nenhuma criança sem infância, nenhum jovem sem possibilidades, nenhum idoso sem uma veneranda velhice. Continuai com a vossa luta e, por favor, cuidai bem da Mãe Terra (Francisco, Papa, 2015).

A Reforma Agrária, na medida em que o camponês e camponesa entram na terra, tem solucionado três grandes problemas: Comida, Casa, Trabalho. Esta emancipação dos trabalhadores rurais acaba repercutindo nos trabalhadores e trabalhadoras urbanos, pois há grande possibilidade de aumento da produção de alimentos e com maior qualidade. A agricultura familiar e a produção dos assentados do MST oferecem alimentos orgânicos, sem a utilização dos agrotóxicos. Nesse sentido, a economia de Francisco e Clara aponta para uma sociedade com maior possibilidade de igualdade e uma clara emancipação humana. Percebemos que, no avanço da classe camponesa, notamos uma melhora nas condições de vida de toda a sociedade e, na perspectiva do Concílio Vaticano II, estamos diante de uma só comunidade humana.

O humano é que deve brilhar, como sempre se repete nos Gritos dos Excluídos: "A Vida em primeiro lugar"! Do ponto de vista do ser cristão, aproximamo-nos da proposta da missão de Jesus de Nazaré: "Eu vim para que todos e todas tenham vida e vida em abundância" (Jo 10,10). Esta emancipação dos camponeses e a importância da busca de maior igualdade vão contra o processo de desumanização presente no mundo de hoje. A luta pela igualdade entre todos os seres humanos reconhece a importância do respeito às diferentes etnias e às diversidades culturais. Aponta para termos uma governança mundial, pois há um novo estado de consciência planetária que está lentamente tomando conta das consciências: "Esse novo patamar do processo antropogênico nos revela que temos todos um único e mesmo destino comum. Ele demanda uma governança que lhe seja adequada. Buscar-se-ão instituições políticas e configurações jurídicas que assumirão a governança da república terrenal – 'Weltrepublik' prevista já em 1795 por Kant – e zelarão pelo patrimônio comum da biosfera e da Humanidade. Enquanto tais instâncias não surgirem, cabe aos Estados, em espírito de parceria global, buscar soluções para todo o Planeta e para a Humanidade" (Boff, 2025). Sente-se que há um caminho para a crescente consciência da cidadania planetária – "a Terra é minha pátria"! "A globalização não encontrou ainda sua expressão institucional. Ela será seguramente ecocêntrica. Colocará no centro não este ou aquele país ou bloco geopolítico e econômico (um mundo unipolar ou multipolar), esta ou aquela cultura, mas a ecologia e a Terra entendida como um macro sistema orgânico, ao qual todas as instâncias devem servir e estar subordinadas. A esse centro pertence a Humanidade, composta por filhos e filhas da Terra, Humanidade entendida como a própria Terra que alcançou o estágio de sentimento, de pensamento reflexo, de responsabilidade e de amorização. Somos Terra viva e consciente" (Boff, 2025).

## Referências


BRASILEIRO, Eduardo (org.). *Realmar a Economia:* a Economia de Francisco e Clara. São Paulo: Paulus, 2023

FRANCISCO, Papa. Evangelii Gaudium – *A alegria do Evangelho sobre o anúncio do Evangelho no mundo atual.* Paulus – Editora Loyola. São Paulo: 2014.

FRANCISCO, Papa. *Laudato Si' – Louvado sejas sobre o cuidado da casa comum.* Paulus – Edições Loyola: São Paulo, 2015.

FRANCISCO, Papa. *Fratelli Tutti sobre a fraternidade universal e a amizade social.* Paulus: São Paulo, 2020.

FRANCISCO, Papa. Participação ao II Encontro Mundial dos Movimentos Populares. /discurso do Santo Padre. Expo Feira de Santa Cruz de la Sierra (Bolívia). Disponível em: https://www.vatican.va/content/francesco/pt/speeches/2015/july/documents/papa-francesco_20150709_bolivia-movimenti-popolari.html Acesso em: Março/2025.

CNBB. *Eleições 2006: Orientações.* Paulinas: São Paulo, 2006.

SETOR PASTORAL SOCIAL – CNBB. *2ª Semana social brasileira: Mutirão por uma sociedade democrática*, Brasília: 1995.

BOFF, L. *A Globalização não pode ser freada.* Jan/2025 – Blog de Leonardo Boff.

# PARTE II

# A COZINHA SOLIDÁRIA SÃO MARCOS

# 1

# O COMBATE À FOME: UM CONVITE AO NÚCLEO CAMPINAS DA ARTICULAÇÃO BRASILEIRA PELA ECONOMIA DE FRANCISCO E CLARA

*Marcia Castagna Molina*

O convite nos chegou ao final de maio de 2021. Estávamos no auge da pandemia com todo o desespero de ter quase 500 mil mortos e milhões de casos de Covid-19. Além das perdas de entes queridos, muitas vezes arrimos de família, havia o desemprego em massa, a falta de vacinas, a falta de vagas nos hospitais, o predomínio do medo e da incerteza do que seria de nós em plena pandemia, sem um governo federal que tivesse a mínima responsabilidade com a população na condução dessa tragédia. A fome explodiu nas periferias da cidade. Na região dos Amarais, periferia de Campinas, São Paulo, Padre Antonio Rodrigues Alves já distribuía 600 cestas por mês, e a fila só crescia. Quando começaram a aparecer pessoas queimadas, pelo uso de álcool para cozinhar, por não terem como comprar o gás, resolveu implantar nova estratégia. Convidou o Movimento dos Trabalhadores Sem-terra (MST) do Acampamento Marielle Vive de Valinhos e o Núcleo Campinas da Articulação Brasileira pela Economia de Francisco e Clara para um novo desafio: criar a Cozinha Solidária São Marcos.

Naquele momento nenhum de nós sabia exatamente o que fazer. Estávamos mais ou menos como os discípulos que, diante daquela multidão faminta, questionaram Jesus se não deveriam despedi-la, para que buscassem como se alimentar. E a resposta de Jesus aos discípulos, naquele momento, ecoava nos nossos corações, também naquela triste realidade em que vivíamos: "Dai-lhes vós mesmos de comer" (Lc 9,13).

Foi assim que o tripé que constituiu a Cozinha: Paróquia São Marcos, MST Marielle, Núcleo Campinas da Articulação Brasileira pela Economia de Francisco e Clara saiu em busca de parceiros que pudessem ajudar a alimentar as pessoas com fome na periferia da cidade. Padre Antonio escolheu o CDHU e negociou a instalação da Cozinha na sede da Associação de Moradores do Bairro. Um salão onde instalamos os fogões doados, colocamos umas prateleiras e passamos a produzir 700 refeições por dia, de segunda a sexta-feira.

Não tínhamos recurso nem para 15 dias, mas padre Antonio dizia: "Se alimentarmos as pessoas por 15 dias, será muito!" E adotando a máxima deste livro: "O caminho se faz ao caminhar" fomos seguindo dia a dia e a multiplicação dos pães, vivida por Jesus há 2025 anos, atualizou-se e a Cozinha Solidária São Marcos fez quatro anos em pleno funcionamento. Olhando para trás, para elaborar este relato, não podemos deixar de perguntar: Como conseguimos chegar até aqui?

Sem dúvida, foram muitos os fatores que viabilizaram, ao longo de tanto tempo, este trabalho. Alguns que conseguimos alcançar e outros que não podemos compreender. A vida tem muitos mistérios. Mas, creio ser importante que consigamos pensar em algumas chaves importantes para abrir, e, sobretudo, manter abertas as portas da Cozinha Solidária São Marcos.

A primeira é a compaixão pelos pobres e excluídos. Tanto Pe. Antonio, quanto o MST e a Economia de Francisco e Clara têm o propósito de estar com os pobres, os caídos no caminho, excluídos por este sistema injusto, que promove as desigualdades sociais e, sem cerimônia, descarta as pessoas. A fome não decorre da falta de produção de alimentos, mas da falta da sua partilha. Ela é um projeto de país, porque pessoas com fome são incapazes de pensar, de reagir, de lutar. Combater a fome é mudar o Brasil, é fazer, na prática, opção preferencial pelos pobres, reafirmada em tantos documentos da Doutrina Social da Igreja. É comemorar os 10 anos da *Laudato si*, colocando em prática o combate à crise socioambiental em que vivemos, respondendo ao que nos pede o Papa Francisco: "Combater a pobreza, devolver a dignidade aos excluídos e, simultaneamente, cuidar da natureza" (*Laudato si*, n. 139).

A segunda é a resposta de apoio ao projeto dada pelas pessoas, movimentos e entidades. Imensurável é a rede de solidariedade que se formou para ajudar a Cozinha Solidária São Marcos. Desde pessoas que se comprometeram com uma doação mensal, até sindicatos, movimentos políticos e sociais, que participam das campanhas de doação de roupas, brinquedos, utensílios de cozinha, itens de cama e mesa para o Bazar Solidário, organizado mensalmente pela família do Padre Antonio, com a ajuda dos paroquianos e voluntários da Cozinha. Atualmente, entramos no Programa de Cozinhas Solidárias do Ministério do Desenvolvimento Social e, pela primeira vez, passamos a ter recurso público para ajudar na manutenção da Cozinha. Através do Centro de Estudos Brasil Popular, nossa unidade gestora, realizamos a prestação de contas com fotos georreferenciadas dos dias da entrega das refeições, lista de presença assinada pelos beneficiários, que retiraram as refeições, e cópia das notas fiscais, comprovando uso do recurso. Rigor que cumprimos com satisfação, no intuito de ajudar a se implantar, no país, um projeto sério de combate à fome, mais do que necessário, até como política de estado e não só de governo no Brasil.

A terceira é o fato de a cozinha ser uma atividade militante de combate à fome. Tendo já recebido tantos integrantes do Acampamento Marielle Vive, hoje, trabalhamos com quatro pessoas responsáveis pela produção das refeições: Vanderlei, paranaense, que mora no acampamento desde 2018 e participa da cozinha desde o início; Conceição, piauiense, com sete anos de acampamento e três de Cozinha Solidária; Cleusa, mineira, com o mesmo tempo de acampamento e de Cozinha da companheira acima; e Ana Lucia, baiana, com sete anos de acampamento e um trabalhando conosco. Apesar do tamanho da tarefa de produzir 400 refeições/dia, quando perguntados sobre o significado da Cozinha para eles, temos respostas positivas, tais como: "A cozinha solidária para mim é luta, perseverança, aprendizado, caridade, amor, é uma verdadeira escola de vida" (Vanderlei); "É muito importante pra mim esta cozinha, trabalho com muitas pessoas e bem na época que fiquei viúva me apareceu a oportunidade de trabalhar aqui" (Ana Lúcia). Tanto a equipe de cozinheiro e cozinheiras, que vêm do Acampamento Marielle Vive, como os 22 voluntários e voluntárias, que produzem as refeições, são pessoas que trabalham pelo combate à fome, nas diferentes vertentes que essa luta exige. Na Cozinha não doamos alimentos, alimentamos a resistência. Não se trata de um projeto assistencial, mas emancipatório. Compreendemos que com fome não se consegue dar passos de progresso na vida. A Cozinha procura ser esse apoio, nessa hora tão crítica da fome, ajudando a erguer o caído, para que, uma vez em pé, consiga buscar uma formação profissionalizante, entre em um projeto de geração de renda, busque um emprego. Ali não nos limitamos a entregar refeições, mas fazemos rodas de conversa sobre temas da conjuntura, plantamos hortas agroecológicas, fazemos oficinas de geração de renda, discutimos dia a dia como a fome é produzida e o que temos que fazer para superá-la.

A quarta é que a cozinha pretende ser uma experiência organizativa de transformação social. A equipe do Marielle mora em condições precárias, em área não asfaltada. Muitos dos voluntários e voluntárias vêm do próprio bairro. Temos uma nutricionista responsável. Fazemos muitas discussões sobre os cuidados com a saúde, em parceria com o Centro de saúde local. E a troca de saberes é intensa, uma vez que a equipe é bastante diversificada, sendo composta por estudantes da UNICAMP, profissionais da saúde aposentados e na ativa, seminaristas, religiosas, militantes dos movimentos sociais e sindicais. Essas trocas, em tantos encontros que ali acontecem, são experiências que nos transformam e nos fazem crescer.

A quinta é que a Cozinha se tornou uma árvore de solidariedade. Seus frutos trazem sementes de solidariedade. Por exemplo, muitas das pessoas que levam as refeições trazem doações para o bazar, juntam latinhas para a Cozinha vender na reciclagem, participam do bazar e levam amigos para comprar lá. Os voluntários e as voluntárias fazem doações de recursos, arrecadam itens e ajudam a organizar o bazar, fazem a prestação de contas para o Ministério, organizam a Cozinha, promovem as rodas de conversa de formação, plantam as hortas agroecológicas, além de realizarem a produção, entrega das refeições e a limpeza do espaço. Em 2025, em média são servidas cinco mil refeições por mês.

A sexta é a repercussão do projeto na região. Em 2024, fomos procurados para fornecer cerca de cem jantares para os jovens em preparação para o vestibular. Aceitamos o desafio e acrescentamos essa produção na Cozinha. Ao final do ano, tivemos a grata notícia de que 90% deles tinham passado no Instituto Federal da Região. Em 2025, nova parceria para formações profissionais está em construção, passando a ocupar os períodos vazios da Cozinha, com cursos profissionalizantes. Em datas importantes, fazemos plantio de árvores ali no entorno, com os alunos das escolas da região, como o plantio pelas vítimas da

Palestina, pelo fim da violência contra a mulher, pelo dia da árvore e assim por diante.

A sétima é algo menos tangível pela razão, mas tão sentida na prática de todo esse trabalho: o que partilhamos, multiplica. Em 14 de junho de 2025, a Cozinha Solidária São Marcos completou 4 anos partilhando alimentos, resistência, saberes, dores e alegrias. Quem vê a entrega diária das cerca de 400 refeições/dia, de segunda a quarta-feira, não imagina o enorme contingente de pessoas que tem por trás desse gesto. Desde os que contribuíram financeiramente, ou com seu trabalho, ou sua doação para o bazar, ou seu tempo para a produção das rodas de conversa e organização do espaço. Ou plantando em sua horta agroecológica e levando suas hortaliças para a Cozinha. Por que as pessoas ficam ali? Por que trabalham tanto e mesmo assim seguem firmes em dar continuidade a esse projeto?

Gosto de pensar que na Cozinha experimentamos algo não visível a olho nu, que só pode ser visto com os olhos do coração. Essa esperança do verbo esperançar, que é fazer acontecer aqui e agora o que nossa utopia nos diz que é possível realizar. Um mundo sem fome, onde a partilha é a base das relações, nova economia, em que a vida ocupa lugar central, mão estendida ao caído, rosto misericordioso de Deus, revelado por Jesus de Nazaré.

De tudo que fiz nesta vida, e foram muitas coisas nos meus 32 anos como servidora pública municipal da saúde e professora da PUC-Campinas por 23 anos, a Cozinha Solidária São Marcos é uma das melhores delas. Talvez tenha que ter aprendido tudo que aprendi antes para enfrentar esse desafio agora. Vale a pena ler aqui, na sequência deste capítulo, alguns depoimentos de quem compõe a rede de redes de solidariedade, o olhar de alguns voluntários, o olhar de algumas pessoas acolhidas, o olhar do MST, a reflexão sobre os significados do alimento e a experiência de Igreja em saída vivida ali, como se estivéssemos montando um quebra-cabeça de inúmeras peças, que compõe a Cozinha Solidária São Marcos. Mas, mesmo depois de pronta a imagem, temos que saber que a Cozinha tem algo que não cabe nas palavras, nem nas imagens, só é possível enxergar com os olhos do coração.

## Referência

FRANCISCO, Papa. *Laudato Si':* Sobre o cuidado da Casa Comum. São Paulo: Paulus, 2015.

# 2

# REDE DE REDES DE SOLIDARIEDADE

## 2.1. A Cozinha Solidária São Marcos – Relato de Experiência

*Aparecida Sílvia Mellin*

Desde o início, pouco conhecendo o Projeto de Cozinhas Solidárias e tendo noções de economia solidária, inseri-me em uma que teve início a partir da Economia de Francisco e Clara, núcleo Campinas, e que tem natureza ecumênica. A ideia de fornecer alimentos a pessoas vulneráveis só não me era estranha porque fui criada por uma família espírita que, em um grupo, distribuía sopa diária para famílias vulneráveis, em Ribeirão Preto. Por motivos vários, acompanhava o trabalho com olhos carinhosos, principalmente porque uma tia muito querida e proativa coordenava as ações de várias voluntárias e, também, arrecadava fundos. Tal cozinha existe até a atualidade e tem cerca de 45 anos.

Minha inserção se deu primeiramente pelo convite de pessoas progressistas e com quem tinha afinidades políticas e que sonhavam e sonham com uma sociedade mais justa e igualitária, que se dedicaram a estudar o tema e desenvolver o que se iniciou como um embrião e cresce com parcerias com Sindicatos, MST, acampamento Marielle Vive e por um Grupo da Frente pela Vida em Defesa do SUS-Campinas, denominado Solidariedade. Desde o início, auxiliei com a arrecadação de fundos.

No entanto, em uma época de muita sofisticação, métricas para alcance de mais pessoas e mesmo financiamento de campanhas publicitárias, nossa arrecadação se dá por um processo simples de listar pessoas com afinidades em comum, compreensão da causa e, por meio de um card simples, mensalmente, solicitar cooperação, divulgando em redes sociais da Cozinha e em "nossas" próprias. Para tanto, contamos com a solidariedade, pois esse trabalho social não é caritativo, ele se refere à união e ao apoio mútuo, ao dispêndio de tempo e à compreensão do trabalho em si.

A ação solidária, certamente, cria a rede de suporte que pode fortalecer aquela comunidade e promover mudanças sociais significativas.

O trabalho da Cozinha São Marcos tem uma grande validação social, que começa pela abertura para a ida e acolhida de quem se interessa, o respeito à diferença e aos diferentes, e a possibilidade de viver seu cotidiano de muitas formas. Como trabalho político, também reúne capital pela clareza de propósitos e porque as pessoas sabem que o que doam sempre terá o destino correto. Esse conjunto de fatores favorece a coleta, ou, a colheita.

Atualmente, há um grupo que pensa em outras fontes de recursos para que o trabalho cresça, e há preocupação com a formação das pessoas e famílias com quem trabalhamos.

### 2.2. Paralelo entre duas gigantes

*Geraldo Massarani Cestarioli*

**Sindicato Unificado dos Petroleiros do Estado de SP – Regional Campinas**

No dia 3 de outubro de 1953, a ousadia getulista desafiou forças coloniais poderosas dentro e fora do Brasil. Nessa data nascia a Petrobras, cuja missão era tirar o Brasil da total dependência externa de combustível, embora não tenham faltado vozes que desafiassem tal propósito. O resto da história já é conhecido: privatização, quebra de monopólio, FHC, neoliberalismo e por aí vai.

Na greve de 1995, o Sindpetro Campinas ficou em frangalhos economicamente, mas naquele momento sabíamos que a soberania nacional estava em jogo. Passado tudo isso, o governo atual tem afirmado que a Petrobras deve ser a protagonista da transição energética, missão nada fácil.

Olhando por essa história, posso notar que desde sua criação até hoje, ela vem ousando o tempo todo, desafiando limites, e se tem algo que os poderosos, os lacaios etc. não suportam é ousadia, mudar regras, para eles imutáveis.

Quando eu intitulei "Paralelo entre duas gigantes", gostaria de me referir a uma outra ousadia que atualmente está acontecendo no Brasil: o COMBATE À FOME. Pelos dados da FAO, hoje, oitocentos milhões de pessoas ao redor do mundo não tomam café da manhã, não almoçam e não jantam, e um bilhão e duzentos milhões de pessoas estão em insegurança alimentar.

Quando o governo atual assumiu, disse que tiraria o Brasil do mapa da fome e isso é ousadia e um desafio colossal. A iniciativa da COZINHA SOLIDÁRIA é fazer nascer uma gigante em um país em que se naturaliza a fome ou em que alguns grupos sociais fazem de conta que ela não existe.

Não tenhamos dúvida nenhuma que não faltarão pessoas para, de alguma forma, criar ambientes suspeitos nessas cozinhas e com isso deixar quem trabalha sob suspeita. A Petrobras não pode cometer nenhum erro, por menor que seja, que as instituições de fiscalização e controle agem prontamente. Com as cozinhas, não será diferente, sobretudo quando os números positivos aparecerem ou mesmo o IBGE fizer alguma pesquisa sobre a eficácia dessas cozinhas no combate à fome.

Hoje, o Sindpetro Campinas está engajado na Cozinha Solidária São Marcos da melhor forma possível, porque combater a fome, para nós petroleiros, é tão ousado quanto defender a Petrobras. Ambas as iniciativas fazem parte de uma luta e resistência.

Devemos seguir ousando e, neste ano, especificamente, esperançosos. Combater a fome é um gesto de revolução, de tirar as pessoas de um estado de humilhação e dar a todas as pessoas dignidade.

### 2.3. Rede de Solidariedade e as Cozinhas Solidárias: um ato de amor e compromisso!

*Maria Nildes dos Santos Nascimento*

*"Ser solidário significa exercer o amor do pai com nossos irmãos"*
(Papa Francisco)

As redes de solidariedade são constituídas por uma única palavra, SOLIDARIEDADE, que tem o poder de mobilizar, transmitindo diversos sentimentos, como compreensão, compaixão, bondade e amor ao próximo, também relacionado à união entre grupos, sob o mesmo propósito e interesse de interajudar, ter compromisso com a dignidade humana, acolhida e escuta.

As redes de solidariedade respondem à crise econômica advinda dos mecanismos do mercado político neoliberal que, desde o século passado, vêm causando tantos desajustes e desequilíbrios, fragilizando conquistas relevantes, quanto aos direitos sociais assegurados em um processo do exercício de cidadania.

Vale recordar que o Brasil, entre as décadas de 1980 e 1990, saindo de um processo sombrio da ditadura, foi absorvido por mais um período de sofrimentos e consequências econômicas, principalmente no que se referia ao mercado de trabalho e suas mudanças – a tão famigerada globalização e a política neoliberal, que impactou diretamente na redução do emprego, e o descompromisso do Estado quanto à sua responsabilidade em relação aos serviços e direitos sociais a serem assegurados, o que elevou o número de pessoas vivendo na extrema pobreza, em especial nas regiões do Norte e Nordeste do país.

Nesse mesmo período de tantas inseguranças e desesperanças, os movimentos sociais, igrejas, associações de bairros e sindicatos se mobilizaram e saíram às ruas, reivindicando melhores condições de trabalho, moradia digna e comida na mesa, formando-se assim uma grande rede de mobilização em defesa da vida. Juntando-se a estes movimentos vêm as ONGs (Organizações não governamentais). Existentes no Brasil desde a década de 1940, mas sem envolvimentos políticos, suas ligações estavam mais voltadas às igrejas católicas e protestantes, governos internacionais e organizações de solidariedade, com ações beneficentes.

Em 1990, algumas dessas ONGs ganharam força e focaram suas ações junto aos movimentos sociais, entendendo a necessidade do momento de investir recursos no potencial dos movimentos no trabalho, junto à população mais vulnerável, em temas como cidadania e valorização da vida e meio ambiente. Vale ressaltar que essas ONGs, especificamente as internacionais, foram fundamentais na expansão das redes sociais e de solidariedade, que vinham se constituindo e se consolidando, com destaques em dois movimentos da época: a questão agrária e a AIDS.

O país vivia uma pós-ditadura e surgia uma política de mudança perversa, que aumentou a desigualdade social, ampliando a riqueza para alguns e aumentando de forma alarmante a pobreza e a fome, para mais da metade da população,

O Brasil, até o início do ano 2000, trazia em seu cenário aumento das taxas de pobreza e desemprego, mas foi também nesse período que muitas Organizações internacionais se solidarizaram com os países que apresentavam tanta desigualdade social e tanta gente com fome, dentre esses o Brasil. Um dos marcos da época foi a Ação da Cidadania contra a Fome e a Miséria e pela Vida, do então percussor desta rede pelo bem, Betinho.

Em 2003, um novo cenário se constituiu no Brasil e a principal plataforma do governo anunciada seria o combate à fome. Sendo lançado o Programa Fome Zero, uma grande corrente de solidariedade se consolida com um único objetivo: acabar com a fome que tanto assolava milhares de pessoas. Juntaram-se a esta rede solidária, trabalhadores, sindicatos, igrejas, estudantes, artistas, ONGs, Estados e Municípios e, assim, os grupos foram se organizando e se espalhando com um único objetivo de ajudar quem precisasse. Essa ação envolveu colocar comida na mesa de pessoas em vulnerabilidade e dar atenção a elas, com ofertas de atividade de empoderamento às famílias e ao indivíduo.

Em 2021, o Brasil, com um novo governo, viveu a triste realidade de voltar ao mapa da fome, declarado mais uma vez pela ONU (Organização das Nações Unidas), com o aumento do número de pessoas em busca de comida, e o agravante da Pandemia da COVID-19, que, em 2020, deixou todo o mundo em alerta e vulnerável, levando as pessoas dos movimentos sociais, igrejas, sindicatos, grupos independentes, ou de forma individual, a expandirem novamente suas ações (as quais, aliás, nunca foram abandonadas), juntando-se e mobilizando incansavelmente suas redes de amigos, parceiros e de apoio. Essa rede solidária, em uma grande corrente, arrecadou toneladas de alimentos a serem distribuídos pelo país, ajudando quem necessitasse.

E, nesta rede de solidariedade, destaca-se uma das organizações mais perseguidas por políticos, latifundiários e órgãos ligados ao agro, por reivindicarem o direito às terras improdutivas, com distribuições justas às famílias sem terra e sem teto, bem como investimento na agricultura familiar: o MST (Movimento Sem Terra), que fez doações de toneladas de alimentos não perecíveis e hortaliças às famílias de todo o país e continua fazendo suas doações e alimentando milhares de pessoas e organizações da sociedade civil e do Estado, como hospitais e escolas, além de distribuir comida em comunidades onde o índice de pobreza se apresentava e se apresenta muito elevado.

Ainda nessa rede de solidariedade, com tantos atores envolvidos, surgem as cozinhas solidárias, encabeçadas pelo MST e membros das igrejas, especificamente as católicas, e atualmente incorporadas por algumas Organizações da Sociedade Civil (OSCs).

Vale destacar que as cozinhas solidárias não têm apenas o intuito da distribuição de comida. É claro que o maior objetivo é matar a fome de quem precisa, necessidades básicas, mas elas trazem como proposta oferecer dignidade humana, serem agentes de transformação social, oferecendo oficinas que despertem na população habilidades para possíveis empreendedores locais. Isso despertou interesse no atual governo de investir na ampliação desta proposta que se apresenta promissora, no sentido de contribuir não só na redução da fome, mas, também, no empoderamento do cidadão menos favorecido.

Segundo o Papa Francisco, a solidariedade é um valor fundamental para a humanidade, encorajando as pessoas a se unirem em prol de um mundo melhor e a fazerem parte de uma rede de solidariedade, aproveitando as possibilidades que as redes sociais oferecem. Ele pede ainda que as redes sejam um lugar de humanização, de abertura ao outro, à sua cultura, à sua tradição e espiritualidade. Diz ainda que não há verdadeira solidariedade sem a participação social, sem contribuição dos organismos intermediários: família, igreja, associações, cooperativas, pequenas empresas, sindicatos, expressões da sociedade civil etc.

Enfim, as redes de solidariedades e as cozinhas solidarias se constituem de pessoas e entidades sociais que, juntas, têm se tornado o diferencial para a vida das comunidades e pessoas que se encontram em vulnerabilidade, em risco pessoal e social, contribuindo na qualificação destas pessoas, devolvendo a cada um o direito de ser cidadão.

Nenhuma ação é válida se a vida não estiver em primeiro lugar.

### 2.4. Adunicamp presente nas redes de solidariedade

*Maria Silvia Viccari Gatti*

Desde 2021, a ADunicamp (Associação de Docentes da Unicamp) atua junto à Cozinha Solidária São Marcos com a doação de alimentos (carnes e cestas de vegetais), além de nossa presença nas reformas dos espaços de acolhimento do projeto. Diante da pandemia da Covid-19, nossa diretoria percebeu e reconheceu que poderia ser solidária com a grande parcela da sociedade menos favorecida. Como um sindicato, deveria ir além do atendimento de seus associados e permitir melhores condições de vida para a parcela da sociedade submetida à fome, com menor acesso a recursos, como educação, saúde, segurança e renda.

Vivíamos um período em que os índices de pobreza e pobreza extrema no Brasil eram não só alarmantes, mas vergonhosos. Evidenciar aos nossos docentes que poderiam, direta ou indiretamente, serem protagonistas de ações solidárias contra a fome, tornou-se um desafio. E as ações foram respondidas: muitos deles sentiram-se orgulhosos por pertencerem a uma associação que buscava cuidar das pessoas.

Há, também, um sentido educativo na solidariedade, já que ela envolve colaboração, empatia, igualdade, humildade e conhecimento do outro. Imergir no universo daqueles menos favorecidos, conhecer e reconhecer suas fragilidades, tem o efeito de nos sensibilizar para sermos solidários.

Sabemos que o Estado deve atuar para a diminuição da pobreza no país. É dele a responsabilidade de aplicação de Políticas Públicas para a geração de renda e de emprego, investimentos em saúde e educação. Mas podemos ser parceiros nas ações que promovam a inserção de nossa sociedade em um mundo mais igual e fraterno. Dar dignidade às pessoas com emprego e renda poderá culminar com a diminuição da miséria e da fome em nosso país.

A ADunicamp continuará parceira da Cozinha Solidária São Marcos e agradece a oportunidade para a nossa humanização.

## 2.5. Mais um elo na corrente de solidariedade

*Rosa Maria Vaneli Coimbra Massei*

O trabalho solidário se apoia em um conjunto de pessoas, instituições e iniciativas que, muitas vezes, se ajudam mutuamente, contribuindo de várias maneiras para a consecução de objetivos diferentes, ou mesmo semelhantes em diversos territórios.

Uma das fontes de recursos para a aquisição de mantimentos para a nossa Cozinha Solidária São Marcos é a realização de bazares, com a venda de roupas – usadas, mas em perfeito estado – para a comunidade local.

Esses bazares atendem, assim, a dois objetivos: facilitam o acesso da comunidade a uma série de artefatos necessários para o dia a dia, a preços bastante reduzidos, e, ainda, captam os recursos financeiros necessários para a aquisição dos alimentos que serão utilizados no preparo das refeições diárias.

A obtenção das roupas para a venda nesses bazares, porém, não é tão simples, ainda mais levando em conta que realizamos bazares, em geral, com frequência mensal. Isso leva à necessidade de manter uma fonte regular de captação das peças, em quantidade e qualidade adequadas.

Minha atuação na Cozinha Solidária consiste, especialmente, na obtenção destas peças de vestuário – bem como, eventualmente, calçados, brinquedos e acessórios – o que consigo com amigos e, especialmente, com a colaboração inestimável do Bazar do Amor, situado em Socorro/SP.

O Bazar do Amor existe naquela cidade há muitos anos, por iniciativa e trabalho incansável de Ana Fontana, amiga de longa data. Com um trabalho tão consistente e tão duradouro, ela consegue obter doações da comunidade de Socorro em quantidade mais do que suficiente para a venda naquela cidade e, assim, disponibiliza quantidade expressiva de material para a venda em nosso bazar.

Encarrego-me de buscar essas mercadorias, organizá-las e trazê-las para Campinas, para a venda em nosso bazar.

O apoio mútuo entre as diversas instituições solidárias é uma realidade que muito contribui para o sucesso de cada uma e de todas as iniciativas de atendimento social.

## 2.6. A solidariedade no "repartir o pão"!

*Sônia Helena Novaes Guimarães Moraes*

O Núcleo de Campinas para a Economia de Francisco e Clara teve, dentre suas inúmeras atividades sociais, a desafiadora implantação de uma Cozinha Solidária no Jardim São Marcos, região de grande vulnerabilidade alimentar e nutricional, junto à Paroquia de São Marcos Evangelista, sob a responsabilidade de seu pároco Padre Antônio Alves.

Marcia Molina coordenou, desde o início e incansavelmente, todo o grupo que se foi formando, com foco em aliviar a fome degradante de famílias inteiras, agravada a extremos durante os anos de pandemia, mas ainda existente.

Coube uma tarefa a cada um de nós, para criarmos uma rede de solidariedade, de apoio financeiro e estratégico, que permitisse realizar a doação de alimentos, viabilizada, dentre outras fontes de arrecadação, por bazares solidários, para permitir alimentação diária produzida na própria cozinha solidária.

O processo iniciou-se pela divulgação de trabalho sério e competente, com engajamento dos participantes deste nosso Núcleo, com vontade de acudir e acolher literalmente quem passava fome na região, causada pela desigualdade social e pelo abandono de políticas públicas e dos poderes públicos em todos os níveis à época – pouco interessados em oferecer alternativas às populações pobres dessa rica cidade de Campinas.

Conseguimos, assim, reunir pessoas generosas, que acreditaram na iniciativa e doaram, em valores ou com a oferta de alimentos ou de outras formas.

Por tudo, somos gratos a todos, principalmente à professora Celene Margarida Cruz, à professora Ítala D'Ottaviano, ao casal Maria Adelaide Gomide Lino e Eduardo Lino Neto, à empresária Maria Elisa Martins e à Associação de Educação do Homem de Amanhã (AEDHA), a "Guardinha" de Campinas, com seu "know how" de décadas na articulação para o atendimento a demandas sociais.

Todos os amigos, sensíveis e solidários, dispostos a aliviar o sofrimento dos que passam necessidades de toda ordem, especialmente a FOME, que não espera.

## 2.7. Organização do Bazar Solidário em prol da Cozinha

*Tania Rodrigues Alves, Marineide Vieira da Silva, Marli Rodrigues Alves*

O trabalho voluntário é uma forma de contribuir com nosso crescimento pessoal e profissional e assim inspiramos outras pessoas a fazerem parte dele. Envolvemo-nos inicialmente por querer fazer a diferença na vida de quem mais precisa. Somos responsáveis por organizar e divulgar os eventos, além de auxiliar na triagem e vendas de itens. Acreditamos que nossa dedicação e nosso empenho contagiam a todos ao nosso redor, família e amigos, ajudando a criar um ambiente acolhedor para os participantes e colaboradores. Acreditamos que, por meio do trabalho em equipe e do esforço conjunto, é possível transformar vidas e contribuir para um mundo melhor e solidário.

Fazer parte do bazar solidário gera uma sensação de realização e satisfação, pois estamos contribuindo de forma prática para uma causa importante e inspirando pessoas a participar e contribuir também. Ao organizar o bazar, sentimos alegria em ver as pessoas se ajudando e em podermos fazer a diferença na vida de quem precisa, não só as pessoas que compram no bazar com um preço acessível se beneficiam, mas também as que doam, pois muitas das vezes elas não sabem como se desfazer de itens que não utilizam mais. Além disso, há também o prazer de ver a comunidade unida em torno de um propósito comum, que é a cozinha solidária, o que gera um sentimento de pertencimento e conexão.

É normal também sentir um pouco de ansiedade ou até cansaço, já que organizar um bazar exige planejamento e esforço. Mas, no final, a sensação de impacto positivo é muito gratificante.

### 2.8. O que é contribuir com a rede de solidariedade da Cozinha Solidária São Marcos?

*Maria das Graças Gomes*

É uma bênção de Deus estar nesse processo de solidariedade da Economia de Francisco e Clara, principalmente na pandemia da Covid-19, que desestruturou todo o cotidiano das pessoas mais vulneráveis. Acredito muito no trabalho coletivo. Sinto-me gratificada de encontrar uma maneira de contribuir financeiramente na Cozinha Solidária São Marcos desde o início.

# 3

# O OLHAR DOS VOLUNTÁRIOS

## 3.1. A Cozinha sob meu olhar de voluntária

*Ana Dina Lopes*

Profundos conhecedores das reais dificuldades da Comunidade do Jardim São Marcos, Padre Antônio e Marcia Molina, testemunhando o agravamento da situação precária dos moradores com o surgimento da pandemia, iniciaram a distribuição de marmitas para a comunidade.

O projeto era acanhado e sobrevivia de doações que, às vezes, não eram suficientes para atender a todos. Mas havia força, coragem e determinação, que foram cruciais para chegarmos até aqui.

E assim a Cozinha completou 4 anos e hoje já não cuida somente de matar a fome. A comunidade é orientada a fazer cursos, a aprender uma profissão, a estudar, a ter consciência de classe, a lutar e a sonhar com um país com mais comida na mesa e menos drogas, com mais escolas e menos prisões, com mais livros e menos armas, com mais músicas e menos bombas, com mais amor e menos discórdia...

A Cozinha também ensina a ter coragem para enfrentar desafios, a lutar pela nossa tão combalida democracia, a sonhar com mundo mais justo, fraterno, solidário e igualitário, onde a cor da pele, o gênero, a orientação sexual, a etnia, a religião, o poder aquisitivo e/ou o lugar onde se mora não sejam motivos de discriminação, julgamento ou preconceito.

Acima de tudo, vejo a Cozinha Solidária como um lugar onde as pessoas se sentem acolhidas e confiantes, porque sabem que são respeitadas e tratadas com dignidade. E se acreditam é porque veem resultados, é porque sabem que Marcia e Padre Antônio estão sempre disponíveis para orientá-las.

A meus olhos, a Cozinha da Solidária São Marcos se resume neste trecho da bela música "Maria, Maria", do grande poeta Milton Nascimento:

*Mas é preciso ter manha, é preciso ter graça*
*É preciso ter sonho sempre*
*Quem traz na pele essa marca*
*Possui a estranha mania de ter fé na vida*

## 3.2. Lugar de Esperanças

*Ana Beatriz Martins Tardeli*

*"Cada vez nos convencemos mais da necessidade de que os verdadeiros revolucionários reconheçam na revolução, porque um ato criador e libertador, um ato de amor. Para nós, a revolução, que não se faz sem teoria da revolução, portanto, sem ciência, não tem nessa uma inconciliação com o amor. Pelo contrário, a revolução, que é feita pelos homens, o é em nome de sua humanização."*
*(Paulo Freire[1])*

[1] Freire, 1968, p. 110.

O Coletivo Carlos Marighella, do qual faço parte, atuante no município de Campinas e com maior ênfase nos territórios do São Marcos e da Unicamp, bebe muito do caldo dos movimentos sociais brasileiros, ou seja, inspira-se nas lutas, nas táticas e nas esperanças de gerações de militantes que pavimentaram o caminho de conquistas de direitos humanos e sociais. Nós acreditamos que a juventude precisa estar consciente da realidade nacional e mundial e que ela precisa ser um agente de mudanças estruturais no sistema econômico, social, cultural, ambiental e tecnológico vigente.

É impossível uma pessoa ter estímulo e animação para exercer uma tarefa política se ela não acredita no que está fazendo. Ou se ela não vê resultados. Ou se ela não ama o espaço onde está inserida. O amor é revolucionário, retomando a citação que abre esse texto. O ambiente da Cozinha Solidária exala e esparrama esse amor, essa crença na metamorfose. Essa esperança em um mundo melhor, em uma sociedade alternativa. Cada um que pisa na Cozinha é recebido com um abraço, um sorriso, um cafezinho e é convidado ao diálogo, um diálogo construtivo, que faz refletir acerca das injustiças locais, da comparação com áreas abastadas logo ao lado, mas também das redes de articulação dos movimentos sociais, que mantêm o lugar funcionando como multiplicador de conhecimentos práticos e teóricos cotidianos e de longa duração.

O coração fica aquecido ao perceber o respeito que os moradores têm pelo trabalho realizado na Cozinha e como o voluntariado se esforça para atender às diversas demandas daqueles que procuram o espaço como suporte.

Foi assim que surgiu o grupo de Formação Política, que se instrumentalizou através de rodas de conversa, a partir de uma lógica freiriana de dialogicidade entre educandos-educadores e tomada de consciência histórica, uma vez que era esse o horizonte estratégico visualizado por Freire: a dialogicidade das noções subjetivas para que a liberdade seja alcançada de maneira coletiva. Liberdade para todos. Liberdade concreta, palpável, material. Liberdade atingida através da vocação histórica dos seres humanos: de *ser mais*. Isto é, de alcançar a humanização plena, como situação presente e projeto possível.

Em outras palavras, o grupo visa a tomada de consciência política, priorizando assuntos que abarquem toda a diversidade do ser humano, ao mesmo tempo em que se discutem pautas de demandas urgentes, práticas cotidianas, a partir da ação e reflexão simultâneas, a partir mesmo da ferramenta da *práxis* nos termos marxistas, através da qual todas as pessoas presentes compartilham suas opiniões e experiências e propõem uma atividade prática que aproxime as conquistas ou o respeito a um direito humano, tendo sempre em mente que a situação atual de exclusão pode ser desconstruída; que há um multiverso de futuros possíveis; que temos que construir um mundo no qual não existam desigualdades de qualquer espécie.

A autora Bell Hooks, em *Ensinando a transgredir: A educação como prática da liberdade* (2017, p. 247), sinaliza a importância de se socializar vivências e experiências: "Esse momento de participação e diálogo coletivo significa que os alunos e o professor respeitam – e invoco aqui o significado ordinário da palavra, 'olham para' – uns aos outros, efetuam atos de mútuo reconhecimento e não falam somente com o professor. A partilha de experiências e narrativas confessionais em sala de aula ajuda a estabelecer o compromisso comunitário com o aprendizado".

É a aplicação de uma pedagogia do oprimido e para o oprimido. É um trabalho de base coletivo que busca aproximar o ambiente acadêmico de grupos afastados da universidade, com o intuito de socializar o conhecimento acumulado ao longo da instituição e abarcar novos sentidos, entendimentos, aplicações em um processo não unilateral.

Para contextualizar a importância da luta travada na Cozinha Solidária, farei um breve apanhado histórico:

Os povos originários e as comunidades tradicionais exerciam uma convivência harmoniosa com a natureza, através de uma seleção artificial que não causava danos irreversíveis ao meio, do manejo sustentável das florestas, baseado em um conhecimento tradicional do território, visando sua sobrevivência, além de interagir com o espaço, criando simbolismos culturais com a natureza, que ancoravam os significados das vidas e do além-vida. Assim, a partir da chegada dos portugueses e a introdução da escravidão, é possível começar a traçar o caminho que resultou nas populações que hoje vivem em situação de insegurança alimentar e têm suas moradias ameaçadas. Até porque, o regime econômico fincado aqui, o capitalismo, permanece, e com ele anda junto o imperialismo, que visa o lucro acima de todos para uma parcela ínfima da população mundial, deixando todo o resto se alimentando de agrotóxicos, "defensivos agrícolas", altamente utilizados em monoculturas, que exterminam a diversidade animal e vegetal e impactam, por fim, toda a cadeia alimentar.

A tese central do livro "Capitalismo e colapso ambiental" (MARQUES, Luiz, 2015, p. 61) é a de que ambos, o capitalismo e o colapso ambiental, são duas faces da mesma moeda e, portanto, "Não é possível evitar o colapso ambiental se não formos capazes de superar o capitalismo, mas este não será superado se não se superarem as duas ilusões que o nutrem, naturalizam-no e mesmo o sacralizam: a ilusão de que o crescimento do excedente é ainda um bem para nossas sociedades e a ilusão antropocêntrica". Ou seja, nós, seres humanos, não somos superiores aos demais tipos de vida. Em termos geológicos, a extinção em massa da humanidade pode impactar muito pouco no planeta. Espécies animais e vegetais vão ficar bem, vão se recompor, nós é que vamos embora.

Até o século XIX, o armazenamento de excedentes agrícolas significava mais segurança vital, uma vez que as energias para esse recolhimento e alterações utilizadas eram recentes, como trabalho muscular, sistemas mecânicos, forças do vento, da água, do fogo e da radiação solar. Posteriormente, com as diversas fases da Revolução Industrial, adicionaram-se estoques de energia primária de outras eras geológicas dos combustíveis fósseis e, desde o pós-guerra, a energia aprisionada no núcleo do átomo, elevando o consumo de bens. Tal movimento pode ser comparado ao sonho de Ismália (Alphonsus de Guimaraens, 1923), que atravessou o século XX nos alertando do perigo de não analisarmos a realidade posta à nossa frente. Porém, os acontecimentos históricos são imprevisíveis e, portanto, é permitido sonhar, como fez Ismália com suas duas luas. "Se há lugar para a esperança de que o pior será evitado, é porque a esperança nasce da certeza de que o futuro das sociedades não está dado em seu presente e é, portanto, incerto" (MARQUES, Luiz, 2015).

Lamentavelmente, já nos distanciamos do ponto de que precisaríamos tomar ações de precaução; agora, precisamos urgentemente de ações de mitigação. A economia precisa logo ser absorvida pela ecologia, e o que temos atualmente é o contrário: o meio físico é concebido como matéria-prima quase infinita, e quem lucra com ela vai sugar até o último átomo, mesmo se custar a vida de todos os seres humanos. Essa realidade é incompatível com a sustentabilidade. Até mesmo o Estado, público, hoje em dia, pode ser chamado de Estado-corporação, uma vez que se encontra indissociável das empresas privadas. Antes, nos séculos XIX e XX, o Estado possuía autonomia financeira e se aproximava mais dos movimentos sociais, hoje, ele se confunde com as empresas, devido a maior mobilidade transnacional de mercadorias (exportação e importação) e capitais e ao endividamento público, subordinando-o à lógica do mercado e se misturando com ele. O Brasil, especificamente, é dependente do agronegócio e ideologicamente identificado com ele, com o governo brasileiro comandando, permitindo ou viabilizando, através de financiamento público, por exemplo, o desmatamento da floresta Amazônica e a invasão de terras indígenas.

A Cozinha Solidária São Marcos é um lugar de esperanças e de se permitir visualizar, na prática cotidiana, a conquista e a vivência de direitos humanos dentro da democracia burguesa, para se expandir para a democracia dos subalternizados e se alcançar um regime sem opressão de nenhum tipo.

### Referências

FREIRE, Paulo. *Pedagogia do Oprimido*. Rio de Janeiro, Paz e Terra, 1968.

GUIMARAENS, Alphonsus de. Ismália. 2 Ed. São Paulo: Cosac Naify, 2014.

HOOKS, Bell. *Ensinando a transgredir: A educação como prática da liberdade*. São Paulo: WMF Martins Fontes, 2017.

MARQUES, Luiz. *Capitalismo e colapso ambiental*. Campinas, Editora da Unicamp, 2015.

## 3.3. Rodas de Conversa na Cozinha: aprendendo, ensinando a pescar e a cozinhar o peixe

*Maria do Carmo Cabral Carpintéro*

Trabalhei muitos anos como sanitarista. Sempre envolvida com a gestão e a implantação do SUS. Fui secretária de saúde em Campinas, Várzea Paulista e Amparo. Para mim, era muito fácil planejar, delegar tarefas, coordenar e até mesmo “mandar” fazer. Após a aposentadoria, dediquei-me a participar do Conselho Municipal de Saúde, trabalhar na Educação em Saúde de mulheres e homens que se dispunham a ser conselheiros(as), nos quase 100 conselhos locais da rede de saúde de Campinas. Com isso, estava a par do que acontecia no SUS Campinas e me sentia “útil” ao defender, valorizar e esclarecer sobre políticas de saúde e saúde pública no Brasil.

Durante a pandemia de Covid-19, fomos todos arrastados pela urgência, pelo medo, pela impotência e pela necessidade de fazer algo. A convite de uma das coordenadoras, fui conhecer a Cozinha Solidária, então localizada no CDHU da região dos Amarais. Qual não foi minha surpresa ao ver um grupo de pessoas, num local bastante precário, elaborando e distribuindo cerca de 700 refeições/dia, fazendo bazares e coletas para a manutenção dessa ação de combate à fome, num momento em que os governos pouco faziam.

Comecei a me movimentar com um grupo que também estava atuando na pandemia, o Frente pela Vida em Defesa do SUS Campinas e Região, que denunciava a incompetência do governo federal, a insuficiência do governo municipal e o silêncio conivente da mídia. Esse grupo, composto por profissionais de saúde e usuários do SUS, passou a preocupar-se com o aspecto da solidariedade e da mitigação da fome, e compôs um subgrupo denominado GT Solidariedade, que faz campanhas de arrecadação e compra de cestas básicas destinadas a famílias em situação de vulnerabilidade. Parte desta arrecadação era destinada à Cozinha Solidária.

Meses depois, com a cozinha já funcionando no endereço atual, passei a compor a equipe de voluntárias(os). Cortar legumes, lavar verduras e servir as refeições passaram a fazer parte de minhas tarefas uma vez por semana. Também nessa época discutimos a proposta de fazermos algo mais que "alimentar" o corpo. Propusemos fazer um grupo de Terapia Comunitária (TC), que teve pouca frequência da comunidade, mas foi muito importante para a grupalidade e conhecimento da equipe das cozinheiras, composta por mulheres e um homem, moradores do Acampamento Marielle Vive, em Valinhos, próximo a Campinas. A equipe vivia a angústia da desocupação eminente, e os encontros ajudaram a vivenciar esse momento, podendo compartilhar conosco, voluntários(as), a situação.

> A TC é um espaço de promoção de encontros interpessoais e intercomunitários, objetivando a valorização das histórias de vida dos participantes, o resgate da autoestima e da confiança em si, a ampliação da percepção dos problemas e possibilidades de resolução a partir das competências locais (Barreto, 2019, p. 33).

Posteriormente, propusemos as Rodas de Conversa, pensando em usar alguns dos fundamentos da TC de forma mais livre e no horário do funcionamento da cozinha. Nesse momento, durante o ano de 2022, organizamos um grupo de formação, que passei a coordenar. Com este grupo, implantamos a Oficina de Alfabetização para adultos, que funcionou por alguns meses, com cerca de 4 a 6 mulheres da comunidade, tendo findado pela dificuldade delas participarem. Nesse grupo de formação organizamos as reuniões, os planejamentos e combinamos todas as rodas, desde então acontecendo quinzenalmente, com temas oferecidos por nós e em algumas vezes a partir dos próprios participantes. Procuramos atender a datas específicas: Dia da Mulher, do Trabalhador e do Indígena. Trabalhamos temas gerais: Saúde, Dengue, Plantas Medicinais e Transporte Público. Buscamos temas politizadores: Combate à violência doméstica e contra a pessoa idosa, Grito dos Excluídos, Controle Social e Conselho Local de Saúde e, no contexto das eleições, para o governo federal e estadual em 2022 e municipal em 2024, abordamos a própria eleição e a Carta Compromisso, elaborada e apresentada aos candidatos às eleições municipais (prefeito e vereadores/as), pela coordenação e voluntários/as da Cozinha. Comemoramos os 3 anos da Cozinha com uma grande roda. Inicialmente, tínhamos uma violonista e cantora que, com um membro da equipe do Marielle, alegrava a roda. Escolhíamos músicas que tivessem a ver com os temas. Posteriormente, agregou-se ao grupo uma exímia compositora de paródias e ao som de *O cravo brigou com a rosa*, *Ciranda cirandinha*, *Cai, cai balão*, *Teresinha de*

*Jesus* e outras canções de roda do cancioneiro popular, passamos a cantar com letras que se referiam ao tema. Sempre levamos as letras impressas para que pudessem cantar conosco. Importante dizer que tentamos várias formas de estimular a participação, mas ela é sempre aquém do que gostaríamos, mesmo reconhecendo que, quando participam, é muito rico. Temos boas histórias para contar, pois quando a comunidade se vê em nossos temas, a roda flui com mais interesse.

Concluo reconhecendo que o aprendizado é sempre maior que a frustração pela participação não tão satisfatória, e que considero esse o maior desafio de quem se propõe a fazer "formação" política agregada à ação de solidariedade. A expressão de "Não dar o peixe, mas ensinar a pescar" toma para mim um caráter especial nessa vivência. Não há fala que resista à fome e, se quisermos realmente politizar nossa ação, temos que reconhecer a necessidade de vínculo e de juntar os alimentos do corpo e da mente.

### Referência

BARRETO, Adalberto de Paulo. *Terapia Comunitária*: passo a passo. 5ª ed., Fortaleza: Ed. LCR, 2019.

### 3.4. "O vencer da luta se faz lutando": experiência no voluntariado da Cozinha

*Guilherme Yoshioka*

"Fazer é a única forma de mostrar que é possível transformar o mundo."

Não é à toa que (re)afirmamos a profunda derrota que a classe trabalhadora, em suas múltiplas facetas, enfrenta. Desemprego, fome, exploração etc. O fato dessa derrota ser econômica, política e, acima de tudo, ideológica reflete a incapacidade que nos é imposta de enxergar um mundo diferente do atual, no qual justiça social, soberania alimentar e participação política não são somente conceitos utópicos, distantes de nossas mãos, mas, sim, uma realidade concreta que podemos sentir com nossos pés. Como dar um fim a um sistema que coloca os interesses de grandes empresários acima da vontade do povo? Que nos impõe uma violenta incapacidade de sonhar com um mundo novo? Um sistema que promove o esgotamento de nosso mundo, deixando-nos com a luta coletiva como única saída. Este sistema esmaga as lutas coletivas, de modo que não sobra nada em nosso imaginário, além de pura individualidade. E quando nada além da individualidade sobra, ele impõe a destruição física e mental de cada indivíduo, em razão de sua exploração. Como dar um fim a tudo isso?

Compreender que o caminho se faz ao caminhar é o primeiro passo. Como todo desafio, as respostas não são simples e fáceis, mas é necessário ter uma orientação para seguir. É preciso voltar a politizar os territórios, transformando-os em espaços de resistência. É necessário levantar as bandeiras históricas do povo brasileiro, articular as demandas e necessidades imediatas com um horizonte de transformação radical e, acima de tudo, recuperar nossa capacidade de sonhar com uma alternativa ao mundo criado pelo mito do fim da história imposto sobre nós.

Na minha primeira visita à Cozinha Solidária São Marcos, a coordenadora do projeto, Marcia Molina, disse-me: "Nós não doamos uma unidade de alimento, nós alimentamos a resistência". De fato, a Cozinha Solidária alimenta a resistência de todas as pessoas que a frequentam, sejam seus voluntários, moradores, militantes, apoiadores ou visitantes. As 400 refeições diárias distribuídas e as diversas frentes, como o GT de hortas, o GT de educação política, a oficina de pães, vão além de simples soluções para problemas históricos que afetam os grupos mais marginalizados da sociedade brasileira. Elas representam a construção coletiva de uma articulação entre a inserção nos problemas mais imediatos da população da região e o horizonte de uma transformação concreta da realidade.

Experienciar o trabalho na Cozinha Solidária, especialmente no grupo de Educação Política, permitiu-nos expandir o debate sobre o combate à fome para outras esferas da vida cotidiana, como transporte, saneamento, saúde e educação e nos possibilitou conhecer a atuação de cursinhos, grupos de saúde, oficinas, sindicatos e movimentos sociais no bairro

Um senhor de 83 anos, que frequenta a Cozinha Solidária diariamente e participa ativamente de quase todas as atividades organizadas pelas nossas frentes, sempre compartilha sua história de que, aos 76 anos, iniciou seus estudos na Educação de Jovens e Adultos (EJA). A experiência de aprender a ler e escrever transformou sua vida, permitindo-lhe "pensar o mundo com outro olhar". Sob essa perspectiva, é importante destacar que a Cozinha Solidária São Marcos, acima de tudo, funciona como um espaço de denúncia sobre como o Estado burguês, por meio de suas diversas instituições, falha deliberadamente em implementar políticas adequadas de alimentação, transporte e educação para diferentes setores da nossa sociedade. Portanto, a Cozinha Solidária não é somente um local de apoio imediato, mas também um espaço que questiona a lógica do sistema capitalista, provando que os movimentos sociais, as redes de solidariedade, os lutadores e lutadoras do povo, quando coletivamente organizados, podem transformar a realidade, e só o farão por meio da luta. A experiência na Cozinha Solidária São Marcos nos propõe "pensar o mundo com outro olhar", reforçando nossa convicção ideológica na escolha pela luta coletiva e demonstrando, concretamente, por meio de sua iniciativa localizada, que, com os pés no chão e a cabeça nas estrelas, um mundo sem opressão é possível.

## 3.5. Oficina de pães: uma experiência prática de trabalho coletivo

*Lêda Maria de Carvalho Cassins*

Na fila de pessoas que se alimentavam na Cozinha Solidária São Marcos, começamos convidando quem gostaria de participar de uma oficina de pães, onde pudessem aprender e compartilhar conhecimentos. Se conseguíssemos pães com boa qualidade, venderíamos e conseguiríamos uma pequena renda para os participantes.

Insistimos com conversas e telefonemas e conseguimos atrair algumas pessoas da comunidade. Assim começou esse projeto da Cozinha Solidária, há um ano e meio.

As primeiras compras de insumos foram feitas com dinheiro emprestado de uma voluntária. Em um dos semestres, chegamos a ter uma ajuda de custo da Arquidiocese de Campinas, o que proporcionou a compra de algumas formas, bacias e insumos para um período, em que ainda tínhamos perdas e estávamos aprendendo a trabalhar em equipe.

O grupo sofreu mudanças, nesse período, mas sempre com desafios importantes: a maioria das pessoas não estuda, não trabalha, no máximo faz bicos. É natural a dificuldade de se concentrar e cumprir um dia inteiro de trabalho. A maior parte tem problemas pessoais ou com filhos e familiares, seja de saúde, deficiências intelectuais, vícios, desalento, vida desestruturada.

Sem a experiência de um emprego formal, os obstáculos são maiores do que em um ambiente de trabalho normal, com tendência a desavenças e descumprimento de regras. Pequenos detalhes ganham proporções. Ouvimos manifestações como "não está certo ela vir de shorts", "já brigamos no passado aqui no bairro", "estou lavando mais louça que ela"... Isso acontece inclusive porque num trabalho cooperativo, como o da oficina, todos se sentem donos da atividade, mas têm dificuldade de trabalho conjunto.

Notamos que alguns também não conseguem identificar que pessoas com capacidades diferentes vão contribuir de maneiras diferentes. Essa falta de compreensão tende a desagregar o tempo todo. Por isso é parte do trabalho da coordenação da oficina buscar que os envolvidos reconheçam, respeitem e ajudem o grupo a se manter unido, apesar das diferenças.

Os avanços do grupo são perceptíveis neste ano e meio: crescimento do compromisso com a oficina, com o horário, com os métodos de trabalho. Embora seja uma atividade livre, cresce a compreensão da necessidade de fazer como todo o grupo decidiu e não "como eu quero", "como eu sempre fiz".

Tivemos também exemplos de como esse tipo de ação pode ajudar a estimular pessoas a sair do isolamento. Algumas pessoas que se sentiam excluídas passaram a se integrar e reconhecer aquela como uma atividade sua. Pelo relato de uma mãe, a oficina fez tanto bem que o filho com depressão, depois de muito tempo, buscou emprego.

Organizamos um método mínimo de trabalho em que todas as pessoas devem aprender todas as etapas, inclusive para poder fazer pães sozinhos, fora da oficina. Eventualmente, definimos tarefas específicas para alguns participantes, dependendo da dificuldade. Um rapaz que tem ensino médio mas não consegue ler e seguir a receita impressa, por causa da dislexia, desempenha muito bem o trabalho de fracionar a massa e pesar na balança, quando mostramos o número a ser seguido.

A oficina produz semanalmente pães caseiros, pães integrais e experimentamos sempre uma receita nova, mais elaborada. O processo está mais organizado, com pesagens e etapas definidas, e a qualidade do pão melhorou.

Os pães, que eram inicialmente sovados nas mãos, agora passam pela masseira, adquirida pela Cozinha

Solidária no meio do ano passado, resultando em um bom ganho de produtividade. No último mês de atividade de 2024, quando fizemos duas oficinas por semana, os participantes que compareceram a todas chegaram a obter uma renda de R$ 400,00 no mês. Um suspiro e uma alegria para todos!

Buscamos escoar os produtos principalmente na região, contatando professores e funcionários das escolas, centro de saúde e moradores dos bairros próximos. Assim os pães conseguem chegar no mesmo dia da produção, pois a distribuição é uma das nossas dificuldades, já que os participantes não possuem carro.

Entramos 2025 com alguns novos integrantes e muitos desafios que persistem: é importante manter a geração de renda, mas principalmente melhorar a convivência, incrementando as reuniões de avaliação, planejamento e aprendizagem.

## 3.6. Voluntariado e projetos na Cozinha

*Naoko Yanagizawa Jardim da Silveira*

### Pequeno histórico

Cada um tem um motivo para fazer o que faz. Dizem que fazemos para satisfazer o ego pessoal, mas passando pela pandemia de Covid-19 e por um governo federal descompromissado com a população, sob a presidência de Bolsonaro, compreendemos que algo precisaria ser feito. Para mim, esta enorme indignação me impulsionou para o trabalho voluntário, que vinha querendo fazer há tempos, mas encontrando um grupo que tivesse uma proposta para além de fazer o bem, procurar caminhos para a politização, para nos mantermos na resistência!

A Cozinha Solidária São Marcos nasceu em 14 de junho de 2021 de uma "tríplice aliança", da paróquia São

Marcos, do Núcleo Campinas da Articulação Brasileira pela Economia de Francisco e Clara e do Movimento sem Terra (MST), do acampamento Marielle Vive, de Valinhos.

A cozinha solidária surgiu sim de uma necessidade durante a crise sanitária para combater a fome na região dos Amarais. Para Pe. Antonio não era admissível que pessoas em vulnerabilidade sofressem risco de vida, utilizando álcool ou querosene para prepararem alimentos das cestas, porque não tinham fogão ou gás. Somou-se a isso o feliz encontro de parceiros, como a Marcia, que acredita que é inconcebível que 90 mil pessoas passem fome em Campinas e arregaçou as mangas na Cozinha Solidária São Marcos, colocando em prática os princípios da Economia de Francisco e Clara. O suporte do MST na cozinha do dia a dia é algo inestimável!

É admirável a rede das redes que esta "tríplice aliança" articula, porque a base da subsistência da cozinha para obter alimentos foi a de doações voluntárias até o momento. Instituições religiosas, educacionais (como a Adunicamp que fornece proteínas), sindicatos variados (como o Sindpetro que fornece o gás), grupos (como a Frente pela Vida) e voluntários, pessoas jurídicas e físicas entre outros. O maior montante de doação, durante três anos, veio de uma instituição católica, das Irmãs Filhas da Cruz.

Tivemos a injeção de recursos de vereadores de esquerda, sensíveis às questões de combate à fome, através de emendas parlamentares. Guida Calixto destinou recursos para a compra de equipamentos da cozinha. Cecílio Santos e Paola Miguel destinaram recursos para kits horta. Aproveitando a renovação dos equipamentos, a "tríplice aliança" novamente comandou uma reforma de grandes proporções, com doações vindas de todos os lugares.

Com a concretização da Associação Cozinha Solidária São Marcos, em dezembro de 2024, e o término de algumas ajudas financeiras importantes, outro esforço foi iniciado para arrecadar recursos. Esta cozinha se inscreveu no Programa de Cozinhas Solidárias do Ministério do Desenvolvimento Social do governo federal.

## Funcionamento da cozinha solidária

Um grupo de voluntários se reveza durante a semana para apoiar a equipe do Marielle Vive no pré-preparo dos alimentos, na limpeza do local e dos equipamentos. Apoia a Marcia e o Pe. Antonio nas decisões a serem tomadas, no dia a dia da cozinha. Em 2024, uma nutricionista foi contratada.

Como médica sanitarista aposentada tendo trabalhado na Vigilância em Saúde, sempre coloquei meus conhecimentos e minha experiência para melhorar os protocolos sanitários e minimizar riscos à saúde com a manipulação de alimentos. No dia a dia da cozinha solidária, combinamos os procedimentos sanitários, juntamente com a Marcia e com a Viviane, nutricionista. Colaboro na compra de material de limpeza, com a ajuda financeira de voluntários. Além disso, a partir deste ano, colaboro na manutenção do banco de dados dos beneficiários da cozinha solidária.

## Projetos da cozinha solidária

Com o propósito da cozinha de alimentar a resistência, foram iniciados, em 2023, o Grupo de Trabalho (GT) de hortas, Grupo de Geração de Rendas – com a fabricação de pães, e o Grupo de Formação e Cidadania – com alfabetização de adultos.

Eu me agreguei ao grupo de alfabetização de adultos, composto por mais três voluntárias (Carminha, Zilda, Vivien), e, eventualmente, uma sanitarista de fora. Esta atividade funcionou de 21 de março a 13 de setembro de 2023, inicialmente com 6 adultos interessados, terminando nos últimos meses com uma aluna. Utilizamos, como guia, o método Paulo Freire, porém, esses adultos não eram totalmente analfabetos e já vieram com um repertório de experiência de vida que procuramos inserir para ter rendimento em classe.

A experiência foi gratificante ao mesmo tempo que foi frustrante porque não houve continuidade, por falta de alunos. Constato que a vida destas pessoas da comunidade necessita o tempo inteiro de respostas imediatas para urgências cotidianas básicas, que não conseguimos acompanhar ou dar suporte, para que persistam com esse objetivo maior, o de adquirir o domínio da leitura e da escrita, para ampliar o conhecimento, desenvolver o espírito crítico e exercitar melhor a cidadania.

Mudamos a estratégia para conversas possíveis, quinzenais, com a comunidade que frequenta a cozinha, de assuntos variados (descritos no texto de Maria do Carmo Cabral Carpintéro), com duração aproximada de uma hora, antes da entrega das refeições. O grupo de formação agregou voluntários, jovens universitários do curso de história, do grupo Marighella e outros estudantes de economia, de engenharia de alimentos e outros, enriquecendo o trabalho.

Concluo que o trabalho na cozinha é intenso em muitos sentidos, inclusive na exigência física para lidar com alimentos perecíveis e manter tudo em funcionamento, com qualidade e quantidade necessárias. Exige um esforço de consciência com uma prática adequada aos padrões sanitários. É muito rica a troca de conhecimentos com todos os integrantes da cozinha; existe uma cumplicidade e solidariedade. É muito gratificante quando acontece o reconhecimento da comunidade do nosso trabalho e, por outro lado, o grande desafio é que a comunidade se aproprie mais da cozinha, aumente a participação no dia a dia para que possam, enfim, exercer mais e melhor a cidadania.

### 3.7. Minha experiência como voluntária

*Neusa da Costa Carvalho*

Cresci em um ambiente pautado pelo bem ao próximo, e meus pais sempre foram voluntários. Foi com eles que aprendi a ter *empatia, amor, solidariedade* e *generosidade*.

Essas são as palavras-chave que encontro na Cozinha Solidária São Marcos.

Lá há apoio mútuo, aprendizado constante, amor a tudo o que se faz e muita dedicação. Com esse perfil, a Cozinha Solidária São Marcos é uma referência para as demais Cozinhas Solidárias brasileiras.

Sou voluntária às quartas-feiras, desde outubro de 2023.

Sinto-me privilegiada por fazer parte do belíssimo trabalho que a Cozinha realiza, não só pelas mais de 1.200 refeições semanais, mas pelo apoio dado a quem solicita ajuda e também pelo trabalho de conscientização e formação dos que lá buscam sua refeição, através da participação nas rodas de conversa, realizadas quinzenalmente, durante todo o ano.

Esse projeto de formação nas rodas de conversa contou com a participação dos(as) voluntários(as) na sugestão de temas, escolha da fala, confecção de cartazes, organização e realização.

Sugerido que se iniciasse a roda cantando com os participantes, ofereci-me para fazer paródias de músicas que todos soubessem cantar. Pensando nisso, ocorreu-me que o que todo mundo conhece são as cantigas de roda, que fizeram parte da infância de cada um(a).

Ficou definido, então, com a concordância dos(as) voluntários(as) que nossas paródias seriam feitas a partir de cantigas de roda.

À medida que as rodas iam acontecendo, mais entusiasmo eu tinha para continuar me dedicando a escrever as paródias, e isso despertou em mim um talento adormecido.

Para ilustrar, aqui estão quatro cantigas dentre as 17 rodas realizadas durante o ano:

**Fraternidade e Amizade social** (*Pirulito que bate, bate*)

Meu vizinho é meu amigo,
Meu amigo, meu irmão.
Somos livres, mas unidos,
Unidos em comunhão!

A mãe Terra é nossa MÃE,
Nossa Casa é Comum.
Repartindo nossos pães,
Todos juntos somos um!

Preto, branco e amarelo,
Mais o povo originário,
Unidos por um elo!
PAZ e apoio solidário!

**Plantas medicinais** (*Terezinha, de Jesus*)

Remédio caseiro cura!
Vamos ao aprendizado:
A lição da terra pura
Dos nossos antepassados.

Guaco e espinheira-santa
São plantas medicinais.
Semeadas, dão às pampas,
Em terrenos e quintais!

Alecrim, manjericão,
Capim santo e citronela!
Tem também barbatimão,
Copaíba e canela!

**Combate à violência contra a pessoa idosa**
(*Terezinha de Jesus*)

Viva a pessoa idosa!
Ela é sábia e tem bom senso.
É uma pedra preciosa
Lapidada pelo tempo.

Se ela tem fragilidade,
Cuide dela direitinho.
Tenha sempre lealdade,
Sem violência, com carinho.

Seu estatuto lhe assegura
Direitos fundamentais.
Ser tratada com ternura,
Abandono não, JAMAIS!

**Democracia e Memória** (*Ciranda, cirandinha*)

Democracia plena
É o que havemos de almejar.
Não deixar sair de cena
E os direitos conquistar!

Liberdade de expressão!
Liberdade, liberdade!
Sem censura e repressão,
Contar sempre com a verdade!

Por isso, minha gente.
Lembrar nunca é demais.
Votar conscientemente.
Ditadura NUNCA mais!

### 3.8. Indigne-se!

*Solange Coca*

Indignação sempre foi um sentimento que me moveu.

Quando criança, sempre me perguntava: por que nas noites frias ou chuvosas, o carro de minha família tinha abrigo e as pessoas em situação de rua ficavam ao relento?

Depois de formada, tentei colocar meu trabalho, como profissional da área da saúde, a serviço das pessoas que não tinham acesso a um consultório particular. Mas todos os meus voos foram de curta duração. Segui de tropeços em tropeços, sempre com o mesmo resultado.

Durante a pandemia, numa conversa com meus filhos, a conclusão foi: "O solidário não quer solidão", como diz o poeta Milton Nascimento. Foi um impulso para meu engajamento político.

Então me filiei ao PSOL - "Revolução Solidária", slogan da campanha Boulos e Luiza Erundina, em 2020. E através da "Revolução Solidária", conheci o acampamento do MST "Marielle Vive". Comecei meu contato com a luta por justiça social, por preservação do meio ambiente, redistribuição e função social da terra, e à Cozinha Solidária São Marcos.

Quando cheguei pela primeira vez, a receptividade me emocionou, o trabalho me encantou, e conheci, ao vivo e em cores, a beleza de uma luta por um mundo mais justo, humano e solidário. Entrei de corpo e alma nessa proposta de acabar com a fome.

Fornecer comida é o meio de nos envolvermos com a comunidade e de buscarmos uma saída juntos, não é o fim.

Vejo a Cozinha Solidária como uma semente insubordinada, que nasce e dá frutos, mesmo em sólido árido.

Sou a Sol, voluntária das segundas.

### 3.9. Ser voluntário nessa Cozinha

*Zilda Maria Giosuelli*

Tudo começou com uma Live (tempos de pandemia) sobre o projeto da cozinha, apresentado pela Marcia Molina, na Igreja Divino Salvador, com quem tinha convivido na Forjo – Comunidade de Jovens Força Jovem, na década de 1970.

Assim que me aposentei como professora da Unicamp, resolvi me aventurar e conhecer um pouco do projeto, sem noção sobre a arte de cozinhar. Pelo menos eu poderia ajudar com a louça...

O bairro São Marcos já era conhecido na minha casa, pois minha mãe, muitos anos antes, havia realizado trabalho voluntário no Grupo Primavera.

Como se pode perceber, cresci frequentando a Paróquia Divino Salvador, onde tive uma formação espiritual com o Padre José Vitor da Silva, que me foi importante no engajamento pastoral e até hoje participo dessa mesma instituição. Atuo na Pastoral dos Surdos (na tradução da missa para LIBRAS). E também frequento (quando possível) os Encontros de Formação promovidos pela Paróquia.

Mas vamos ao que interessa... a pergunta que me faço hoje é: quem sou eu depois do trabalho na cozinha?

Em primeiro lugar, conhecer uma realidade social a que eu não tinha acesso, mostrou que minha vida estava muito arrumadinha e que tinha muita gente com a vida desarrumada e precisando de ajuda... muito aprendizado!

Outro ponto foi a politização! Esse tal de MST que era um mistério para mim. Encontrei pessoas batalhadoras, conscientes de um sistema que mascara a diferença e massacra a classe popular e pobre. Gente sábia, rica em conhecimento sobre o plantio e a terra. Tudo se aproveita. Quanto eu desperdicei em casa por desconhecimento!

Padre Antônio foi também uma descoberta: alegre, brincalhão, que sabe lidar com seu rebanho e suas características.

E, para terminar, cito o Evangelho de São Marcos "**a missão atinge o mundo inteiro.** O reino de (Deus) é como uma semente de mostarda, que é a menor de todas as sementes da terra. Mas, quando é semeada, a mostarda cresce e torna-se maior que todas as plantas; ela dá ramos grandes, de modo que os pássaros do céu podem fazer ninhos em sua sombra" (Mc 4,30-32).

Assim é a cozinha, crescendo rápido, com a ajuda de muitas mãos, e construindo o Reino de Deus, que já é aqui! E eu fazendo parte de tudo isso! Presente de Deus!

E em 2025, com o Ano Jubilar "Peregrinos da Esperança", não podemos esquecer da pobreza e da desigualdade social que impedem milhões de pessoas de viverem dignamente: "devemos manter acesa e chama da esperança que nos foi dada e fazer todo possível para que cada um recupere a força e a certeza de olhar para o futuro com espírito aberto, coração confiante e mente clarividente" (Papa Francisco. Carta Convocatória, fevereiro de 2022). Assim, somos movidos a ser agentes de consistente esperança, a partir da realidade em que vivemos (Padre Darci Luiz Marin, ssp. O DOMINGO semanário litúrgico-catequético, 2º Domingo do Tempo Comum, p. 4).

Gratidão a Deus por tão grande oportunidade de ser voluntária na cozinha Solidária São Marcos.

### 3.10. A importância da advocacia no voluntariado

*Dalton Antonio Fernandes*

A ordem constitucional pátria, que garante direitos à vida, à saúde, à alimentação, à educação, à seguridade social, para ficarmos apenas em alguns, é aviltada e violada cotidianamente.

Infelizmente, o processo de reconstitucionalização, após a elaboração da Constituição de 1988, que estabeleceu um novo marco normativo, não significou a imediata universalização da democracia e o sistemático respeito aos direitos fundamentais. Assim, o trabalho voluntário da Advocacia deve ser um instrumento de movimento contínuo e consistente no seio da sociedade civil, para demandar e exigir seus direitos, sem o qual estes permanecerão letra morta.

É de se ver que a força motriz do trabalho voluntário é a resposta que a sociedade civil responsável dá ao descaso dos governos de plantão, que deixam de aplicar políticas, muitas vezes previstas em Leis, assim como os setores financeiros e empresariais são responsáveis pelos traumas provocados pela exclusão social.

Todavia, o trabalho voluntário na assistência jurídica é fundamental na formação do advogado, uma vez que há ganho humanístico, como também incorpora robustez na atividade profissional.

A minha contribuição, de uma vez por mês, na Cozinha Solidária, é muita rica, no sentido de conhecer a realidade fática dos que buscam o amparo alimentar. É fundamental o contato com as pessoas e conhecer suas rotinas e suas angústias pelos direitos violados.

Ser socialmente responsável e conhecedor da realidade social in loco de pessoas vulneráveis é condição *sine qua non* para o exercício da Advocacia.

Principalmente, em uma sociedade tão marcada pela desigualdade como a nossa. O voluntariado merece especial atenção do operador do direito, sem o qual não se realiza justiça.

A minha atuação na Cozinha Solidária São Marcos tem como objetivo dispor de um amplo leque de instrumentos jurídicos, para garantir direitos aos usuários e à comunidade do entorno. Os instrumentos como a ação civil pública, a ação popular, o mandado de segurança e outros remédios de defesa da cidadania e dos direitos fundamentais são garantias constitucionais, que podemos viabilizar. Podendo enfocar temas diversos como saúde, família, direito previdenciário, relações de consumo, direitos humanos etc.

Por derradeiro, pessoalmente, o voluntariado significa melhora da minha autoestima e do senso de propósito da importância de dedicação ao próximo.

Quando estou à disposição do trabalho na Cozinha Solidária experimento uma sensação de profunda satisfação e de crescimento profissional.

# 4

# O OLHAR DAS PESSOAS ACOLHIDAS

*Ivete Cardoso do Carmo Roldão*

Aquele quintal cheira comida de vó, um cheiro que vem lá do fundo de uma cozinha em que a solidariedade e a empatia fazem parte do tempero. Em uma esquina que já é referência no Jardim São Marcos, vão chegando pessoas de todos os credos, gêneros e raças. Eles trazem seus potes de tamanhos variados, de acordo com a necessidade; a maioria é de sorvete, dentro das sacolas plásticas surradas pelo sol, poeira e pela vida dura que levam no dia a dia.

Essas pessoas, ou suas famílias, no caso dos mais jovens, vieram dos mais diversos locais do Brasil. A escolha por Campinas foi porque tinha um tio, um irmão, um conhecido ou alguém morando na cidade que davam notícias de que havia emprego, mesmo que fosse trabalho no mercado informal ou bicos aqui e ali.

Muitos narram que, além disso, a notícia que chegava era de que aqui, mesmo sendo a última cidade que aboliu a escravidão, alguém sempre dava alguma coisa: roupas, alimentos, remédios etc. Na região do Jardim São Marcos, construíram suas vidas, cada vida uma história de muita necessidade e luta.

São pessoas de todas as idades. Algumas sobrevivem de bicos eventuais, outras são catadoras de recicláveis;

entre as mulheres, muitas são diaristas. Em comum o fato de que a maioria não tem uma renda fixa ou carteira assinada.

Os caminhos, percorridos por Cleyton, Isaura, Adão, Luís Clarice, Aderbaldo, Rosilene, Lucas, Rodrigo e tantos outros, os trouxeram até aquela esquina, onde fica a Cozinha Solidária São Marcos, desde 2022, no endereço atual.

Além das refeições, a equipe da Cozinha Solidária tem como objetivo fazer as pessoas se reerguerem. Quem tem fome, ou mesmo quem até come, mas não recebe os nutrientes necessários, vai perdendo o ânimo de viver. Doenças físicas e psicológicas podem ser uma consequência dessa situação.

**Cleyton**, residente na Vila Esperança, portador de dislexia, tem 24 anos e já vivenciou tudo isso. A família de oito pessoas enfrenta todo dia o desafio de pôr comida na mesa. O pai está acamado e recebe aposentadoria por invalidez, a mãe precisa cuidar dele e apenas um dos irmãos tem emprego fixo.

Ele é um dos mais novos e descobriu na Cozinha, há cerca de um ano e meio, uma forma de levar alimentação para casa por três dias da semana e também contribuir financeiramente, já que participa da Oficina de Pães, oferecida às quintas e sextas-feiras.

Cleyton chega logo às 8 horas e ajuda no que for preciso, tanto na limpeza do espaço como no preparo do almoço. Ele conta que a convivência no ambiente da cozinha estimulou sua evolução e espantou a depressão que sentia, quando ficava só em casa.

Foi a equipe do Centro de Saúde Centro de Saúde do Jardim São Marcos que avisou a Cozinha da situação da família de Cleyton e levou Padre Antônio para visitar a família e oferecer ajuda.

Segundo o jovem, esse apoio da cozinha fez a família se unir mais e agora uma irmã também quer começar a participar da oficina. Até então, a família nunca chegou a passar fome, mas já passou situações muito difíceis de desnutrição. Ele lembra de um Natal quando só tinha arroz e feijão na mesa. Tempos em que um panetone, por exemplo, era apenas um sonho distante.

Já **Isaura,** uma senhora de 83 anos, descobriu a cozinha logo que se instalou na região e desde então está presente praticamente todos os dias. Muito disposta, traz na pele, judiada pelo sol, as marcas das lutas que sempre travou na vida, desde os tempos de menina, em Valparaíso, MG, onde nasceu.

Ela conta que veio para Campinas há cerca de 50 anos, direto para a região do Jardim São Marcos, onde trabalhou na roça, durante muito tempo, na centenária Fazenda Santa Elisa, e em outras chácaras também. O amor no cuidado com as flores que ela teve durante toda a vida profissional se mantém até hoje, já que é ela que faz todo o serviço da casa e também cuida de suas plantas.

Isaura teve dez filhos, dos quais três morreram ainda crianças. Os netos são mais ou menos 20 e os bisnetos não sabe quantos são. Mora sozinha, mas eles sempre estão passando por lá e comem com ela. Mesmo assim, reforça que nunca pegou mais do que duas refeições por dia.

Hoje, recebe um auxílio por invalidez e, segundo ela, recebe muita ajuda, ajuda essa que traz para a Cozinha, sempre que recebe mais do que precisa, como roupas e sapatos para o bazar. Ela conta que um dos filhos recebe cesta básica da empresa onde trabalha, e quando tem arroz sobrando ele vende mais barato para ela. Assim, os dois se ajudam, explica, porque a família dele é grande.

É esse arroz, uma salada e um pedacinho de carne que ela come nos dias em que não pega o almoço na Cozinha. À noite, come uma banana, uma bolacha com chá. Não gosta de jantar, complementa.

Isaura gosta muito da comida da Cozinha, e são três dias que não precisa ir para o fogão. Além de gostar do tempero, em especial do "franguinho", ela fala que adora o pessoal da Cozinha, principalmente o Padre Antônio, que considera "um santo", aponta sorrindo para o padre que conversa com as pessoas na fila.

Além disso, a Cozinha virou um ponto de encontro para ela. Nas conversas conta o que já fez desde cedo quando levantou, fala da família, enfim, leva ânimo para todos os que têm o privilégio de sentar perto dela naquela fila, à espera do alimento do dia.

Para **Adão**, um baiano de Nova Canaã, que veio para Campinas aos 18 anos e há mais de um ano recebe a alimentação, a cozinha ajuda muito, pois é um gasto que deixa de ter.

Ele tem 48 anos e está desempregado, fazendo o que aparece, como pintura de casa e limpeza de terreno, e também recebe o Bolsa Família. No ano de 2024, trabalhou como operador de empilhadeira terceirizado, em uma metalúrgica.

O morador da Via Esperança conta que na frente do terreno mora a ex-mulher, com as filhas de 12 e 16 anos. Ele pega comida para os quatro, e as filhas gostam bastante, principalmente do "franguinho".

Além disso, ele demonstra ter consciência de que a alimentação da Cozinha tem os nutrientes necessários, porque a equipe tem a preocupação com a salada, uma fruta, não é só arroz e feijão e uma mistura.

Ele gosta de chegar mais cedo e conviver no ambiente da cozinha, pois sente-se muito bem tratado, "acolhido como irmão", reforça o trabalhador de 48 anos, que não deixa de acompanhar a oração e o agradecimento.

Adão conta que a última vez que esteve em sua terra foi para o enterro do pai, há mais de dez anos, e foi muito triste. Não tem vontade de voltar. Para ele, apesar das dificuldades, Campinas é uma cidade que acolhe, tem recursos para trabalhar, ganhar algum dinheiro, e lá na Bahia era bem mais difícil, só tinha a roça.

A seu lado está **Luís**, que tem 62 anos e veio de Auriflama, interior de São Paulo, ainda bebê, nos braços da avó. Ele também mora na Vila Esperança, com um filho solteiro de 32, que recebe o Bolsa Família.

Além de pegar comida na Cozinha já há três anos, muitas vezes ele consegue ajuda da Ceasa, com frutas e legumes. Nos dias em que não pega a refeição na cozinha, ele conta que come macarrão, arroz, o que tiver, 'se vira'. O filho gosta mais de frutas e leite.

O pai dele também é acolhido na cozinha, e toda a equipe já conhece os dois. Ele é muito popular entre os voluntários e a comunidade que frequenta a Cozinha, pois gosta de participar das conversas e sempre demonstra muita gratidão.

Há cerca de dois meses sem beber, diz que foi uma decisão dele mesmo, pela sua própria vontade. A cozinha, para ele, representa muita coisa; sente-se muito bem naquele ambiente. Além de pegar a comida, gosta da oração também e, quando precisa de conselho ou outro tipo de ajuda, ele recorre ao padre.

**Clarice**, de 77 anos, também aguarda, na primeira fileira, ser chamada para pegar a comida. É uma trabalhadora da área de enfermagem aposentada. Nascida e criada em Campinas, faz questão de salientar que nasceu na Fazenda Mato Dentro, onde hoje é o Parque Ecológico, em um tempo no qual a região do Jardim Flamboyant e Nova Campinas era tudo cafezal.

Só veio para a região do São Marcos há cerca de 25 anos para cuidar do neto Gabriel. Ela casou e teve quatro filhos biológicos. Conta que tinha também um do coração, mas "Deus levou". Tem ainda quatorze netos e doze bisnetos. Mora hoje em uma casinha, no quintal de um dos filhos, no Jardim Campineiro.

Lembra com orgulho que a vida inteira trabalhou fora. Primeiro em casa da família, e a partir do início dos anos de 1980, na área de enfermagem, na Maternidade de Campinas e nos hospitais Santa Tereza, Irmãos Penteado e Candido Ferreira, além do Lar dos Velhinhos.

Mesmo assim, não conseguiu se aposentar por tempo de serviço. Ganha um salário mínimo da aposentadoria por idade. Alta, esguia e com uma fala forte, diz que para ela, vale muito buscar a comida na Cozinha mesmo tendo que pegar ônibus.

Clarice explica que o filho, que mora na casa da frente, trabalha como Uber. "Mas ele ficou viúvo e agora está criando sozinho uma neta, que ainda é criança, e aí tem dias que nem consegue trabalhar", conta. Na mesma casa, moram ainda o filho dele, com a nora, e os filhos deles.

Então as onze refeições que leva é uma forma de economizar tanto o gás, como os alimentos. Nos outros dias, eles se revezam, às vezes ela faz a comida, outro dia o próprio filho faz ou a nora dele também cozinha. "Vão se virando", completa ela.

**Aderbaldo** toma conta de uma fazenda, onde também mora, na Vila Esperança. Já teve quatro companheiras; duas morreram e de duas ele se separou. Nascido em uma família de onze filhos, veio para Campinas com 21 anos, direto para a região do São Marcos.

Atualmente, como vive sozinho, além das refeições, encontrou na equipe da Cozinha "muita atenção e consideração", e ainda a ajuda para ir atrás dos direitos trabalhistas que precisava, conta.

Quando parou de trabalhar como ajudante de pedreiro, pagava aluguel. Ele frequenta a cozinha desde o início, há três anos. Já trabalhou como voluntário por um período, mas agora se dedica a outras tarefas.

A fazenda onde mora o mineiro de Padre Paraíso, é bem isolada. Não tem água nem energia elétrica. A água, ele pega de um vizinho. Mesmo assim, nos dias em que não busca comida, cozinha os alimentos que recebe na cesta básica da Igreja Católica e de outras doações.

**Rosilene**, uma sergipana que está em Campinas há apenas três anos, chega de forma discreta. Separada, mas ainda "casada no papel" como ela mesma diz, tem dois filhos. O mais velho, de 23 anos, já é casado e ficou em

Canindé de São Francisco, no estado de Sergipe. A mais nova tem 12 aos e vive com ela. É para as duas que a faxineira busca a comida na Cozinha.

Veio para Campinas, com o então marido e a filha, pela oportunidade de trabalho, já que onde morava é tudo muito difícil. Ele tinha um irmão morando em Campinas e já veio com um emprego arrumado.

Rosilene havia chegado da faxina do dia, como faz há dois anos, desde que uma colega contou para ela da existência da Cozinha. Ali, além da comida que garante para três dias da semana, sente-se muito acolhida.

Ela diz que tem vontade de voltar para Canindé, pois os pais, os oito irmãos e o filho mais velho estão todos lá. Aqui é só ela e a filha. Mas é o trabalho que a prende em Campinas, porque lá não tem. Ela faz faxina e consegue se manter, mesmo pagando aluguel. Segundo Rosilene, para a mulher ser independente, lá no interior do Nordeste, é muito mais difícil.

Todos que buscam a comida recebem, sem julgamento, sem questionar se a necessidade é maior ou menor, qual a sua condição econômica ou social. Na Cozinha vale a máxima "fazei o bem e não olhai a quem".

Com Lucas e Rodrigo também é assim. Os dois são reeducandos da Penitenciária de Hortolândia (P1 Hortolândia) e fazem parte de uma equipe de doze homens que trabalham na região do São Marcos, em uma parceria que a Prefeitura de Campinas tem com o presídio.

**Lucas** tem apenas 20 anos e cumpre pena de 1 ano e 5 meses por furto. A família mora metade em Paulínia e metade em São Pedro do Ivaí, no Paraná. Segundo ele, a refeição oferecida na Cozinha é muito diferente da comida do Presídio e também da Regional. Ele conta que nos dois locais a mistura é sempre steak, hambúrguer de soja, enfim comida ultraprocessada e, na cozinha, é tudo fresquinho.

Já **Rodrigo**, cuja família é da capital paulista e tem uma filha de oito anos, cumpre pena de 19 anos por tráfico.

Tem 35 anos e é solteiro. Para ele "não tem comparação a comida da cozinha, que é servida quentinha e bem temperada", com a marmita que eles comem nos outros dias,

Os dois, de uniforme, entram pegam a comida para toda a equipe e saem agradecendo muito. Enquanto esperavam a conversa foi rápida. Entre todos os comentários dos acolhidos, sobre a alimentação que é fornecida na Cozinha Solidária São Marcos, o de Lucas é o mais comovente. Segundo ele, lembra a comida da sua avó, "o tempero e o arroz molhado, parece comida de vó mesmo", conclui.

Ao olhar aquela fila ninguém imagina as infinitas histórias que estão sendo vividas. Cada pessoa tem muito a dizer, como podemos ver nos relatos aqui descritos. Fica para a Cozinha Solidária São Marcos o desafio de alimentar a resistência dessa gente guerreira, que tão injustamente tem sido excluída, pelo sistema capitalista, de um dos direitos mais básicos entre os direitos humanos: alimentar-se com qualidade e dignidade.

# 5

# O OLHAR DO MST

## Cozinha Solidária São Marcos e o acúmulo de forças

*Tassiana Barreto de Barros Moreira*

Nós, do MST, avaliamos muito positivamente o processo da constituição e das atividades da Cozinha São Marcos, ao longo destes anos. Partindo de uma situação política e social tão dura, conseguimos frutificar relações políticas, combater a fome, fortalecer a organização popular e a atuação de esquerda. A Economia de Francisco e Clara, assim como a Paróquia do São Marcos, realizam um papel fundamental de trabalho cotidiano para a viabilidade da Cozinha, articulando com diversos outros camaradas, organizações, sindicatos, sem os quais as ações não se viabilizariam. É através da atuação militante dos diversos atores políticos que é possível a realização de experiências para além da entrega de refeições, de modo a fortalecer e avançar na organização popular.

A Cozinha Solidária São Marcos iniciou o trabalho de distribuição de refeições em um bairro periférico de Campinas (SP), num contexto muito duro para o povo brasileiro, no qual sofríamos com a pandemia da Covid-19 e com o governo genocida de Jair Bolsonaro. Entre as mazelas sentidas pela população, o retorno da fome foi evidenciado nas filas para comprar ossos. Frente a questões tão agudas, a distribuição de alimentos, *in natura* e preparados, tornou-se prática do MST e também de outras organizações, como ação concreta para resolver os problemas imediatos, no alcance possível e dentro das possibilidades do contexto e da força das organizações de esquerda.

Nessa perspectiva, a proposta política do MST conflui com a perspectiva da **Economia de Francisco e Clara e com a Paróquia do São Marcos**, de modo a viabilizar uma aliança que atua diretamente no enfrentamento à fome e na transformação social, com formação política e trabalho de base. Essa relação pode ser observada na articulação entre o Acampamento Marielle Vive (Valinhos/SP), que desde a ocupação em 2018 possui uma cozinha coletiva, com distribuição diária de café, almoço e jantar para centenas de pessoas, e a Cozinha Solidária São Marcos. Como Cozinhas irmãs, elas se fortalecem mutuamente na troca de experiências, trabalho coletivo, na partilha de alimentos. Essa articulação é uma demonstração concreta da solidariedade da classe trabalhadora, em que sabemos, no dia a dia, que estamos juntos e juntas para enfrentar a fome e os desafios que estão colocados.

A fome, como sabemos, não será completamente eliminada com essas ações, pois é fruto da concentração de terra e da estrutura de classes, racista e machista, de nossa sociedade, portanto, sem a realização da reforma agrária e de outras medidas profundas, não superaremos essa condição, que atinge parte da população brasileira. A produção de alimentos saudáveis em assentamentos rurais, através da reforma agrária, é uma condição sem a qual não superamos a fome e as desigualdades no Brasil.

Por outro lado, as ações da Cozinha São Marcos contribuem como tática política imprescindível, tanto para a solução imediata da fome, ao distribuir centenas de refeições de qualidade por dia, como, noutro aspecto, para o fortalecimento dos setores e pautas progressistas, na correlação de forças, para que conquistemos as mudanças estruturais centrais para a transformação efetiva da sociedade.

Neste texto, abordarei a questão da fome, sob a ótica do programa político do MST, a Reforma Agrária Popular, e discutirei como ações de cuidado e reprodução, como a Cozinha São Marcos, funcionam como táticas de trabalho de base nas periferias, desempenhando um papel fundamental para as organizações de esquerda. Ao final, apresentarei alguns elementos para refletirmos sobre os desafios enfrentados pela Cozinha São Marcos e por nossas organizações.

## A luta contra a fome no Brasil e a Reforma Agrária Popular

Para compreender o papel da Cozinha São Marcos, no bairro São Marcos, e sua articulação com a realidade brasileira, é fundamental analisar os dados sobre a fome que afetam o país. Segundo o Inquérito Nacional sobre Insegurança Alimentar no Contexto da Pandemia da Covid-19 (2021), mais de 33 milhões de brasileiros enfrentam a fome, enquanto mais da metade da população vive em algum grau de insegurança alimentar. Em Campinas, os números também são preocupantes: dados do Cadastro Único para Programas Sociais do Governo Federal (CadÚnico) de 2022 revelam que 90 mil famílias estão em situação de vulnerabilidade e insegurança alimentar, um cenário alarmante, que reflete a gravidade do problema no município. Esses dados evidenciam a urgência de iniciativas como a Cozinha São Marcos, que atua não apenas no combate imediato à fome, mas também na construção de alternativas para enfrentar essa realidade estrutural.

Longe de ser um fenômeno pontual, ou vinculado a um contexto específico, como da pandemia, a fome é estrutural na realidade brasileira, devido a características desiguais que não foram superadas, entre elas é importante ressaltar a questão agrária. A concentração fundiária exclui milhões de pessoas do acesso à terra sendo um dos fatores da não superação da fome no Brasil, assim como o modelo do agronegócio hegemônico, no campo brasileiro, que, além da insustentabilidade ambiental, com grande uso de agrotóxicos e transgênicos, produz commodities para o mercado externo, em detrimento da produção de alimentos saudáveis para a população.

O MST realiza ações de combate a essa realidade, objetivando a conquista da terra através de uma política estrutural de reforma agrária e também com a transformação social. Além das lutas nos acampamentos e assentamentos, com ocupações de terra e pressão para políticas de assentamentos, a Reforma Agrária Popular também possui a definição da produção agroecológica como modelo de produção em nossas áreas. Nos assentamentos e acampamentos do MST, as famílias produzem uma grande variedade de alimentos, como arroz, feijão, mandioca, hortaliças e frutas de forma agroecológica, sem agrotóxicos. Desde 2014, quando no VII Congresso do MST foi definido pela transição agroecológica, muito se avançou na produção de alimentos saudáveis, apesar das dificuldades, devido à ausência de políticas públicas.

Nesse aspecto, a luta do MST possui caráter de justiça e melhora da qualidade de vida, inclusive acesso à alimentação, de sua base social, ao mesmo tempo que faz o combate contra a fome, junto à população da cidade. Além de combater a fome, a Reforma Agrária Popular defende a democratização da terra, a produção de alimentos saudáveis e a Soberania Alimentar, integrando também eixos fundamentais como Educação e Cultura, Cooperação e Organização Coletiva, Preservação Ambiental e Combate às Desigualdades. Dessa forma, o objetivo não se limita à redistribuição de terras, mas engloba a luta por uma educação pública de qualidade, o apoio e incentivo aos artistas populares, acesso à cultura, o fortalecimento do cooperativismo e a construção do poder popular nos territórios. Além disso, promove a preservação ambiental, enfrentando os setores que exploram e degradam os recursos naturais, e atua incansavelmente contra as injustiças sociais, buscando a igualdade e a justiça para todos. Essas dimensões são pilares essenciais da atuação do Movimento, que visa transformar não apenas a estrutura agrária, mas a sociedade como um todo.

É nessa perspectiva, da análise sobre a questão agrária brasileira, uma das raízes da fome no Brasil, e do programa de Reforma Agrária Popular, que compreendemos que, além da divisão fundamental da terra no país, é necessário a luta ampla na sociedade brasileira, na qual a organização popular é imprescindível. A Cozinha São Marcos é uma experiência e ação consistente, em que a questão urgente da fome é solucionada de forma coletiva, construindo organização popular, na qual alianças entre movimentos e organizações demonstram efetividade.

## Trabalho de base nas periferias

Para avançar no acúmulo de forças, a organização de bairros nas periferias é fundamental, pois é na cidade onde está a grande maioria da classe trabalhadora, em condições precárias de moradia, vida, trabalho e, na maioria das vezes, sem perspectiva de melhoria. Autoras feministas, como Carrasco (2013), têm debatido sobre a crise da reprodução social na sociedade capitalista, nesta compreensão, ela está articulada à crise econômica e de valorização de capital. É justamente no âmbito da crise da reprodução que a insustentabilidade sistêmica e a crise capitalista aparecem na vida cotidiana das pessoas, por isso o fundamental trabalho de ações como a Cozinha São Marcos e seu potencial, na organização popular, frente à crise capitalista.

Ainda sobre isso, Nancy Fraser (2016) vincula a crise do cuidado com a crise geral do sistema capitalista, que abrange também a crise econômica, política e ecológica que estamos vivendo na atualidade. Para ela há uma articulação entre todos esses aspectos onde elas são reiteradas mutuamente. Portanto, ela propõe uma visão ampliada da crise do capitalismo, que abrange as questões econômicas e "não econômicas", o que permite verificar o papel destacado da reprodução social. Embora por vezes negligenciada, a questão da reprodução social, juntamente com as citadas, precisa ser compreendida a partir de sua articulação e vinculação ao capitalismo financeiro e a própria característica do sistema capitalista, em que há intrinsecamente uma tendência à crise reprodutiva. Para nós isso é importante, pois essa leitura possibilita o deslocamento da pauta da alimentação de algo secundário na luta política para a centralidade junto com as demais agendas.

É na dificuldade da vida cotidiana da classe trabalhadora que temos um potencial mobilizador de transformar pautas específicas (como acesso à alimentação, escola, creche, saúde, esgoto), em consolidação de movimentos e comunidades com identidades coletivas mobilizadas e com caráter transformador. Esse é um *grande desafio e acúmulo das experiências da Cozinha São Marcos e outras Cozinhas Solidárias na atualidade: como transformar a ação fundamental do cuidado realizado através da distribuição de refeições, em mobilização em torno de pautas que possibilitem a construção de identidades e constituição de coletivos nos bairros?* A Cozinha São Marcos já demonstra caminhos com experiências de oficinas, estudos, criação de grupos (como da oficina de pães), mobilização local para a preparação de alimentos, entre outros. Analisando o que já temos e as experiências passadas, podemos seguir caminhando e aprofundando essas experiências.

Outro potencial das práticas das organizações de bairros, como a Cozinha São Marcos, é o de questionamento das formas de ação e organização política mais ortodoxa, que separam o geral do específico, localizando as reivindicações locais como a margem das pautas centrais. *Esse é um grande aprendizado e acúmulo da Cozinha, pois a forma organizativa e atuação militante possibilita a articulação das demandas concretas com questões gerais e estruturais do Brasil e do sistema capitalista*. No contexto de crise das organizações de esquerda, vemos o papel aglutinador e mobilizador da Cozinha, através da prática concreta, que possibilita atuação no bairro e organização.

Há algum tempo a esquerda tem debatido, por vezes de forma fratricida, a importância do **trabalho de base** frente a um processo de burocratização, que tem acometido parte do nosso campo político. O MST tem discutido isso há algum tempo, problematizando tanto a necessidade de realizar permanentemente trabalho de base interno (nas áreas, nos acampamentos e assentamentos, do MST) como também fortalecer experiências de trabalho de base urbano ao analisar a importância da disputa nas periferias.

Nas duas vertentes citadas, o MST tem se dedicado ao trabalho de base e durante a pandemia consolidou experiências de atuação na periferia, através da doação de alimentos e refeições e formação de agentes populares de saúde (militantes dos bairros com formação para atuar na prevenção de doenças, orientação, contribuir no acesso ao SUS). A aguda crise na pandemia possibilitou avanços concretos destas experiências, ao mesmo tempo que impõe reflexões sobre como escalar para organizar coletivos e lutas. A partir dessas experiências, o MST, desde 2024, decidiu construir o **Mãos Solidárias**, em âmbito nacional, como articulação de organizações para atuar nas periferias. O Mãos Solidárias tem articulado ações nas cidades, como a Jornada de Alfabetização de Jovens e Adultos nas Periferias, com aulas de alfabetização, através do método cubano “Sim, eu posso”, e que teremos turma da Cozinha São Marcos.

Sobre o trabalho de base sabemos que os desafios são diferentes, pois a realidade se movimenta de forma incontrolável e, tampouco, não é o caso de reproduzir simplesmente uma experiência passada ou viver de nostalgia, mas é necessário beber das eficientes experiências em comunidades de bairros, vinculadas à pauta de cuidados e melhoria de vida (creche, esgoto, acesso a água), protagonizadas pela CEBs (Comunidades Eclesiais de Base), Teologia da Libertação e movimentos de mulheres no século passado, o que possibilitou a constituição de uma solidariedade baseada na reivindicação coletiva, de modo que se formularam identidades políticas e sujeitos sociais, devido às demandas concretas

É verdade que vivemos uma crise do trabalho de base da esquerda nas periferias e uma crise das organizações, mas também é verdade que existem importantes e valorosas experiências, assim como uma importante e valorosa militância que não retira o "pé do eito" e realiza diversas ações com essa característica: a Cozinha São Marcos é uma das preciosas experiências, em que a atuação militante conjuga o trabalho de base de demandas concretas com o esforço de organização popular.

## Desafios do trabalho de base urbano e da Cozinha São Marcos

Menciono, abaixo, alguns dos desafios do atual cenário político e as oportunidades que a Cozinha Solidária São Marcos pode explorar. Entre os principais desafios estão:

- *Ataques de nossos adversários:* frente à potencialidade organizativa e de trabalho de base que existe nas cozinhas solidárias, a direita tem reagido de modo a criminalizar e dificultar as experiências de cozinhas solidárias, demonstrando nosso papel de enfrentamento da hegemonia da direita em diversos bairros e comunidade. Portanto, precisamos estar atentos/as e preparados/as para a defesa das cozinhas solidárias como atuação fundamental de movimentos de esquerda nas periferias;

- *Como transformar a ação de distribuição de alimentos em uma ferramenta para a construção de organização e movimento popular?* Esse é um dos desafios centrais abordados no texto, e a Cozinha Solidária São Marcos já demonstra experiências inspiradoras nesse sentido. No entanto, é fundamental destacar que temos passos importantes a serem consolidados e ampliados para fortalecer essa transformação;
- *Fortalecer a atuação das mulheres:* a Cozinha demonstra o potencial das mulheres na organização do processo como um todo. Destaco, ainda, o papel das mulheres cozinheiras que são fundamentais. Como as mulheres são as principais responsáveis pelo cuidado na sociedade capitalista, elas também cumprem papel fundamental de organização e coesão das comunidades. Neste aspecto, o fortalecimento da atuação das mulheres é um desafio permanente para avanços das experiências populares;
- *Avançar nas experiências de hortas no bairro e na luta pela reforma agrária como condição para a segurança alimentar.* Infelizmente, analisando a conjuntura e as projeções, estamos longe da superação da fome ou diminuição da aguda crise que vivemos. Ao contrário, é perigoso que ela se aprofunde nos próximos anos. Portanto, ações concretas de autonomia na produção e maior acesso a alimentos, como já estão sendo realizadas pela Cozinha São Marcos, precisam continuar e serem fortalecidas.

Espero ter trazido reflexões relevantes sobre a valiosa e inspiradora experiência da Cozinha Solidária São

Marcos. É com grande alegria que acompanho e contribuo com esse processo, que já se consolidou como um marco entre as iniciativas populares em Campinas, nos últimos anos. Quero parabenizar todas as pessoas que, com dedicação e coragem, atuam para tornar essa experiência realidade, enfrentando os inúmeros desafios do dia a dia. Destaco e celebro, em especial, a **Economia de Francisco e Clara**, que não apenas abraçou a iniciativa, mas também desempenha um papel essencial e de extrema responsabilidade para a existência e o sucesso da Cozinha. Na confiança da aliança e luta cotidiana, tenho certeza: Venceremos!

## Referências

CARRASCO, Cristina. El cuidado como eje vertebrador de una nueva economía. *Cuadernos de Relaciones Laborales* [online], v. 31, n. 1, p. 39-56, 2013.

FRASER, Nancy. Contradictions of capital and care. *New Left Review*, v. 100, 2016, p. 99-117.

# 6

## CONTRASTES SOBRE A MESA

*Sônia Helena Novaes Guimarães Moraes*

Este texto foi apresentado no I Simpósio do Grupo de Estudos "Os sentidos como alimento" (GEOSCA), ocorrido no Mosteiro de São Bento (cidade de São Paulo), nos dias 28 e 29 de novembro de 2024. O referido grupo gentilmente o cedeu para publicação neste livro, pelo que agradecemos.

- *Falar de* **"contrastes sobre a mesa"** *neste* **I Simpósio do Grupo de Estudos "Os sentidos como alimento" (GEOSCA)** *é uma honra para mim, ainda mais sendo um grupo formado por pessoas tão especiais e que provêm de áreas tão diversas de estudos e pesquisas, o que contribui para um intenso aprendizado compartilhado sobre* **"os sentidos como alimento"**. *Mais ainda, por este encontro estar sediado no Mosteiro de São Bento, monumento histórico do séc. XVI, da cidade de São Paulo, Instituição de ensino de sabedorias, "considerado sinônimo de fé, arte e cultura" de rara beleza e significado apostólico.*

Com muitos agradecimentos às criadoras do **GEOSCA**, Isabella e Yolanda, assim como aos anfitriões desta casa sagrada, Dom Gregório e Lúcia, aceitei a tarefa de grande responsabilidade para falar do meu tema de estudo e trabalho: a falta de alimentos, uma abordagem sobre a **Fome, as desigualdades sociais no Brasil e a questão da Reforma Agrária.**

É nessa pauta que os contrastes se põem à mesa para discussões e debates inúmeros, a saber:

abundância X carestia;

desperdício X escassez;

elite abastada X pobres e excluídos;

saúde X doenças;

muitas terras em mãos de poucos X os sem terra ou com pouca terra;

De início, por exemplo, podemos destacar o **agronegócio exportador**, que produz "commodities" e lucros, com sérios riscos à devastação ambiental e fomentador das graves crises climáticas do nosso tempo **em contraste com a agricultura familiar**, sem suficiente renda e tecnologia para produção de alimentos, sem veneno e sem destruição do meio ambiente. Aqui se incluem os sem teto, os sem trabalho e, portanto, os sem chão, sem mesa e sem nada! Falta-lhes a própria cidadania!

Sendo assim, mais do que abordar a questão da fome e da insegurança alimentar, destaco o fato de que não estão disponíveis – para grande parte da população pobre – alimentos adequados e saudáveis. O que lhe sobra é um cardápio pouco variado e uma produção de alimentos extremamente lucrativa para as grandes indústrias alimentícias e multinacionais. Essa comida ultraprocessada, de baixa qualidade nutritiva, aumenta a obesidade e as doenças, não só, mas principalmente, para as classes sociais menos favorecidas e sem recursos para a compra de alimentos naturais e saudáveis, produzidos com base na agroecologia.

Aqui, portanto, outro contraste: **desnutrição x obesidade.**

Aliás, a transição agroecológica na forma de produzir alimentos adequados à saúde é uma urgência de política pública a ser implementada em nosso país, respeitando-se hábitos, costumes e culturas tradicionais, específicos de cada região, em nome do direito a uma vida digna, sem o flagelo da fome, da má alimentação e da prevenção de doenças!

Até mesmo, o modo da produção de alimentos de forma sustentável – segundo regras e dispositivos legais consubstanciados em nossas leis agrícolas e agrárias – é vital tanto para a saúde como para a preservação do meio ambiente e, por consequência, obviamente, em nome da prevenção às graves emergências climáticas que hoje assolam nosso país e o mundo todo.

## Alguns exemplos da carestia e da fome

Lembremo-nos de que nossas populações tradicionais, sejam indígenas, quilombolas, ribeirinhos, posseiros, pescadores artesanais, agricultores familiares e de outras comunidades, sempre foram – na sua maioria – os guardiães das florestas e dos hábitos ancestrais de suas etnias e agrupamentos e estão situados nos mais diversos rincões e regiões do Brasil.

Não há dúvidas de que foram eles, também em grande número, ao longo de nossa história, vitimados por nossos colonizadores e exploradores através de séculos. Porém, as que ainda restam, no caso das populações indígenas, sempre têm sido paradigma de convivência harmônica em seus territórios, sem a superexploração de suas terras e de suas reservas, pois é no entorno da natureza equilibrada que se constituem, alimentam-se e vivem.

Entretanto, saltando para nosso tempo, essas populações passaram a sofrer os piores ataques desde 2016, sem falar – é claro – no período das décadas do regime militar de violentos conflitos e um sem-número de incursões devastadoras em seus territórios originários, causando destruição, extermínio e barbáries em suas aldeias.

Nos últimos anos, com um governo negacionista e desumano, de 2018 a 2022, foram novamente vítimas de invasões criminosas em suas terras e reservas, aprofundando ao máximo a carestia, a fome e as doenças até a vitimização máxima da morte. A devastação de seus meios de vida e de subsistência foi tenebrosa, sem falar nos crimes de assassinatos de suas lideranças, de mulheres e de crianças.

O exemplo mais trágico da fome e da sede foi o que acometeu a etnia Yanomani além de outras mais distantes, tudo causado pela ganância do garimpo ilegal, do crime organizado, que provocaram a derrubada das florestas, a poluição das águas dos rios, pela contaminação por despejo de mercúrio e, pior, com a omissão e a complacência do governo federal, conivente – em inúmeros casos – com outras esferas dos poderes públicos estaduais e municipais da região norte do país, numa estarrecedora escolha política que, contraditoriamente ao que prevê nossa Constituição[1] descumpriu e afrontou seus ditames. Esse é apenas um exemplo de desumanidade diante de muitos outros em mais esse obscuro e recente "apagão" das funções e competências do estado brasileiro.

Também vitimadas foram as famílias de pequenos posseiros, sem a devida regularização fundiária por omissão do Estado, pela fragilidade de suas titulações, sendo assim, ameaçadas pela "grilagem" que correu solta durante esse período do passado recente, o que resultou em maior concentração da propriedade da terra em mãos de grandes produtores do agronegócio monocultor ou da pecuária extensiva. São áreas roubadas de seus ocupantes lavradores, expulsos à força, em violentos conflitos pela posse da terra, sem qualquer intervenção a quem compete fazê-lo.

---

[1] Constituição Federal de 1988, Art. 231 (*caput*): "São reconhecidos aos índios sua organização social, costumes, línguas, crenças e tradições, e os direitos originários sobre as terras que tradicionalmente ocupam, competindo à União demarcá-las, proteger e fazer respeitar todos os seus bens".

Esses conflitos têm ocorrido em terras que, na sua maioria, são terras públicas ou devolutas e que deveriam passar por processos de ações discriminatórias junto aos órgãos do Governo Federal, com a devida regularização fundiária pela posse justa e pacífica.

## A compreensão que mudou o conceito da Fome

É preciso, entretanto, contextualizar que esse sofrimento humano da fome, historicamente, era identificado tendo como causa as crises e os desastres naturais, tal como a seca no Nordeste do país.

Esse falso diagnóstico, todavia – aliás muito confortável para a classe dominante – leva-nos a falar que a verdadeira concepção do entendimento e das causas desse suplício da Fome no Brasil e no mundo foi expressa e denunciada por um brasileiro extraordinário, **Josué de Castro**, cuja história de vida e sua obra, vasta e diversa, foi divisor de águas, ao abordar o assunto quase proibido das desigualdades sociais no país e de suas causas. Retomar, revisitar, reler, divulgar e estudar a obra e os registros da militância de **Josué de Castro** é, até hoje, fundamental para se falar da fome e aqui, no caso, dos ***contrastes sobre a mesa***.

Notável batalhador da luta contra a fome, de extraordinária formação e de apaixonado ativismo, Josué de Castro era médico, biólogo, geógrafo, cientista social, nutrólogo, professor, político, diplomata e romancista. Nasceu no Recife, em setembro de 1908, e faleceu em Paris, aos 65 anos, em 1973, depois de ser perseguido pelo golpe militar de 1964. Levando isso em conta, é através de seus ensinamentos ainda tão atuais no presente, que quero abordar a questão da Fome.

Esse grande estudioso e pensador em várias especialidades fez luta constante em sua trajetória nacional e internacional pelo combate à fome, publicou mais de trinta livros, além de artigos, entrevistas, documentários, discursos e romances, inúmeros deles traduzidos, editados e publicados em vinte e cinco idiomas.

Na vida política ocupou cargos públicos no governo de seu estado, no Governo Federal e no exterior. Em sua biografia, escrita por Maria Yedda Leite Linhares [*in* Fernandes e Gonçalves (orgs.), 2007, p. 23], consta que "foi eleito presidente do **Conselho da Organização para a Alimentação e a Agricultura – FAO,** em Roma de 1952-1955. Em 1960, presidiu a Campanha de Defesa contra a fome promovida pelas Nações Unidas, advogando como primeiro direito do homem **o de não passar fome**".

De 1955 a 1963, exerceu o mandato de deputado federal por Pernambuco, ao qual renunciou para assumir o posto de embaixador brasileiro junto aos organismos internacionais das Nações Unidas em Genebra (1963-1964); demitiu-se em virtude do golpe militar de 31 de março de 1964 que lhe cassaria os direitos políticos, em 9 de abril do mesmo ano. Criou e dinamizou a Associação Internacional de Combate à Fome, ao lado de Abbé Pierre e do Padre Joseph Lebret e dirigiu, até sua morte, a Associação Internacional das Condições de Vida e Saúde (Caldas, 2024).

Josué de Castro, ao falecer no exterior, recebeu grandes homenagens da imprensa internacional com maior amplitude do que no Brasil.

E, mais uma vez, Maria Yedda Leite Linhares assinala os comentários de destaque na imprensa internacional à época, assim reportando sobre Josué de Castro:

> dedicou sua vida, sua inteligência inquieta e sua extraordinária capacidade de trabalho a denunciar a pobreza como criação dos sistemas sociais historicamente gerados e a alertar a opinião pública brasileira e do Terceiro Mundo contra as falácias das políticas de desenvolvimento econômico que enfatizam o crescimento industrial e ignoravam a agricultura voltada para a produção de alimentos, bem como os angustiantes problemas do homem do campo – agricultor expropriado da terra e de

> seus instrumentos de trabalho. O dilema do pão ou aço, a que aludia no final da década de 1950, e o aniquilamento progressivo dos recursos naturais, sem atentar para o equilíbrio ecológico, levariam, não ao extermínio da pobreza e, sim à ampliação da miséria e da desigualdade social. [Linhares in Fernandes e Gonçalves (Orgs.), 2007, p. 25].

Nada tão atual como hoje, ainda pensam as camadas da elite e da burguesia capitalista em nosso país.

Josué de Castro, assim como Paulo Freire na Educação e Milton Santos na Geografia, foram pensadores importantíssimos e reconhecidos mundialmente como inovadores nas ciências sociais e humanistas de rara grandeza.

No entanto, no Brasil, por décadas, Josué de Castro foi de certa forma esquecido e deixado no passado. Suas obras são ainda não muito fáceis de serem encontradas, a não ser em acervos ligados ao seu objeto de estudos. Atualmente tem sido mais pesquisado e estudado, tanto no teor de suas análises e de seu pensamento revolucionário, como em conceitos inéditos sobre as causas da calamidade da fome nas populações desvalidas no mundo todo.

O conjunto da obra e o exemplo de luta corajosa contra a fome que Josué de Castro nos deixou são ainda a base que pode novamente aquecer e enriquecer os debates e a retomada de políticas públicas radicais para se eliminar em definitivo a fome e os contrastes sociais no desenvolvimento de qualquer nação, mas principalmente no Brasil.

Isso significa envidar esforços nas políticas públicas, com a participação da sociedade civil para diminuir e eliminar os **contrastes à mesa** ou à falta dela própria e de tudo o mais e, assim, proporcionar que a totalidade da população brasileira alcance sua mais plena cidadania.

É de se louvar a retomada, nos dias de hoje, da releitura e da reinterpretação de sua obra desde a publicação de seu famoso livro a **Geografia da Fome** em 1946 e, em seguida, com a publicação de seu outro livro **Geopolítica da**

**Fome** (1951), este último que amplia a questão em termos internacionais nas relações entre países desenvolvidos e subdesenvolvidos.

E ainda assim, não estamos nem nos referindo à produção extensa de seus demais escritos sobre os assuntos de suas incontáveis especialidades profissionais e intelectuais.

Resgate importante, em 2023, foi a publicação do livro **"A Diplomacia da Fome"**[2] – data que marcou os **cinquenta anos da morte de Josué de Castro** – com artigos importantes de vários estudiosos de sua obra.

Também a autora Marina Gusmão de Mendonça, no seu livro **"O combatente da Fome",** resgata a trajetória, a militância e o pensamento de Josué de Castro e ressalta sua afirmação no livro *A Geografia da Fome* de que **"a história da humanidade tem sido, desde o princípio, a história de sua luta pela obtenção do pão-nosso-de-cada-dia"** (Castro *apud* Gusmão, 2021, p. 275).

É fato ainda que, em seus livros, artigos, entrevistas e depoimentos, sempre expressava a dificuldade de se debater o tema FOME tão sensível na sociedade. Em suas próprias palavras, ao apresentar sua obra, alertava: "antes desse livro [Geografia da fome], o fenômeno da fome constituía uma espécie de tabu, matéria proibida, na qual ninguém se atrevia a tocar senão com circunlóquios" (Castro, 1984, p. 118).

Foi, portanto, pioneiro em caracterizar a fome no Brasil como fator das péssimas relações entre as classes sociais e a ausência do Estado em mediar e controlar, com enérgicas políticas públicas, tais conflitos causados pelo subdesenvolvimento, pelo colonialismo e pelo capitalismo, tendo como consequência, em suas próprias palavras: "antes de tudo, do seu passado histórico, com seus grupos

---

[2] Graziano da Silva, José; Carneiro, Carla Barroso; Ceolin, Saulo Arantes (Orgs.). **A Diplomacia da Fome.** Publicado pela Fundação Alexandre de Gusmão – FUNAG. Prefaciado pelo Ministro das Relações Exteriores Mauro Vieira, Brasília 2023.

humanos sempre em luta e quase nunca em harmonia com os quadros naturais... da inaptidão do Estado Político para servir de poder equilibrante entre os interesses privados e o interesse coletivo" (Castro, 1946, p. 294, 295).

Em homenagem ao Centenário de Nascimento de Josué de Castro no Senado Federal, em sessão solene de 7 de agosto de 2008, o Senador Jarbas Vasconcelos lembra com ênfase em seu discurso "Josué de Castro uma Vida Contra a Fome" a famosa frase do homenageado: "**a fome é a expressão biológica de males sociológicos**" (Vasconcelos, 2008, p. 15).

Anna Maria de Castro, filha de Josué de Castro, em artigo publicado em dois de novembro de 2021 sob o título: **Josué de Castro e a descoberta da fome**[3] é quem menciona a entrevista de outro jornalista pernambucano Vandek Santiago inclusa no livro que escreveu **"O Gênio Silenciado",** as falas de Frei Beto e de Stédile, sobre seu pai.

Segundo a autora acima, Frei Beto comentou:

> as obras de Josué tiveram o mérito de quebrar o tabu em torno do tema da fome. Provaram que ela não é uma consequência do clima do Nordeste e desmistificaram a alegação de que a fome é castigo de Deus. Ele, Josué, foi o primeiro a mostrar a fome como questão política (Beto apud Castro, s/d, s/p).[4]

E, no mesmo livro, estão os comentários de João Pedro Stédile, líder nacional do MST, pontuando sobre a obra de Josué ao dizer, elogiando em seguida a obra do grande

---

[3] Cátedra Josué de Castro de sistemas alimentares saudáveis da faculdade de Saúde Pública da USP. No site do livro **"Da Fome à Fome, diálogos com Josué de Castro"** organizado por Campello, Tereza e Bortoletto, Ana Paula. Texto originalmente publicado por Anna Maria de Castro, filha de Josué de Castro na coluna da Cátedra Josué de Castro no Nexo Políticas Públicas, em 22 de setembro de 2021. Disponível em https://geografiadafome.fsp.usp.br/ Acessado em outubro e novembro de 2024.

[4] Disponível em https://geografiadafome.fsp.usp.br/josue-de-castro/

brasileiro: "a fome é parceira e consequência da pobreza e da falta de distribuição de renda. Não é por falta de produção de alimentos; esse tema não é tabu, é um problema de poder político. De dominação de classe" (Stélide *apud* Castro, s/d, s/p).[5]

Nesse mesmo[6] texto que abre o *site* "Da Fome à Fome" sobre Josué de Castro, a autora (socióloga e sua filha) ainda arremata:

> Lamentavelmente, a fome continua a ser um problema mundial e também no Brasil. Entre nós, a fome e a miséria persistem como resultado de uma cruel concentração de renda, poder e da propriedade que provoca um imenso abismo entre ricos e pobres. É certo que ao longo do tempo, nos anos compreendidos entre 2003 e 2015 o Brasil soube construir sólidas políticas de inclusão social que foram responsáveis por nossa saída do mapa da fome mundial. Entretanto, a não continuidade destas medidas e até o abandono de muitas delas nos fizeram retornar à infamante situação de integrante do rol de países que têm parte importante de sua população passando fome. Não hesito em afirmar: Josué de Castro deve continuar a ser lido e suas propostas estudadas (Castro, s/d, s/p).

Também em sua vida política, como deputado federal por seu estado de Pernambuco, Castro apresentou projetos de importância para o combate à fome e a realização de reformas estruturais como de Reforma Agrária no Brasil.

Desde os anos cinquenta, Josué foi ligado à criação das Ligas Camponesas no Nordeste que, sob a liderança do advogado e também deputado Francisco Julião, lutou por melhores condições de trabalho e contra o desemprego nas zonas rurais do Nordeste, onde a introdução da mecanização na produção agrícola e da industrialização,

[5] Disponível em https://geografiadafome.fsp.usp.br/josue-de-castro/

[6] Disponível em https://geografiadafome.fsp.usp.br/josue-de-castro/

incentivadas na era do governo de Juscelino Kubitschek causavam todo o tipo de precarização do trabalho, de desemprego e fome na região. À época, o próprio Julião dizia: *"Fomos à luta apenas com o Código Civil à mão"*. Não havia legislação trabalhista rural e muito menos legislação agrária.

Como deputado federal, Josué de Castro apresentou projeto de Lei de Reforma Agrária no Brasil em 1959, além de outro que acabou se transformando em lei sobre o "Ensino Superior de Nutrição", que regulamentou a profissão de dietista, hoje nutricionista. Na exposição de motivos deste último projeto "Josué de Castro mais uma vez enfatiza a gravidade do problema da fome" (Castro *in* Fernandes e Gonçalves, 2007, p. 43, 44).

Outro pesquisador importante da obra de Josué de Castro traz suas considerações em tempos mais recentes: Rômulo de Paula Andrade, em artigo publicado no livro "A diplomacia da Fome", assim depõe:

> a fome *é um fantasma recorrente na história do Brasil. Em especial na história recente. Por ser um assunto que traz à tona questões sociais* e *desigualdades muito profundas* e *antigas, a fome é, decerto, um assunto* incômodo. O período após o conturbado impeachment de Dilma Rousseff trouxe uma queda acentuada nos níveis de vida da população brasileira e, posteriormente, com a pandemia de Covid-19, a América Latina sofreu um considerável revés na segurança alimentar (Andrade, 2023, p. 173, 174).

A fome aumentou de forma mais dramática do que em qualquer outra região do mundo, entre 2019 e 2020, atingindo 59,7 milhões de pessoas, seu ponto mais alto desde 2000 (OPAS, 2021)[7].

A história recente trouxe novamente a necessidade de combater a fome de forma ampla, tanto na assistência

[7] Organização Pan-americana de Saúde.

alimentar quanto nas mudanças das condições de vida. Josué de Castro sempre chamou atenção, em seus escritos, sobre a fome não ser fruto apenas de crise e afirma que ela estrutura relações entre países, regiões, cidades. A fome é, desta forma, **"uma escolha histórica"**.

Em janeiro de 2023, em seu discurso de posse, o presidente Luiz Inácio Lula da Silva assim falou sobre o tema:

> A fome está de volta – e não por força do destino, não por obra da natureza, nem por vontade divina [...]
> **A fome é filha da desigualdade, que é mãe dos grandes males que atrasam o desenvolvimento do Brasil** (SILVA, 2023).

Assim posto, chegando às conclusões nestas breves considerações sobre a matéria dos alimentos, da falta deles e seus contrastes à mesa, passo a relacionar abaixo as recomendações contidas no trabalho exaustivo da Presidente da ABRA e consultora da FAO, Yamila Goldfarb (2024), com conclusões que relacionam intimamente a questão da fome à questão da falta da Reforma Agrária, tão morosa no país[8].

Goldfarb antecede suas recomendações ressaltando:

> A efetivação de fato da reforma agrária, como ampla alteração da estrutura fundiária, é o que de fato pode garantir a consolidação de uma política de Soberania Alimentar por meio da qual a população das diferentes regiões do país poderá produzir em acordo com sua cultura, saberes, hábitos alimentares, mas também em acordo com as condições do bioma em que se encontram, gerando uma agricultura de baixo impacto e regenerativa.
> Um país sem soberania é um país subjugado aos interesses estrangeiros. É um país dependente,

---

[8] O Estatuto da Terra (Lei 4.504 de 30 de novembro de 1964), que dispões sobre a Reforma Agrária e o Desenvolvimento Rural, completa 60 anos, e no que se refere à questão da redistribuição das terras ou seja, da Reforma Agrária, com bem pouca vigência política no Brasil.

> subordinado aos ditames econômicos e políticos de outras nações, o que deixa seu território, sua economia e população em constante situação de vulnerabilidade.
> Garantir soberania alimentar implica transformações estruturais, seja nas bases fundiárias, nas lógicas do mercado ou nas técnicas produtivas. O embrião disso está nas comunidades camponesas, nos povos e nas comunidades tradicionais. Depende da garantia do acesso à terra e do direito ao território por parte dessas populações.
> A Reforma Agrária tem que voltar a ser pensada como parte das políticas universalistas para avançar de forma mais estrutural no combate à desigualdade. O combate à pobreza deve ser produto de um esforço mais geral e concertado da sociedade, no qual políticas de transferência de renda, assim como outras políticas mais estruturais, sejam parte integrante de um projeto nacional mais amplo de inclusão (Theodoro e Delgado, 2003) [Goldfarb, 2024, p. 46].

Em outro parágrafo, a pesquisadora Goldfarb também observa que:

> A Reforma Agrária, bem como a destinação das terras devolutas, precisa garantir que a terra cumpra, de forma perpétua, sua função social e ambiental, princípios que, como bem sabemos, devem ser cumpridos de forma simultânea, conforme consta na nossa Constituição Federal[9] (Goldfarb, 2024, p. 46).

Por fim, apenas emprestarei do referido texto de Goldfarb os tópicos das recomendações que poderão nortear

---

[9] Art. 186. A função social é cumprida quando a propriedade rural atende, simultaneamente, segundo critérios e graus de exigência estabelecidos em lei, aos seguintes requisitos: I - aproveitamento racional e adequado; II - utilização adequada dos recursos naturais disponíveis e preservação do meio ambiente; III - observância das disposições que regulam as relações de trabalho; IV - exploração que favoreça o bem-estar dos proprietários e dos trabalhadores.

mais fortemente as políticas públicas, de combate à Fome em nosso país.

1. Estudos Sistemáticos com vistas à avaliação das políticas públicas de desenvolvimento agrícola e Reforma Agrária;
2. Zoneamento Agro Hidro Ecológico como Proposta de Transição Ecológica;[10]
3. Garantia de acesso à água em todos os estabelecimentos da Agricultura Familiar;
4. Assistência Técnica especializada na transição agroecológica e Agricultura Familiar;
5. Linhas de crédito específicas para a Agricultura Familiar;
6. Fomento à agroindustrialização e adaptação de normas e regulamentos à realidade da Agricultura Familiar;
7. Seguro Agrícola para Efeito das Mudanças Climáticas, voltado ao Segmento da Agricultura Familiar;
8. Maior articulação com o SISAN[11] a partir da criação de espaços públicos de armazenamento e comercialização (Goldfarb, 2024, p. 47-53).

Poderíamos elencar muitas outras recomendações, o que – por ora – não é o caso.

Assim posto e para um recado final sobre a triste realidade de tantos contrastes que se põem sobre a mesa e

[10] Para maior detalhamento desse tema, Yamilla alerta para se consultar o Estudo de Guilherme C. Delgado: "Centralidade da Questão Ecológica Face a Questão Agrária e à Reforma Agrária: Respostas Contemporâneas", também fruto do Seminário de 60 anos do Estatuto da Terra.

[11] O Sistema Nacional de Segurança Alimentar e Nutricional (Sisan) é um sistema público que visa a garantir o Direito Humano à Alimentação Adequada (DHAA). Foi instituído pela Lei nº 11.346, de 15 de setembro de 2006, e tem como objetivos: Formular e implementar políticas e planos de segurança alimentar e nutricional. Promover a integração entre governo e sociedade civil. Monitorar e avaliar a segurança alimentar e nutricional do país. O Sisan é composto por representantes do poder público e da sociedade civil organizada. Os princípios do Sisan são a participação social e a intersetorialidade.

especificamente no tema da falta de alimentos, espero que a coragem de muitos humanistas que nos antecederam possa servir de exemplo e resiliência no combate às desigualdades e contrastes sociais por uma sociedade mais humana e solidária até que uma sociedade mais justa prevaleça!

Afinal, qual o sentido da fome? Quais os sentidos da falta de alimento? E quais os sentidos *na* falta do próprio alimento?

**Referências**

CAMPELO, Tereza; BORTOLETTO, Ana Paula (orgs). *Da fome à fome. Diálogos com Josué de Castro*: Cátedra Josué de Castro; Zabelê Comunicação; Editora Elefante São Paulo, 2022. Cátedra Josué de Castro de Sistemas Alimentares Saudáveis e Sustentáveis da Faculdade de Saúde Pública da USP. Disponível em: https://catedrajc.fsp.usp.br/ Acesso em 8/04/2024.

CASTRO, Josué. *Geopolítica da Fome*. Editora Brasiliense, São Paulo. 1968.

CALDAS, Eduardo de Lima. O recrudescimento da fome no Brasil e no mundo. In: Eduardo de Lima Caldas (et al.). *Comida y comunidad no. 4: combatir el hambre y promover la soberanía alimentaria.* 1a ed. Ciudad Autónoma de Buenos Aires: CLACSO, 2024.

FERNANDES, Bernardo Mançano; GONÇALVES, Carlos Walter Porto (Orgs). *Josué de Castro Vida e Obra*. São Paulo: Expressão Popular, 2007.

GOLDFARB, Yamila, *Reforma Agrária e impactos na Soberania e Segurança Alimentar e Nutricional: o caso brasileiro*. Projeto GCP/RLA/219/BRA, São Paulo, outubro de 2024.

MENDONÇA, Marina Gusmão de. *O combatente da fome: Josué de Castro:* 1930-1973. Bauru: Canal 6 Editora, 2021.

SILVA, José Graziano da; CARNEIRO, Carla Barroso; CEOLIN, Saulo Arantes (Orgs.). *A Diplomacia da Fome*. Fundação Alexandre de Gusmão – FUNAG. Prefaciado pelo Ministro das Relações Exteriores Mauro Vieira, Brasília 2023. Instituto Fome Zero: Acervo Josué de Castro. Disponível em: https://ifz.org.br/ Acesso em 13/04/2025.

SILVA, Luis Inácio Lula da. *Discurso de Posse como Presidente da República do Brasil em janeiro de 2023*. Disponível em: https://noticias.uol.com.br/politica/ultimas-noticias/2023/01/01/posse-lula-discursos-congressso-planalto-integra.htm Acesso em 14/04/2025.

VASCONCELOS, Jarbas. Josué de Castro: uma vida contra a fome. *Sessão Solene do Senado Federal em homenagem ao Centenário de Nascimento do Médico Pernambucano Josué de Castro, em 7 de agosto de 2008*. Brasília, Senado Federal, 2008.

# 7

# EXEMPLO DE IGREJA EM SAÍDA – O TRABALHO REALIZADO NO TERRITÓRIO DA PARÓQUIA SÃO MARCOS, O EVANGELISTA

*Antonio Rodrigues Alves*

Como pároco da Paróquia São Marcos em Campinas, eu, padre Antonio Rodrigues Alves, vi nascer o desejo de ajudar os pobres que residem no território desta paróquia. Minha vocação nasceu do encantamento pela maneira como o Jovem Jesus de Nazaré acolheu e tratou as pessoas, principalmente os mais pobres de seu tempo. Como afirma (Fl 2,1-4). “Tendes entre vós os mesmos sentimentos que havia em Cristo Jesus.” E sob a Luz deste texto bíblico, minha vocação se tornou realidade.

Meu ministério foi iluminado também pelo texto bíblico do profeta Isaías, o mesmo texto que Jesus leu naquele sábado na sinagoga de Nazaré: “O Espírito do Senhor Deus está sobre mim, porque o Senhor me ungiu: enviou-me para levar a boa-nova aos que sofrem, para curar os desesperados, para anunciar a libertação aos exilados e liberdade aos prisioneiros; para proclamar um ano de Misericórdia do Senhor” (Is 61,1-2).

Este programa de Vida de Jesus me inspirou e tornou-se o meu projeto de vida, desde a minha ordenação.

Movido pelo Espírito do Senhor é que nasceu a Cozinha Solidária São Marcos, do meu desejo de ajudar os pobres que residem no território desta paróquia. Como Jesus de Nazaré disse aos seus discípulos ao ver a multidão faminta como ovelha sem pastor: "Dai-lhe vós mesmos de comer" (Mt 14,16).

Essa afirmação de Jesus me inspirou a realizar o mesmo gesto.

Morar na periferia e vivenciar tão de perto a realidade de vulnerabilidade, vivida pela maioria das pessoas deste território, significa concretizar o apelo de Jesus que diz: "Se queres ser perfeito, vai, vende tudo o que tens, dá aos pobres e terás um tesouro no céu; e vem e segue-me." (Mt 19,21). Morar na periferia é sentir também o que Jesus ensinou, lição que se expressa na Constituição Pastoral *Gaudim et Spes* Sobre a Igreja no Mundo Atual, que significa "Alegria e Esperança", em latim, que nos diz: "As alegrias e as esperanças, as tristezas e as angústias dos homens de hoje, sobretudo dos pobres e de todos aqueles que sofrem, são também as alegrias e as esperanças, as tristezas e as angústias dos discípulos de Cristo; e não há realidade alguma verdadeiramente humana que não encontre eco no seu coração" (*Gaudium et Spes*, n. 1).

Senti o peso da cruz que os moradores carregam. Além da localização geográfica como periferia de Campinas, eles possuem em sua identidade, muitas vezes, a discriminação e a exclusão de um lugar que é julgado e visto só pela marginalidade, além de suas marcas próprias, que toda periferia carrega, como falta de infraestrutura e serviços básicos.

Mas o que nos alegra em morar na periferia é saber que diante da carência de bens, temos uma fartura de afeto, de carinho, de solidariedade. O que é bonito de viver neste local é a proximidade do povo e o cuidado que um tem para com o outro. A vivência nesta comunidade proporciona a celebração da fé e da vida, que luta por justiça e por direitos. Que chora com os que choram e se alegra com os que se alegram, que se reúnem para celebrar as vitórias e repensar as derrotas. Que segue firme alimentando a resistência e o direito de sonhar e de ter esperança!

Não só a comunidade São Marcos sofre, mas toda a região dos Amarais é marcada pelo preconceito e discriminação, fruto do seu histórico de violência e de tráfico de drogas. Como falavam de Nazaré no tempo de Jesus, ainda hoje falam das comunidades do São Marcos: Pode vir alguma coisa boa destes territórios? Pobreza, miséria, exploração são realidades que estão presentes nestas regiões. Temos uma população que na sua maioria é migrante vindo de vários estados como Minas Gerais, Paraná, algumas regiões do nordeste do Brasil e países como o Haiti.

Para responder às necessidades da população do nosso território, o que se espera do poder público é que este atenda às necessidades básicas, pois o que é destinado a estas populações não funciona adequadamente como saúde, educação e serviços primordiais. Infelizmente, temos grandes carências de serviços de excelência nestas áreas: ausências de moradias, trabalho, transporte e acesso ao centro da cidade. Além destas carências básicas, não há respeito aos moradores, principalmente com os idosos, crianças e a juventude, tão necessitada de atenção. Todas estas situações problemáticas, citadas anteriormente, não são supridas pelas políticas públicas vigentes.

Ao conviver com a população mais vulnerável da região dos Amarais, é comum ouvir relatos como: "quando criança minha mãe mandava meus irmãos, juntos com outros vizinhos pegar restos no Ceasa" (Centrais de Abastecimento). Esta região sempre enfrentou este problema, que ainda não foi superado, pois hoje temos crianças, mulheres e idosos que recolhem restos de produtos descartados no Ceasa para comer.

Aqui temos os fundamentos para a existência da "Nossa Cozinha Solidária São Marcos". Somos a voz que grita no deserto, dizendo que a Fome é uma opção política e combater a fome deve ser propósito de todos. Somos o time do combate à fome. Sabemos que é comum as pessoas pensarem que não existe a fome em nossa região, mas os dados dizem o contrário em 2023. Mais de cinquenta mil pessoas em Campinas viviam em situação de risco social e fome, de acordo com informações da Secretaria de Desenvolvimento e Assistência Social do Município, através dos dados do Cadastro Único.

Este problema ainda está mascarado e as pessoas, talvez, não tenham a consciência de que há fome em nossa região. Muitas vezes, parcelas da população que estão em situação de risco não conseguem ter uma refeição digna. Mas, muitos optaram por não perceber esta realidade gritante e que antes não era tão evidente. Os mais jovens, pela minha percepção, não enxergam esta realidade.

Um ponto positivo nesta situação é que, hoje, a região está mais assistida pelas entidades e, apesar disso, ainda existem muitas pessoas que passam por necessidades, como idosos, mães solo, crianças e os que portam alguma dependência química e alcoólica.

Inspirado pelo próprio Cristo, o Servo sofredor, sendo sensível à dor e ao sofrimento dos que me rodeiam, nasce o meu desejo de ajudar os pobres que residem no território desta paróquia, criando a Cozinha Solidária São Marcos. Esta Cozinha se fundamenta nos mesmos sentimentos de Jesus, que sentiu compaixão do povo que caminhava ao seu lado, sem antes conhecer a Luz e esperança trazidas por Ele, e diante da triste realidade que a comunidade passava pela pandemia que aterrorizava a todos, em muitos sentidos.

Nascida do coração desse Pastor, o Padre Antonio Rodrigues Alves, ela quer ser uma resposta ao apelo de Jesus de Nazaré, que disse a seus discípulos, ao ver aquela multidão faminta, e como ovelha sem pastor: "Dai-lhe vós mesmo de comer" (Mt 14,16). Nossa Cozinha Solidária São Marcos quer alimentar o corpo e o espírito dos preferidos de Jesus.

Como Igreja, precisamos ter a coragem e audácia evangélica de se avaliar à luz dessa compreensão de Igreja proposta pelo Papa Francisco. Não há mais tempo a perder. Há apenas uma saída: as estradas da missão, caminhos nos quais há possibilidades, inclusive, de "acidentar-se, ferir-se ou enlamear-se". Esses caminhos são aqueles que Jesus percorreria. O Jovem Mestre de Nazaré andaria por esses caminhos porque sua missão era e é prioritariamente anunciar o Reino e sinalizá-lo nas expressões concretas de amor, atenção e cuidado com as pessoas mais necessitadas.

Jesus se fez próximo daqueles que mais sofriam e eram excluídos em seu tempo. E, hoje, somos chamados a ser próximos de nossos irmãos e irmãs excluídos, que passam necessidades, como os que são marginalizados, os que sofrem com as guerras e os que não têm seus direitos respeitados.

O Papa Francisco, em sua Exortação Apostólica *Evangelii Gaudium*, diz com muita ênfase que prefere Igreja que seja:

> acidentada, ferida e enlameada por ter saído pelas estradas, a uma Igreja enferma pelo fechamento e à comodidade de se agarrar às próprias seguranças. Não quero uma Igreja preocupada em ser o centro, e que acaba presa num emaranhado de obsessões e procedimentos. Se alguma coisa nos deve santamente inquietar e preocupar a nossa consciência é que haja tantos irmãos nossos que vivem sem a força, a luz e a consolação da amizade com Jesus Cristo, sem uma comunidade de fé que os acolha, sem um horizonte de sentido e de vida. Mais do que o temor de falhar, espero que nos mova o medo de nos encerrarmos nas estruturas que nos dão uma falsa proteção, nas normas que nos transformam em juízes implacáveis, nos hábitos em que nos sentimos tranquilos, enquanto lá fora há uma multidão faminta e Jesus repete-nos sem cessar: "Dai-lhes vós mesmos de comer" (Mc 6, 37) (EG 49, 2013).

Portanto, o que o Papa nos pede quando propõe uma Igreja Sinodal e em saída é que sejamos uma Igreja acolhedora e misericordiosa perante os irmãos que sofrem nas diversas situações; é uma nova forma de pensar a Igreja, descentralizada e missionária. Um verdadeiro chamado para a Igreja deixar de lado o comodismo e ir ao encontro de quem mais precisa. É convocação para uma verdadeira conversão pastoral. Uma Igreja que acolha os seus fiéis e vá ao encontro daqueles que fazem a experiência da exclusão e do abandono nas periferias geográficas existentes.

O documento de Aparecida também segue a Igreja Sinodal, que leva em conta a opção pelos pobres em ligação a Jesus Cristo, porque Ele, por primeiro, fez a opção pelos pobres. Esta opção é cristológica, expressão do Papa Bento XVI, no discurso inaugural da Quinta Conferência Episcopal de Aparecida (maio de 2007), no Brasil. Não foi apenas uma opção social porque o Senhor Jesus, antes, optou pelos mais necessitados e pelos pobres. O fato é que o Senhor, de rico que era, se fez pobre para assumir a nossa natureza humana e enriquecer-nos com a sua própria vida. Ele assumiu como Filho de Deus a opção pelos mais debilitados da sociedade da época. Compreendamos que a opção pelos pobres proveio do Senhor Jesus Cristo. Portanto, Jesus sempre estava perto, estava com eles, veio para eles, sentia compaixão, sofria com eles e os acolhia em suas necessidades. Por isso não temos como não nos comprometer com os pobres. Quem quiser ser verdadeiro discípulo de Jesus deve fazer as mesmas opções dEle, por isso, não tem como não fazer a opção pelos preferidos de Jesus. Nosso Senhor Jesus retomou na Galileia a profecia de (Is 61,1s): "O Espírito do Senhor está sobre mim, pois ele me consagrou com a unção, para anunciar a Boa-Nova aos pobres; enviou-me para proclamar a libertação aos presos e, aos cegos, a recuperação da vista: para dar liberdade aos oprimidos e proclamar um ano de graça" (Lc 4,18-19). Portanto, quer ser fiel a Deus, sirva aos pobres e marginalizados.

Nesse caminho, temos a companhia de São Francisco de Assis, que é um referencial, um exemplo, um modelo para aqueles que desejam seguir a Cristo e pretendem deixar-se viver plenamente, conforme a vontade de nosso Bom Deus. Devemos procurar imitar este mestre da pobreza, o Irmão Sol, São Francisco de Assis, que se propôs a percorrer o mesmo caminho de Cristo. O imitador é aquele que faz o propósito de fazer tudo o que o seu mestre faz. Portanto, São Francisco é um bom modelo a ser seguido. Ele quebrou os paradigmas de sua época com um seguimento radical a Jesus Cristo, dedicando a sua vida para cuidar e garantir a dignidade humana aos empobrecidos, aos mais simples, marginalizados e àqueles que a sociedade excluía e rejeitava.

Seu chamado e sua mudança de vida foram tão fortes e contagiantes que levou a muitos outros santos segui-lo, como é o caso de Santa Clara, Santo Antônio, São Benedito. Estes são exemplos de ontem e de hoje de uma Igreja em saída e acolhedora, pobre e evangélica ao modelo de Jesus de Nazaré, seu Mestre e Senhor. Que sejamos Franciscos, Claras, Antônios, Beneditos de nosso tempo!

A primeira coisa necessária para formar uma rede de solidariedade é ter o desejo de ser solidário, como o jovem Jesus de Nazaré e Inspirado pelo exemplo de São Francisco de Assis que contagiava as pessoas. Para se formar a rede de solidariedade é preciso contagiar a todos pelo trabalho e pela realidade do Projeto. Assim sendo, temos nos dedicado a criar uma grande rede de pessoas e projetos solidários, que se unem em prol do bem comum e pela ajuda aos pobres. E de modo particular combater a fome, todos os tipos de fome: de alimento, de consciência crítica e de dignidade.

A fome é um mal terrível e inadmissível em um país que está entre os maiores produtores de alimentos do mundo, mas que se concentra em exportar e não destiná-los à cesta básica da população. Na contramão da história recente deste país, nasce, no bairro do São Marcos, uma periferia viva de Campinas, um projeto que coloca os bens em comum, valoriza a ecologia e a educação integral. É a pratica da solidariedade e exemplo da economia a serviço da vida. Viver esta experiência fortalece a esperança e faz nascer uma sociedade justa e fraterna. Não tem como não afirmar que somos uma presença transformadora deste território. Presença viva de uma Igreja em saída que vai ao encontro dos pobres e marginalizados, orientado pelo evangelho de Jesus que diz: "Eu estava com fome e me destes de comer; eu estava com sede e me destes de beber; eu era estrangeiro e me recebestes em casa; eu estava nu e me vestistes; eu estava doente e cuidastes de mim; eu estava na prisão e fostes me visitar" (Mt 25,35-36).

O primeiro e grande desafio é fazer com que as pessoas vejam que este é um projeto evangélico, ou seja, nada mais do que colocar em prática o mandamento de Jesus. Portanto, quebrar os preconceitos que existem dentro das pessoas, tentar construir mais pontes que unam e menos muros que dividem. Levar a todos a compreenderem que "A política é a forma mais alta, maior, da caridade. O amor é político, isto é, social, para todos"[1], como afirma o Papa Francisco.

A cozinha Solidária São Marcos é muito mais do que uma instituição de assistência social, ela é um sopro do Espírito Profético de Jesus em nosso tempo e em nossa realidade. Na cozinha não só se alimenta o corpo, como também o espírito das pessoas. Alimenta-se a resistência, a utopia de um mundo melhor, mais justo e mais fraterno. Que todos que padecem nessa comunidade possam acreditar em si mesmos. Somos todos irmãos!

A cozinha Solidária é o Coração do São Marcos, é algo que jamais será esquecido, é um projeto que transforma. A Cozinha é o próprio Cristo, acolhendo os que mais precisam, sem distinção, fazendo multiplicar os pães e os

---

[1] *In:* https://www.ihu.unisinos.br/categorias/609523-vaticano-papa-diz-que-politica-e-forma-mais-alta-da-caridade

peixes todos os dias, fazendo o milagre acontecer na vida das pessoas não só com pão, mas com carinho e afeto.

Como nos recorda o Papa Francisco, acreditamos que a solidariedade é o melhor caminho para superar todas as crises, combater a miséria e acabar com a fome dos pobres: fome de pão e de justiça. Portanto, cremos que combateremos a fome em nosso território com a presença transformadora da nossa Cozinha Solidária São Marcos. Esta não é somente o espaço onde se alimenta o corpo, mas também o espírito, a resistência e a utopia de um mundo melhor. Assim sendo, o nosso Projeto se torna no território, um espaço de resistência no combate à fome e todos os tipos de desigualdades. É uma presença entre nós, que transforma não somente o espaço em que ela está inserida, mas também a vida das pessoas dessa comunidade.

## Referências

*Constituição Gaudium et Spes. In* Documentos do Concílio Vaticano II: constituições, decretos, declarações. Petrópolis: Vozes, 1966.

FRANCISCO, Papa. *Evangelii Gaudium*. São Paulo: Paulinas, 2013.

FRANCISCO, Papa. *Fratelli Tutti:* Carta Encíclica sobre a fraternidade e a amizade social. Brasília: CNBB, 2020.

*Papa diz que política é a forma mais alta, maior, da caridade*. Disponível em: https://www.ihu.unisinos.br/categorias/609523-vaticano-papa-diz-que-politica-e-forma-mais-alta-da-caridade (Acesso em 5/04/2025).

# PARTE III

# VIVÊNCIAS DE ECONOMIA SOLIDÁRIA

# 1

# UMA CONSTRUÇÃO DE SOLIDARIEDADE: DESAFIOS PARA GERAÇÃO DE TRABALHO, RENDA E INCLUSÃO SOCIAL

*Sérgio Lontra Vieira*

**Não há vagas**

O preço do feijão
não cabe no poema.
O preço do arroz
não cabe no poema.
Não cabem no poema o gás
A luz o telefone [...]
– porque o poema, senhores,
está fechado: "não há vagas"

Só cabem no poema
o homem sem estômago
a mulher de nuvens
a fruta sem preço
O poema, senhores,
não fede
nem cheira.

Ferreira Gullar (2000, p. 162)

## 1. Introdução

Com a intenção de apresentar o tema *Uma construção de solidariedade*, da parte 3 *Vivências de Economia Solidária*, deste Livro, abordo, ainda que de forma parcial, alguns fundamentos, a organização e exemplos *de Economia Solidária.*

Procuro compreender suas bases – cujo conceito não tem unanimidade e que ressurge no Brasil nas décadas de 1980 e 1990 – e a sua relevância atual, em direção à próxima década.

A Economia Solidária pode ser vista como um modelo alternativo ao capitalismo. Busca a justiça social, a sustentabilidade ambiental e a cooperação entre pessoas, comunidades e instituições. Propõe a ruptura com o sistema econômico tradicional, que visa ao maior lucro possível, custe o que custar, por meio de uma acirrada competição de um *abstrato mercado*. Não por coincidência, a Igreja Católica no Brasil escolheu como tema da Campanha da Fraternidade para 2025: *Fraternidade e Ecologia Integral*.

## 2. Bases e resumo histórico

O cenário mundial se agrava com as mudanças climáticas que impulsionam migrações forçadas em busca de sobrevivência e melhores condições de vida (IPCC, 2021). Adicionalmente, as tecnologias da informação, do processamento computacional, da informatização digital, em particular, da inteligência artificial, após 2022, têm provocado transformações nos meios e modos de trabalho (presencial x híbrido, intelectual x artificial-braçal), adicionando uma nova camada de complexidade ao contexto global.

Essas mudanças exacerbaram problemas socioeconômicos, como o aumento da pobreza, do desemprego e da desigualdade social, especialmente em países em desenvolvimento, resultando em quadros de insegurança alimentar e mortalidade. Concomitantemente, ressurgiram conflitos armados e radicalismos políticos, desafiando a capacidade de governos nacionais, da sociedade civil e dos organismos multilaterais de proporem soluções eficazes. A geração de trabalho, distribuição de renda e inclusão social para populações em situação de vulnerabilidade social e alimentar tornou-se um desafio urgente.

Em função de movimentos populares como sindicalismo, mutualismo e associativismo, princípios solidários, consolidados ao longo de século XX, surgem associações de diferentes naturezas, como as cooperativas de produção e de consumo em comunidades rurais. Estas foram essenciais para a promoção de direitos no Brasil. Nas últimas décadas, a Economia Solidária tem ganhado destaque global como alternativa ao neoliberalismo em crise, especialmente em países da América Latina, África e Europa, onde movimentos populares e as Organizações da Sociedade Civil – OSCs (novo nome para as ONGs – Organizações não Governamentais ou do Terceiro Setor), impulsionam uma miríade de projetos baseados na autogestão e sustentabilidade.

Outra denominação que cabe no conceito de *Economia Solidária* é a de Organização de Base Comunitária – OBC, ou *Community-Based Organization* – CBO em inglês. É um tipo de organização sem fins lucrativos, que trabalha diretamente com e para uma comunidade específica. Elas são geralmente formadas por membros da própria comunidade ou por pessoas intimamente ligadas a ela, buscando atender às necessidades e resolver os problemas locais.

O conceito de *solidariedade* tem raízes históricas profundas, presentes em diversas culturas e sociedades ao longo do tempo como, por exemplo, na era Bíblica e Pré-Capitalista:

| | |
|---|---|
| Na tradição judaico-cristã, há registros de práticas solidárias como o Ano Sabático (a cada sete anos) e o Ano do Jubileu (a cada 50 anos), que previam o descanso da terra, o perdão de dívidas e a redistribuição de terras para evitar desigualdades. No jubileu, os escravos eram libertados (Levítico 25).[1] | No Novo Testamento, a comunidade cristã primitiva em Jerusalém compartilhava bens e recursos para garantir o bem-estar de todos. A comunidade vivenciava a solidariedade através da cooperação, da partilha de recursos e da inclusão de pessoas de diferentes origens (Atos 2).[2] |

[1] Disponível em: https://jesuseabiblia.com/biblia-de-estudo-online/levitico-25-estudo/ Acesso 15/11/2024.

[2] Disponível em: https://www.bibliaon.com/atos_dos_apostolos_2/. Acesso 09/01/2025.

Na Idade Média e durante a Revolução Industrial, surgiram várias iniciativas para atenuar a exploração do trabalho, o que comprometia a sobrevivência dos mais humildes. As corporações de ofício eram organizações de trabalhadores que promoviam o bem-estar de seus membros, regulavam a qualidade do trabalho e protegiam a comunidade contra abusos. Essas práticas eram baseadas na cooperação e no suporte mútuo e constituíam o que se pode chamar de corporativismo medieval.

| "As corporações de ofício garantiam ao trabalhador medieval uma proteção contra a insegurança: era o seguro social da época, a solidariedade concretizada" (Le Goff, 2003, p. 215). | Operários com longa jornada de trabalho e salário insuficiente se cotizaram para criar um armazém comunitário a fim de garantir acesso a produtos de qualidade a preços justos (Stein et. al., 2019). |
|---|---|

Da união e lutas dos operários ingleses surgiu a Cooperativa de Rochdale, no início do processo de industrialização e mecanização do modo de produção capitalista. Estabeleceram princípios que ainda hoje são considerados a base do cooperativismo:

> [...] 28 trabalhadores da cidade de Rochdale-Manchester juntaram suas economias quase que escassas, para montarem seu próprio armazém que se baseava na venda de produtos como centeio e trigo. [...] foi apenas no dia 21 de dezembro de 1844 que estes indivíduos, moradores desta pequena localidade, [...] obtiveram êxito ao executar suas propostas (Stein et. al., 2019, p. 2).

Segundo Pirenne (2011, p. 187): "O regime corporativo não era apenas uma organização econômica: era também um modo de vida, profundamente enraizado nos valores coletivos da cristandade medieval".

Essas iniciativas, embates e lutas históricas demonstram um senso de coletividade e preocupação com o bem-estar geral, características essenciais para a construção de uma sociedade mais justa e igualitária, que, ao longo do tempo, vem sendo almejada pela população excluída.

## 3. Organização da Economia Solidária

Em documentos do Ministério do Trabalho e do Emprego – MTE, ao termo Economia Solidária é acrescentada a palavra *popular*. Assim, o nome usado é Economia Popular Solidária. Também há outro nome, quase igual, que tem sido adotado: Economia Popular e Solidária. Essa estrutura, que serve de nome a uma Política Pública, no Congresso Nacional desde 2012, foi aprovada em dezembro de 2024 com o nome de Lei Paul Singer (ver item 3.3). Ela qualifica a intenção da Economia Solidária, que deve ser, na sua origem, popular, da e para a população de modo geral.

De acordo com o Conselho Nacional de Economia Solidária, órgão vinculado ao MTE, são consideradas iniciativas de Economia Solidária:

> [...] as organizações coletivas de trabalhadores e trabalhadoras, formais ou informais, que se unem no campo ou na cidade, para produzir e comercializar seus produtos ou prestar serviços de forma autogestionária, ambientalmente sustentável e dentro de um comércio justo.[3]

A tabela seguinte apresenta os princípios, formas organizativas, instrumentos, atividades com exemplos práticos dos Empreendimentos Econômicos Solidários (EES), alinhando-se aos fundamentos descritos pelo Sistema Nacional de Informações em Economia Solidária (SIES) e à Carta da Economia Solidária no Brasil. Os conteúdos

[3] Disponível em: https://www.gov.br/trabalho-e-emprego/pt-br/noticias-e-conteudo/2024/Marco/4o-conferencia-nacional-de-economia--solidaria-sera-em-abril-de-2025 Acesso 13/01/2025.

destacam o papel da economia solidária como estratégia de inclusão, autogestão, cooperação e sustentabilidade socioambiental (Souza do Carmo Magno, T., et. al., 2022).

**Bases da Economia Solidária**

| Princípios | Organização | Instrumentos, ações de apoio e Políticas públicas | Atividades econômicas |
|---|---|---|---|
| Inclusão Social | Organizações coletivas de produção promovem a distribuição equitativa dos benefícios e criam oportunidades de renda para grupos marginalizados (catadores, mulheres, jovens, entre outros). | Pol. Nac. Econ. Solidária Pol. Nac. de Resíduos Sólidos; Leis das Cooperativas: 5.764 / 1971; Voluntariado: 9.608 / 1998; Plano Plurianual (PPA 2012 -15) do Prog. Desenvolvimento Regional, Territorial Sustentável e Economia: Lei 12.593 / 2012. | Cooperativas de reciclagem de plásticos, PET, metais, vidros, eletroeletrônicos; oficinas comunitárias de conserto; projetos de upcycling (ex.: móveis de paletes, roupas de tecidos reciclados, brinquedos com materiais reutilizados). |
| Autogestão | Estimula modelos de negócios locais com gestão participativa e descentralizada. Fortalece a cidadania ativa e autonomia das comunidades. | Programas de crédito, editais de fomento, políticas públicas de compras da agricultura familiar. Participação direta dos membros nas decisões coletivas. | Cooperativas de produção, redes de consumo responsável, cooperativas de crédito, bancos comunitários, moedas sociais, incubadoras universitárias de economia solidária, Rede Ecovida de Agroecologia. |

| | | | |
|---|---|---|---|
| Cooperação | Substitui a lógica da competição pela colaboração entre atores da cadeia produtiva. Fortalece redes de produtores urbanos, rurais, consumidores e organizações sociais. | Apoio à criação de redes produtivas, plataformas coletivas, trocas solidárias e projetos compartilhados. Substituição da lógica concorrencial por solidariedade econômica. | Redes de produtores locais que compartilham recursos e canais de distribuição; parcerias entre empresas e cooperativas de reciclagem; plataformas de economia compartilhada geridas por coletivos; grupos de trabalhadores da mobilidade urbana; redes de voluntariado. |
| Sustentabilidade Ambiental | Convergência entre economia solidária e ecologia: ambos priorizam a regeneração dos ecossistemas, o uso racional dos recursos, conservação da água e a redução da geração de resíduos. | Práticas produtivas sustentáveis, baseadas no respeito ao meio ambiente, valorização das culturas locais e inclusão de povos e comunidades tradicionais. Leis ambientais, políticas de incentivo à agroecologia, reflorestamento e produção limpa. | Bioeconomia; sistemas de compostagem comunitária; geração de energia renovável em pequena escala; ecovilas; reflorestamento com espécies nativas; projetos de agricultura urbana; consumo consciente; associações de agricultores familiares, quilombolas, extrativistas e pescadores. |

### 3.1. Observatório Nacional da Economia Solidária e do Cooperativismo

Iniciado em 2015, pela parceria Ministério do Trabalho / SENAES e DIEESE, o Observatório Nacional da Economia Solidária e do Cooperativismo (ONESC) é fundamental para produzir, disseminar e analisar informações sobre a Economia Solidária (ES) no Brasil.

Com mais de 19 mil Empreendimentos de Economia Solidária e 1,4 milhões de trabalhadores, o ONESC visa a subsidiar políticas públicas e fortalecer a organização socioeconômica dos EES. O ONESC articula uma rede de instituições de pesquisa e organizações, promovendo produção colaborativa de conhecimento, disponibilizando informações econômicas, populacionais e de mercado de trabalho, e construindo indicadores (em tabelas e mapas) para caracterizar os EES (atividade econômica, organização, aspectos sociopolíticos, ambientais, comercialização etc.).

O ONESC divulga e reconhece a Economia Solidária, contribuindo para o Sistema de Informações da Economia Solidária e buscando ser um órgão técnico do Conselho Nacional de Economia Solidária. O projeto dialoga com os atores envolvidos para identificar demandas de informação, fontes de dados, criar articulações e formular indicadores para transformar as realidades diagnosticadas (DIEESE, 2016).

### 3.2. Cadastro de Empreendimentos Econômicos Solidários

Em março de 2024, o Ministério do Trabalho e Emprego instituiu o Cadastro de Empreendimentos Econômicos Solidários – CADSOL, por meio de portaria, visando ao reconhecimento público desses negócios e ao acesso a políticas e programas públicos de crédito e fomento à Economia Solidária.

O CADSOL torna-se, assim, um requisito obrigatório para a formalização e inclusão dos empreendimentos no Sistema Nacional de Informações de Economia Solidária – SIES (MTE Portaria Ministerial n. 30, de 20 de março de 2006) e no Sistema Nacional de Comércio Justo e Solidário.

Podem cadastrar-se no CADSOL organizações de caráter associativo, formalizadas ou não, que desenvolvam atividades econômicas urbanas e rurais com gestão democrática. O processo de inclusão se dá por meio de formulário disponibilizado pelo Ministério do Trabalho, seguido de análise e, em caso de aprovação, emissão do documento de cadastro.

Sua gestão é realizada pelo Conselho Nacional de Economia Solidária, Conselhos Estaduais de Economia Solidária ou Comissões Estaduais de Cadastramento, Conselhos Municipais de Economia Solidária e pela Secretaria Nacional de Economia Solidária (UNISOL Brasil, 2024).

### 3.3. Política Nacional de Economia Solidária

Com a sanção do projeto de lei da Política Nacional de Economia Solidária - PNES em 23 de dezembro de 2024, batizado de Lei Paul Singer, o presidente Lula consolidou essa política pública, fortalecendo ações de assistência técnica, apoio e fomento à economia solidária.

A PNES como uma ação de estado, articula ações de fomento a empreendimentos econômicos cooperativos, sem fins lucrativos. Entre os seus objetivos, destacam-se:

1. Fortalecimento e estimulação do associativismo e o cooperativismo, que caracterizam os empreendimentos de economia solidária;

2. Contribuição para a geração de renda, a melhoria da qualidade de vida e a promoção da justiça social;
3. Promoção do acesso da economia solidária a instrumentos de fomento, a meios de produção, a mercados e ao conhecimento e às tecnologias sociais necessários ao seu desenvolvimento; e
4. Apoio a ações que aproximem consumidores e produtores, de modo a impulsionar práticas relacionadas ao consumo consciente e ao comércio justo e solidário.[4]

A Economia Solidária tem múltiplas formas de organização. Em resumo, algumas conhecidas:

1. Cooperativas – grupo de pessoas que se organizam para atingir objetivos comuns, como produção, consumo ou serviços. Exemplos incluem cooperativas de agricultores, artesãos, de crédito, de saúde, produção, infraestrutura e indústrias recuperadas por trabalhadores. [5]
2. Associações – indivíduos reunidos em torno de um propósito ou causas comuns, como educação, cultura, saúde, direitos humanos, meio ambiente fundam organizações sem fins lucrativos. [6]
3. Redes de troca, Bancos comunitários e "Moedas Sociais" – as redes de troca permitem que pessoas troquem bens e serviços sem o uso de dinheiro tradicional (o Real) utilizando moedas sociais como meio de valorização local, ou seja, o desenvolvimento comunitário. [7]

---

[4] Disponível em: https://agenciagov.ebc.com.br/noticias/202412/presidente-lula-sanciona-lei-paul-singer-que-cria-politica-nacional-de-economia-solidaria. Acesso 29/12/2024.

[5] https://www.sicredi.com.br/site/blog/cooperativismo/os-7-ramo-do-cooperativismo/ ; https://coonectse.com.br/blog/cooperativas/tipo-de-cooperativas. Acesso 29/12/2024.

[6] https://incentiv.me/blog/2021/10/14/afinal-o-que-e-o-terceiro-setor/ Acesso 29/12/2024.

[7] https://revistapesquisa.fapesp.br/bancos-comunitarios-impulsinam-o-desenvolvimento-local/ Acesso 14/01/2025.

4. Empresas recuperadas – os trabalhadores (ex--funcionários) assumem antigas empresas em situação de falência, organizando-as de forma cooperativa e garantindo a continuidade das atividades econômicas.[8]

Há outro conceito que complementa os princípios da Economia Solidária: a Economia Circular. Esta promove o reaproveitamento ou reuso de recursos (resíduos descartados de uma empresa que podem ser usados em outras empresas ou na mesma), valoriza a redução de desperdícios e a criação de cadeias produtivas sustentáveis. Ambas as economias compartilham objetivos comuns, como:

1. Sustentabilidade: uso racional dos recursos naturais.
2. Inclusão social: criação de empregos verdes e maior equidade econômica.[9]
3. Inovação: desenvolvimento de soluções para reduzir o impacto ambiental.

A Economia Circular de acordo com a *Ellen MacArthur Foundation*[10] pode ser definida como um modelo econômico que visa à redução de desperdícios, à manutenção de recursos em uso, à extração do máximo valor desses recursos durante sua circulação e, finalmente, à regeneração dos sistemas naturais.

---

8 https://unisolbrasil.org.br/wp-content/uploads/2020/03/20180327_UNISOL_Cartilha-ERT.pdf; https://web.bndes.gov.br/bib/jspui/ bitstream/1408/12353/2/RB%2026%20Empresas%20Recuperadas%20por%20Trabalhadores%20em%20Regime%20de%20Autogest%C3%A3o_Reflex%C3%B5es%20%C3%A0%20Luz%20do%20Caso%20Brasileiro_P_BD.pdf Acesso 29/12/2024.

9 Disponível em: https://www12.senado.leg.br/publicacoes/estudos-legislativos/tipos-de-estudos/outras-publicacoes/temas-e-agendas-para-o-desenvolvimento-sustentavel/emprego-verde-e-inclusao-social Acesso 29/12/2024.

10 Disponível em: https://www.ellenmacarthurfoundation.org/ Acesso 29/12/2024.

Em contraste com a economia linear tradicional (extrair, produzir, usar, descartar, poluir), a Economia Circular opera em ciclos fechados, mantendo os recursos em circulação pelo máximo de tempo possível, por meio de diversas estratégias para eliminar perdas e poluição.

## 4. Exemplos de Economia Popular e Solidária no Brasil

### 4.1. Banco Palmas

O Banco Palmas, primeiro banco comunitário brasileiro, foi inaugurado, em 1998, no Conjunto Palmeira, Fortaleza, Ceará. Por iniciativa da Associação dos Moradores e da comunidade, em parte carente, criou-se um sistema econômico local baseado em microcrédito e incentivo ao consumo local. Assim, foi instituído o cartão e moeda Palmas, indexada ao Real que permitiu novas formas de comercialização. Com isso, os negócios, comércio e serviços aumentaram no território, gerando emprego e renda para aquela população.

Suas características centrais são: gestão comunitária, sistema integrado de desenvolvimento local (crédito, produção, comercialização e capacitação) e moeda local Palmas, complementar ao Real. A moeda Palmas, aceita por 240 empreendimentos com descontos de 2% a 15%, viabiliza o "câmbio" para reposição de estoques com produtos externos ao bairro. A avaliação do MTE,[11] realizada com o apoio da Universidade Federal do Ceará em 2008, apontou contribuição para o desenvolvimento local (98%), melhoria da qualidade de vida (90%), aumento da renda (26%) e geração de empregos (22%). São dados auspiciosos para a melhoria da qualidade de vida da comunidade!

[11] MTE é o antigo Ministério do Trabalho e Emprego, atualmente, denominado Ministério do Trabalho e Previdência.

Em 2003, criou-se o Instituto Palmas[12] para difundir a tecnologia social, firmando parcerias com MTE, Banco Popular do Brasil e governo do Ceará, expandindo os bancos comunitários. Em 2009, havia 50 bancos no Brasil, 45 deles integrados ao Sistema Palmas, com fundo de crédito e software de gerenciamento fornecido pelo Banco do Brasil. Os bancos comunitários estão presentes nos estados: um no Pará, um no Maranhão, três no Piauí, 27 no Ceará, um na Paraíba, quatro na Bahia, quatro no Espírito Santo, cinco em São Paulo, um no Mato Grosso do Sul e três em Minas Gerais.

De acordo com informações atuais do Instituto Banco Palmas:

> A iniciativa do Banco da Periferia tem por objetivo democratizar o acesso a serviços financeiros e bancários para a população da periferia de Fortaleza, com ampla participação e controle social, mobilização de associações locais, buscando o **desenvolvimento socioeconômico de bairros e favelas.**[13]

### 4.2. A Cooperativa Central Justa Trama

É uma cadeia produtiva, processo que se inicia com o plantio do algodão agroecológico e que vai até a comercialização de peças de confecção produzidas com esse insumo. Ela garante hoje renda a mais de 700 envolvidos entre pequenos agricultores de algodão no Ceará, coletores de sementes para botões ou biojóias em Rondônia, fiadoras e tecedoras em Minas e costureiras no restante da rede no Rio Grande do Sul e em Santa Catarina. De acordo com a diretora da Justa Trama, *Nelsa Nespolo*, os preços dos produtos são baixos, pois têm que

[12] O Instituto Palmas agora é denominado como Instituto Banco Palmas. Ver: https://bancopalmas.com/ Acesso 14/01/2025

[13] Disponível em: https://bancopalmas.com/ Acesso em 20/04/2025.

ser acessíveis para que quem os produz tenham condições de comprá-los (Del Pretti, 2017).

A Justa Trama nasceu a partir do sonho de alguns empreendedores de terem um produto que desde o início fosse desenvolvido por trabalhadores solidários, fazendo diferença não só em relação ao modo de produção e valorização do trabalho, mas também na qualidade do produto e no cuidado com o meio ambiente. A Justa Trama teve início produzindo bolsas para o Fórum Social Mundial de 2005, quando, para a confecção, desafiaram-se e adquiriram tecido de uma cooperativa de tecelagem, que, por sua vez, comprou o fio de outra cooperativa de fiação, fazendo, assim, acontecer uma nova economia.[14]

Atua em seis estados: Ceará, Mato Grosso do Sul, Minas Gerais, Santa Catarina, Rio Grande do Sul e Rondônia. É composta de várias outras Cooperativas ou ONGs, como, por exemplo: Univens-RS, Fio Nobre-SC, Coopstilus-SP. O grande diferencial está exatamente na forma como a cadeia produtiva foi formada: desde o algodão, que é plantado sem agrotóxicos, passando pela industrialização do fio e finalmente o produto final nas mãos de costureiras cooperativadas. O nome Justa Trama foi decidido após muitas reuniões com os integrantes da cooperativa, iniciativa inédita no país. O nome da marca deveria traduzir o espírito da proposta, baseado no respeito ao meio ambiente, a justa renda e consumo responsável. Além disso, busca seguir totalmente as tendências de moda do mercado, tendo a ajuda de diversos estilistas.

[14] Justa Trama. (n.d.). *Sobre nós*. https://justatrama.com.br/sobre-nos/oibescoop.org+3justatrama+3justatrama+3 Acesso 14/01/2025.

### 4.3. Alinhamento da Economia Solidária com os Princípios de Sustentabilidade tendo por base os Objetivos de Desenvolvimento Sustentável (ODS)

Os Empreendimentos Econômicos Solidários (EES) como expresso nos princípios da Economia Solidária, dialogam diretamente com os ODS propostos pela ONU. A tabela a seguir apresenta esse alinhamento, destacando os ODS prioritários conforme cada princípio analisado.

Relação entre Economia Solidária e Sustentabilidade

| Princípio da Economia Solidária | Número e nome do ODS relacionado | Justificativa do alinhamento |
|---|---|---|
| Inclusão Social | 1 - Erradicação da Pobreza<br>8 - Trabalho Decente e Crescimento Econômico<br>10 - Redução das Desigualdades | Promove oportunidades de trabalho e renda para grupos marginalizados, combatendo pobreza e desigualdade estrutural. |
| Autogestão | 5 - Igualdade de Gênero<br>11 - Cidades e Comunidades Sustentáveis<br>16 - Paz, Justiça e Instituições Eficazes | Estimula participação democrática e empoderamento local, contribuindo para governança inclusiva e igualdade de gênero. |
| Cooperação | 12 - Produção e Consumo Sustentáveis<br>17 - Parcerias e Meios de Implementação | Fomenta redes colaborativas e alianças solidárias entre organizações, reduzindo desperdícios e fortalecendo parcerias. |
| Sustentabilidade Ambiental | 13 - Ação Contra a Mudança Global do Clima<br>14 - Vida na Água<br>15 - Vida Terrestre | Incorpora práticas ecológicas como agroecologia, reflorestamento e consumo consciente, regenerando os ecossistemas. |

Esse alinhamento reforça o papel estratégico da Economia Solidária como caminho concreto para o alcance dos ODS, em especial aqueles voltados à erradicação da pobreza, promoção do trabalho digno, justiça social, sustentabilidade ambiental e fortalecimento da cidadania participativa.

Ao articular práticas locais com metas globais, os Empreendimentos Econômicos Solidários atuam como instrumentos transformadores de desenvolvimento sustentável e inclusivo.

## 5. Concluindo com um desafio – a construção da solidariedade na década 2025-2035 deverá ter por base a Fraternidade e a Ecologia Integral?

Notícia quase inacreditável para quem vive fora do extenso e rico território da Amazônia:

Ref.: Jornal O BOTO, 13 de janeiro de 2025, Alter do Chão.
Texto e fotos: Leonardo Milano.

*Amazônia: na maior bacia hidrográfica do mundo, comunidades do Pará não têm água potável.*

"Esquecidas pelo poder público, milhares de famílias do Oeste do Pará têm contado com a ajuda humanitária de organizações da sociedade civil, que vêm distribuindo filtros feitos com nanotecnologia nas comunidades ribeirinhas".[15]

A proximidade da COP 30, em novembro de 2025, na cidade de Belém, capital do Pará, contrasta com a realidade local, acima descrita, marcada por eventos alarmantes e de difícil compreensão para observadores externos à

[15] Disponível em: https://o-boto.com/blog/amazonia-na-maior-bacia-hidrografica-do-mundo-comunidades-do-para-nao-tem-agua-potavel?utm_campaign=678660a7510299001e430038&utm_source=newsletter&utm_medium=email&utm_content=article-1-67845deea63a44e6021e01ce Acesso 14/01/2025.

região. A 30ª Conferência das Partes é um grande encontro global onde países signatários da Convenção – Quadro das Nações Unidas sobre a Mudança do Clima (UNFCCC) se reúnem anualmente para discutir e definir ações de combate às mudanças climáticas!

Dessa forma, a Economia Popular e Solidária representa um modelo econômico inovador e necessário em tempos de desigualdade social e de degradação ambiental. Esse modelo alternativo pode promover o desenvolvimento econômico com justiça, incluindo as populações marginalizadas ou em vulnerabilidade, respeitando a sua diversidade cultural e o meio ambiente, onde vivem há muitas décadas. Propõe uma forma alternativa de organização, abrangendo produção, venda, compra e troca. Diferentemente da economia convencional, onde há separação entre patrões e empregados, na Economia Popular e Solidária os trabalhadores são os próprios donos, decidindo coletivamente sobre a gestão, a divisão do trabalho e a distribuição dos resultados. Ela se manifesta em diversas iniciativas urbanas e rurais, como associações e grupos de produtores, cooperativas (agrícolas, de reciclagem, de crédito), empresas recuperadas por trabalhadores, redes de produção, comercialização e consumo, bancos comunitários e clubes de trocas.[16]

Em síntese, valoriza a autogestão, a cooperação, o voluntariado e o bem-estar coletivo. Por meio deles, a Economia Popular e Solidária oferece soluções para uma sociedade mais justa e sustentável. Com o avanço das tecnologias e as crescentes preocupações com o meio ambiente, esse novo sistema tem o potencial de se transformar em uma força motriz para um mundo mais justo e sustentável. Algumas tendências poderão incluir:

---

[16] Vide https://ecosol.dieese.org.br/o-que-e-a-economia-solidaria.php Acesso 14/01/2025.

a) Digitalização – plataformas digitais solidárias que conectam produtores e consumidores diretamente, reduzindo intermediários e custos.
b) Empregos "verdes" e da Bioeconomia – crescimento de ocupações ligadas à energia renovável e agricultura orgânica e à sustentabilidade na região Amazônica e outros biomas.
c) Educação solidária – expansão de programas educacionais que ensinam os princípios de autogestão, sustentabilidade e cooperação desde a infância.
d) Parcerias – maior integração entre organizações solidárias locais e ao redor do mundo para compartilhar práticas e soluções inovadoras. Em Campinas, o Núcleo da Articulação Brasileira pela Economia de Francisco e Clara, a Fundação FEAC, a Mentoria Solidária e a Coalizão pelo Impacto são bons exemplos.
e) Inteligência Artificial (IA) – a IA pode potencializar a Economia Solidária ao automatizar a gestão e processos administrativos, conectar pessoas e comunidades por meio de plataformas acessíveis, criar ferramentas para viabilizar a produção de bens e serviços, seja literária, artística, artesanal etc., reduzindo custos e democratizando o acesso a recursos tecnológicos.

A construção da solidariedade baseada na Fraternidade e na Ecologia Integral, agora e mais ainda no futuro, pode ser um elemento-chave para enfrentar os desafios sociais, econômicos e ambientais do século XXI. Entretanto, não basta simplesmente adotar políticas, diretrizes e princípios de cima para baixo, sem considerar a realidade do momento político incerto. É fundamental tomar o devido cuidado de adaptá-la para o contexto da população brasileira mais humilde e sofrida, que ainda tem pouco acesso ao "mundo digital", característica de uma sociedade que valoriza a aparência, o rentismo e o consumo compulsivo ao invés de valorizar a essência, a produção e a presença fraterna!

Para uma visão histórica sobre o desenvolvimento da Economia Popular e Solidária, consultar os autores:

Singer, Paul (2002), Gaiger, Luiz Inácio Germany (2008) e Laville, Jean-Louis (2003). Além desses autores, vale a pena consultar publicações de instituições como o Fórum Brasileiro de Economia Solidária (FBES) e o Núcleo de Economia Solidária (NESOL-USP), que documentam e analisam historicamente o desenvolvimento do campo da Economia Popular e Solidária no Brasil. Também, o livro "Banco Palmas 15 anos: resistindo e inovando" oferece um estudo de caso importante sobre uma experiência pioneira.

## Referências

DEL PRETTI, Ana Paula. *O capital social:* investimento de sucesso. Estudos de caso da Cooperativa Central Justa Trama. Gramma, 2017.

DIEESE. *O que é a economia solidária?* Observatório Nacional da Economia Solidária e do Cooperativismo, 1º de fevereiro de 2016. Disponível em: https://ecosol.dieese.org.br/o-que-e-a-economia-solidaria.php.

GAIGER, Luiz Inácio. *Economia Solidária: Teoria e Prática*. Porto Alegre: Editora UFRGS, 2008.

GULLAR, Ferreira. Dentro da noite veloz. In: Toda poesia. Rio de Janeiro: José Olympio, 2000.

INTERGOVERNMENTAL PANEL ON CLIMATE CHANGE (IPCC). *Climate change 2021:* the physical science basis. Contribution of Working Group I to the Sixth Assessment Report [1] of the Intergovernmental Panel on Climate Change. (Masson-Delmotte, V. *et al.*, Eds.). Cambridge University Press, [2] 2021. https://doi.org/10.1017/9781009157896

JUSTA TRAMA. *Sobre nós*. [S. l.], [n. d.]. Disponível em: https://justatrama.com.br/sobre-nos/.

LAVILLE, Jean-Louis. *A Economia Solidária: Uma Perspectiva Internacional*. Porto Alegre: Editora Sulina, 2003.

LE GOFF, J. *A civilização do Ocidente medieval*. 3. ed. Bauru, SP: EDUSC, 2003.

MAGNO, T. Souza do Carmo; VASCONCELLOS, A. M. Albuquerque; BARROS, J. Nogueira; ARROYO, J. C. T. Economia solidária como estratégia para o desenvolvimento local. *P2P E INOVAÇÃO*, v. 8, n. 2, p. 15-34, 2022. DOI: https://doi.org/10.21721/p2p.2022v8n2.p15-34

MELO NETO SEGUNDO, J. J. de; MAGALHÃES, S. Economia solidária e políticas públicas: Bancos comunitários. *Revista Mercado de Trabalho*, n. 41, p. 21–22, nov. 2009. Instituto de Pesquisa Econômica Aplicada – IPEA. Disponível em: https://repositorio.ipea.gov.br/bitstream/11058/4014/31/bmt_41_Bancos_comunitarios.pdf.

NÚCLEO DE ECONOMIA SOLIDÁRIA – NESOL-USP; INSTITUTO PALMAS (Org.). *Banco Palmas 15 anos: resistindo e inovando*. São Paulo: A9 Editora, 2013.

PIRENNE, H. *História econômica e social da Idade Média*. São Paulo: Martins Fontes, 2011.

SINGER, Paul. *Introdução à Economia Solidária*. São Paulo: Editora Contexto, 2002.

STEIN, S. L.; GODARTH, K. A. L.; FERRAÇA, A. C. A fake science das mulheres na história do cooperativismo. In: *8º FÓRUM INTERNACIONAL ECOINOVAR*, Santa Maria, RS, Brasil, 15–17 de outubro de 2019. Universidade Federal de Santa Maria. Disponível em: https://ecoinovar.submissao.com.br/8ecoinovar/anais/arquivos/392.pdf.

UNISOL BRASIL. *Ministério lança cadastro de empreendimentos solidários*, 2024. Disponível em: https://unisolbrasil.org.br/ministerio-lanca-cadastro-de-empreendimentos-solidarios/.

# 2

# A ECONOMIA SOLIDÁRIA NA ECONOMIA DE FRANCISCO E CLARA

*Eliane Navarro Rosandiski*

## Construindo as alternativas no campo da cooperação: economia solidária

Muito se tem discutido a respeito da urgência de realmar a economia, sobre a defesa da casa comum e da ecologia integral. Na base desta urgência, há um consenso de que na contraface da crise do compromisso comunitário está o individualismo. Isto significa compreender que este modo capitalista de produção, que organiza as relações sociais de produção para a mercantilização dos bens e serviços, é disfuncional, visto que a régua utilizada para medir o sucesso é quantitativa: o quanto de bens e serviços o indivíduo pode comprar ou, pior, o quanto de dinheiro acumulado o indivíduo pode ter. Este padrão de organização social da produção fez emergir um indivíduo autocentrado e confiante na meritocracia, na competição e na não aceitação dos diferentes. E, mais preocupante: esta sociedade que vem se estruturando a partir do liberalismo e do individualismo, vem criando modelos e normas que validam comportamentos, tais como ganância, egoísmo, disposição a explorar os outros, que se opõem a qualquer possibilidade de se ver como parte do todo e, portanto, minam a coesão social.

Infelizmente, a desigualdade econômica se traduz em poder político, aqueles que detêm poder político o utilizam para obter vantagens. A vitória do pensamento e dos valores liberais vem se somando ao debate econômico de estado mínimo e abrindo espaço para redução da participação do Estado na economia. Na prática representa: desprezo pelos serviços e pelo coletivo e crescente retorno apreço pelo individualismo e meritocracia.

Enfrentar tais disfuncionalidades requer estratégia, planejamento e ação.

Este texto pretende mostrar a conexão entre os princípios da Economia de Francisco e Clara e a Economia Solidária para o planejamento da ação.

Os dez princípios da Economia de Francisco e Clara[1] oferecem uma direção para a reflexão da ação. Dentre eles, cabe destaque para:

- Desenvolvimento Integral, que chama atenção para o cuidado com a criação participação dos empobrecidos na construção de políticas sociais e econômicas. Soberania dos povos e a luta nos territórios: economia solidária, fraterna, ecológica e democrática;
- Potência das periferias vivas, que ressalta que o caminho para reconstrução são as periferias esquecidas. Experiências revolucionárias brotam de movimentos sociais, das comunidades de base, dos povos originários, das articulações populares;

[1] São eles: (i) ecologia integral; (ii) desenvolvimento integral; (iii) alternativas anticapitalistas; (iv) bens comuns e papel do Estado; (v) tudo está interligado; (vi) potência das periferias vivas; (vii) economia a serviço da vida; (viii) comunidades como saída; (ix) educação integral; e (x) solidariedade e no clamor dos povos (Brasileiro, 2023).

- Comunidades como saída traz a mensagem de que a territorialidade, espaço de vivência concreta do cotidiano tem papel crucial na construção de práticas econômicas. Neste "chão de existência" se forja o ser político social, se potencializa os saberes, se protagonizam os atores da mudança do marco-territorial. Descolonização começa com reparação histórica. Libertação valoriza a pluralidade cultural; por fim
- Solidariedade e no clamor dos povos, mostra a importância de uma economia sustentável, democrática e fraterna, que rompa com as desigualdades sociai, proporcione emancipação humana e garanta do direito à terra, ao teto e ao trabalho. Construção de mecanismos de geração de trabalho e renda que fortaleçam a cooperação. Economia pautada na justiça social, reconheça as diversidades e crie rede entre os movimentos sociais a partir dos princípios da economia solidária e agroecológica.

Considerando que, por hipótese, as relações de produção e de trocas de mercadorias explicita o exercício político das comunidades, realmar a economia deve ser entendido como a recuperação da identidade (corpo e do "rosto") do território. Na prática, significa romper com o estilo de vida dominante que, ao colocar o lucro acima os interesses, mata, exclui, segrega. Dessa forma se opor à centralidade do lucro como finalidade da organização do sistema econômico é reconhecer que o problema não é da economia, mas sim da forma de organização da vida econômica. Percebe-se, então, que a transformação dessa realidade só será possível se, de fato, uma nova forma de organizar os sistemas produtivos orientar a ação.

Considerando que a Economia Solidária (EcoSol) é uma organização da produção baseada na democracia e na cooperação, cabe aqui mostrar seu potencial e aderência a um projeto democrático de desenvolvimento econômico tal como proposto na Economia de Francisco e

Clara, visto que ambos objetivam melhorar a qualidade de vida e de trabalho, sem concentrar renda e sem discriminar as pessoas pelo seu sexo, orientação sexual, cor, raça, idade, religião, deficiência física etc.

Com o intuito de discutir os pontos de contato entre as duas propostas, este texto se concentrará em apresentar o balizamento conceitual da EcoSol e apontar seu alinhamento com o projeto de construção de uma sociedade mais fraterna e inclusiva. Seguem-se os principais conceitos que compõem o corpo teórico.

Começando com o próprio conceito de Economia Solidária, que deve ser apreendido como o conjunto de atividades econômicas – produção de bens e serviços, distribuição, consumo e finanças – organizados e realizados solidariamente por trabalhadores e trabalhadoras na forma coletiva e autogestionária. Nestas atividades, os aspectos da cooperação e da autogestão caminham juntos. Ou seja, a existência de interesses e objetivos comuns, a união de esforços e capacidades, a propriedade coletiva de meios de produção e a partilha dos resultados pressupõem que os participantes das organizações exercitem práticas participativas nos processos de trabalho, nas definições estratégicas e cotidianas dos empreendimentos, na direção e coordenação das ações nos seus diversos graus e interesses. Acrescenta-se a isto o aspecto da Solidariedade expresso desde a justa distribuição dos resultados alcançados e a melhoria das condições de vida dos participantes até o compromisso com um meio ambiente saudável, com o desenvolvimento sustentável dos biomas.

Já os Empreendimentos Econômicos Solidários (EES) são as organizações coletivas em si. São organizações suprafamiliares, cujos participantes ou sócios(as) são trabalhadores(as) dos meios urbano e rural, que exercem coletivamente a gestão das atividades, assim como a distribuição dos resultados. E destes empreendimentos solidários emergem os chamados arranjos econômicos territoriais, que indicam identidade e coesão social, cultural e territorial, capazes de abrigar as redes de cooperação solidária. Tais redes são as articulações, formais ou não, entre EES que visam, de forma conjunta, promover atividades para fortalecer o desenvolvimento de suas atividades econômicas e/ou para promover a comercialização solidária dos seus produtos e serviços. Quando esta articulação de empreendimentos abrange diferentes elos de uma mesma cadeia produtiva, trata-se de uma cadeia produtiva solidária. Desse modo, a produção e a comercialização de produtos são realizadas entre empreendimentos econômicos solidários, mantendo-se assim, os princípios de cooperação e solidariedade nas relações comerciais, desde a produção de matérias primas até a venda do produto final.

Por fim, cabe destacar que parte integrante dessa rede são as bases de Serviços, que são o conjunto de institucionalidades que prestam um ou mais tipos de serviços de apoio e assessoramento técnico e/ou financeiro aos EES. Estas institucionalidades podem apresentar natureza jurídica diversa, desde organizações da sociedade civil até organismos ligados à universidade.

Essa concepção teórica resgata os pressupostos que possibilitam que o tema do desenvolvimento territorial seja abordado a partir da noção de Empreendimento Econômico Solidário (EES), organização típica da Economia Solidária. Com ênfase na organização em rede e de forma alinhada com os princípios da Economia de Francisco e Clara, pois em ambas há destaque para as seguintes dimensões: (i) socioeconômica: relacionada com a criação e distribuição da riqueza; (ii) social e cultural: implica qualidade de vida, equidade e integração social; (iii) ambiental: se refere aos recursos naturais e a sustentabilidade dos modelos de médio e longo prazo; e (iv) política: trata-se de aspectos relacionados à governança territorial, bem como ao projeto coletivo independente e sustentável.

Ademais, a ideia do desenvolvimento endógeno se fundamenta na percepção de que os sistemas produtivos consistem em um elo de fatores materiais e imateriais que permitem que as economias locais e regionais adotem caminhos para o crescimento econômico e o desenvolvimento social. Nesta perspectiva, a explicação fundamental para o desenvolvimento endógeno, de acordo com alguns especialistas no tema, está no elevado grau de capital social encontrado nas comunidades em que ações são praticadas. Por "*capital social*" entende-se como o "*capital*" que diz respeito a características de organização social, como a confiança, as normas e os sistemas que contribuem para o aumento das ações coordenadas e articuladas. Tais elementos destacam a importância da construção de uma organização social-local-territorial, com uma forte capacidade de cooperação em torno do projeto coletivo.

Cabe aqui sublinhar a importância do fortalecimento das redes de Economia Solidária, visto que este intensificará o requerido "*pacto territorial*", que será mediado e impulsionado pela articulação de atores-chave no espaço territorial. Nesta linha, França Filho (2006), ao propor o desenvolvimento territorial, a partir da Economia Solidária, afirma que se trata de uma concepção que incide sobre a construção de estratégias territoriais de desenvolvimento em torno do fomento de outra dinâmica econômica, baseada na construção e no fortalecimento de "*circuitos socioprodutivos locais*" integrados ao tecido das relações sociais, políticas e culturais de um lugar. Segundo o autor:

> Mais do que simplesmente uma política de geração de trabalho e renda para parcelas marginalizadas da sociedade, trata-se, portanto, de uma concepção de política estratégica, na medida em que pensa o desenvolvimento centrado em contextos territoriais específicos. Além disso, tal desenvolvimento não é considerado apenas como simplesmente um fortalecimento de empreendimentos econômicos locais. Trata-se de pensar a construção de iniciativas econômicas articuladas em circuitos socioprodutivos locais e ainda integradas a outras formas de iniciativas locais, visando ao fortalecimento (além do econômico) das dimensões social,

> política, cultural e ambiental num determinado contexto espacial. Trata-se, neste caso, de pretender inventar novas institucionalidades em certos territórios, a fim de fomentar o desenvolvimento de uma outra dinâmica econômica, baseada na combinação do potencial das formas não capitalistas de produção no bojo de iniciativas populares solidárias articulando-as a outras iniciativas no campo da sociedade civil (França Filho, 2006, p. 262).

Percebe-se, então, que o conceito estratégico advém da ideia de que o desenvolvimento territorial é fruto de ações conjuntas, colaborativas e participativas, de mobilização social e produtiva do território, com impactos socioeconômicos e políticos mais amplos que se articulam em um território específico. Eis a ideia de uma política de "organização *da sociedade*", uma vez que seus beneficiários diretos não são indivíduos isolados ou assistidos, mas sim coletivos inseridos no território.

Dessa forma entende-se que os EES têm por base a ação local enraizada na comunidade, compreendida como partilha de um mesmo território e pertencente a uma rede de relações comuns, o que favorece uma estratégia de desenvolvimento territorial a partir de seu fortalecimento. E é justamente esse enraizamento que eles apresentam com o espaço local no qual se inserem que vai permitir a estes empreendimentos possuírem uma relação direta com o desenvolvimento da localidade, potencializando as capacidades e os recursos humanos e materiais endógenos.

Diante do exposto, destaca-se, em primeiro lugar, o potencial da Economia Solidária como forma de articulação e mobilização das comunidades não apenas para a superação da vulnerabilidade, mas basicamente como forma de empoderamento desses grupos no território, visto que as relações de produção e de trocas de mercadorias passam a refletir o exercício político das comunidades. Além disso, a reivindicação, no campo dos direitos políticos, de políticas públicas, evidencia o potencial da Economia

Solidária de criar uma institucionalidade capaz de articular consensos e mobilizar o protagonismo político desses atores nos territórios.

O segundo elemento a ser destacado diz respeito à concepção de sustentabilidade. Mais uma vez, na Economia Solidária, a sustentabilidade não se reduz aos resultados econômicos e/ou financeiros. Falar em sustentabilidade significa garantir a continuidade da transmissão das trocas simbólicas, sejam elas culturais ou pauta política. Diante disso, ampliam-se os contornos da atividade de gestão para atender sua dimensão participativa, que agora demanda práticas e procedimentos de autogestão, cujo critério deve ser o papel ativo dessas comunidades no desenvolvimento local. Sendo, por isso, entendida como um projeto democrático de desenvolvimento econômico, pois objetiva melhorar a qualidade de vida e de trabalho, sem concentrar renda e sem discriminar as pessoas pelo seu sexo, orientação sexual, cor, raça, idade, religião, deficiência física etc.

O potencial da Economia Solidária ganha densidade quando caminha para embasar ações de inclusão produtiva e mobilização no território. Paul Singer (2006) mostra que para discutir economia solidária e experiências sociais é necessário perceber que "há um avanço qualitativo na construção do conceito de desenvolvimento... e que o combate à pobreza não pode ser individualizado... é preciso ter um enfoque comunitário em vez de dirigido a grupos isolados" (Singer, 2006, p. 19).

> De maneira clara seus vínculos comunitários e seu compromisso social em plano organizativo mais amplo... dão prioridade à viabilização de sua atividade econômica e sua estratégia de união de esforços... [que]... indicam motivações e tendências gerais de desenvolvimento (Singer, 2006, p. 93).

Em conclusão, observa-se que na Economia de Francisco e Clara colocar a economia solidária no centro do debate reafirma que pensar o coletivo é aceitar e pactuar que uma outra forma de gestão e distribuição dos valores adicionados (entendido como riqueza social) no sistema produtivo é possível, necessária e urgente.

Tanto na EcoSol, como na Economia de Francisco e Clara, é possível encontrar a noção de desenvolvimento territorial a partir da ideia do desenvolvimento "*endógeno*" de EES, com dinâmicas próprias, assentadas na cooperação, na aprendizagem, nos conhecimentos tácitos, nas culturas técnicas específicas e nas inter-relações sinérgicas.

No entanto, o êxito dessa arquitetura econômica, política e social, desenhada a partir do coletivo, está fortemente condicionada pela capacidade da sociedade abandonar, ou se distanciar, dos valores individualistas de competir, de acumular e de consumismo. Observa-se, então, que a construção do sujeito coletivo depende da desconstrução do indivíduo autocentrado, sendo importante perceber a importância de não confundir a riqueza da nação com riqueza dos indivíduos da nação.

O caminho para a desconstrução desses valores está fortemente atrelado à percepção de que é possível organizar o sistema de produção de bens e serviços orientada para as necessidades coletivas. Mais especificamente, compreender que cada indivíduo faz parte de um todo e que suas ações impactam na vida dos demais significa abandonar a crença de que os mercados sozinhos conseguirão chegar à prosperidade partilhada e sustentáveis.

## Referências

BRASILEIRO, E. (org.). *Realmar a economia:* a economia de Francisco e Clara. São Paulo: Paulus, 2023.

FRANÇA FILHO, G. Economia popular e solidária no Brasil. *In*: FRANÇA FILHO, G.; LAVILLE, J. L.; MEDEIROS, A.; MAGNEN, J (Orgs). *Ação Pública e Economia Solidária*: uma perspectiva internacional. Porto Alegre: Editora UFRGS, 2006.

ROSANDISKI, E. N. (2015) Relatório de Balizamento conceitual e metodológico BS. Relatório Técnico. Projeto Fomento às Redes de Cooperação Solidárias, Empreendimentos Econômicos Solidários Organizados em Cadeias Produtivas e Arranjos Econômicos Territoriais e Setoriais de Produção, Comercialização e Consumo Sustentáveis e Solidários/ Projeto Básico: *REDES SOLIDÁRIAS: Passos para a Sustentabilidade (Modalidade B).* ADS/CUT/ SENAES/MTE. Janeiro, 2015.

SINGER, P. Cenários e Desafios. *In: Geração de trabalho e renda, economia solidária e desenvolvimento local:* a contribuição da Fundação Banco do Brasil / (Organizadores: Claiton Mello, Jorge Streit, Renato Rovai). São Paulo: Publisher Brasil, 2006.

# 3

# NARRATIVAS E VIVÊNCIAS DOS PROJETOS DE INCLUSÃO PRODUTIVA E GERAÇÃO DE RENDA DO CRCA

*Lucia Maria Vieira*
*Dimas Alcides Gonçalves*
*Juliano Vieira Gonçalves*

*"Muitas pessoas pequenas, em lugares pequenos, fazendo coisas pequenas, podem mudar o mundo" (Eduardo Galeano).*

Em seus 23 anos, o Centro de Referência em Cooperativismo e Associativismo (CRCA) vem atuando na região metropolitana de Campinas, prioritariamente em bairros periféricos da cidade. Seus objetivos são atuar na promoção de estratégias, formação, capacitação e assessoria técnica e incubação para grupos informais, associações e cooperativas populares, tendo como público prioritário jovens, mulheres, adultos e pessoas em situação de vulnerabilidades e riscos sociais. O CRCA surge por uma demanda da Cáritas Arquidiocesana no apoio a grupos associativos das pastorais da Igreja católica e em consonância com a Campanha da Fraternidade de 1999 – "Sem trabalho... Por quê?" – Fraternidade e desempregados.

Nos últimos 15 (quinze) anos, o CRCA atuou fortemente na incubação de 8 cooperativas populares, na área de coleta e seleção de materiais recicláveis de Campinas, beneficiando 400 pessoas (principalmente, ex-catadores e catadoras de rua); contou com apoio financeiro do Programa Petrobras Sustentabilidade. Bem como, obteve parcerias com a Fundação Banco do Brasil, Secretaria Nacional de Economia Solidária e programa de extensão da Pontifícia Universidade Católica de Campinas.

O CRCA atuou na estruturação de uma cooperativa de segundo grau, denominada RECICLAMP, para melhoria da gestão, central de serviços compartilhados e comercialização dos materiais recicláveis de forma sustentável, triplicando os ganhos econômicos de seus cooperados. A RECICLAMP atua como uma central de serviços contábeis, financeiros e jurídicos, além de desempenhar a comercialização conjunta das produções de 4 cooperativas em Campinas, possibilitando a ampliação dos valores comercializados pela qualidade dos materiais, volume e logística. Como também da gestão dos contratos com a Prefeitura Municipal de Campinas e grandes geradores. Atualmente, conta com 146 cooperados.

Em 2019, o CRCA aderiu ao movimento de Articulação Brasileira pela Economia de Francisco e Clara que, desde então, tem participação ativa na estruturação do núcleo Campinas. Destacando a participação de Marcia Molina, Dimas A. Gonçalves e Eliane Rosandiski como articuladores e palestristas nos encontros mensais. Além dos esforços para apoio à Cozinha Solidária São Marcos (Bairro Amarais em Campinas) e às hortas comunitárias. Como também o apoio ao assentamento dos Sem Terra em Valinhos SP - “Marielle Vive”.

Nos últimos 3 anos estabeleceu parceria com a Fundação FEAC, e vem desenvolvendo projetos de inclusão socioprodutiva, especialmente para jovens e mulheres da periferia de Campinas, via ações de empregabilidade e de empreendedorismo individual e coletivo, a saber: Projeto Repara na Máquina e Projeto Empreende Campinas (ver detalhes no site: www.crca.org.br).

Desde 2022, a equipe do CRCA vem realizando assessoria técnica junto à Secretaria de Ação Social, Trabalho e Renda da Prefeitura Municipal de Itatiba - SP, visando à estruturação e consolidação do Programa de Inclusão Produtiva (PIP) e implementação do Centro de Referência de Inclusão Produtiva (CRIP); com apoio dos CRAS e PAT local, foram realizados mais de 2.000 atendimentos ao público-alvo, no município de Itatiba. O citado Programa vem fortalecendo e ampliando ações integradas de acesso ao mundo do trabalho junto às pessoas em situação de vulnerabilidade social, que se encontram, ou não, em situação de fragilidade pessoal e social, em decorrência da impossibilidade de geração de renda e ou por mudanças de vida social, garantindo direitos, autonomia e emancipação econômica.

**Quem é o público do CRCA?** Achamos válido aqui destacar um diagnóstico, uma amostragem realizada em maio de 2024, em conjunto com os técnicos dos CRAS I, II, III e IV, de Itatiba, com 50 participantes, visando ampliar conhecimentos do perfil do público-alvo a ser contemplado no Programa de Inclusão Produtiva (todos foram referenciados nos 4 CRAS de Itatiba: San Francisco, Nações, Porto Seguro e Harmonia).

- **90% dos participantes são mulheres**, donas de casa, e eventualmente realizam "bicos" nas áreas de limpeza, cuidadoras de crianças e idosos e de serviços gerais;
- **40% dos participantes estão na faixa etária entre 36 e 55 anos**; 57% declararam serem pardas, sendo que 38% estão com ensino fundamental incompleto. 22% disseram "que mal sabem ler e escrever", mas, utilizam aparelhos celulares smartphones na função áudio, com ajuda de filhos, netos e sobrinhos.
- Com relação à renda (base de remuneração. Salário-mínimo [S.m] em 2024: R$ 1.412,00), a citada amostragem entre os CRAS constatou que, todas as famílias referenciadas estão cadastradas no Cadastro Único – CADÚNICO do Governo Federal. Registramos que

47% destas famílias possuem renda per capta mensal de até meio salário-mínimo e estão em condições de pobreza. Na extrema pobreza, houve redução dos percentuais, se comparados aos dois últimos anos, na qual a renda per capita (¼ do salário-mínimo) foi de 21%. Na baixa renda registramos 32 % das famílias com renda per capta acima de ½ S.m até 1 S. m.

Vale destacar que as análises das vulnerabilidades sociais não seguem apenas o requisito renda. Embora importante, há um conjunto de outros dados referentes ao desemprego, gênero, etnia, raça, idade, moradia precária e territórios/bairros, com pouca infraestrutura de serviços básicos, que agravam as vulnerabilidades e riscos sociais, tais como o tráfico de drogas e as diversas violências notificadas. Nestes estudos, constatamos que as situações de maiores vulnerabilidades sociais estão nos territórios do CRAS I – San Francisco, região periférica de Itatiba, com 70% da amostra pesquisada.

Quando observamos os dados de trabalho e renda dessa população, demonstrados na citada amostragem, identificamos que 45% desses trabalhadores(as) estavam desempregados(as). Ou seja, sem nenhum tipo de serviço ou renda formal. Muitos estão recebendo benefícios sociais, principalmente o Bolsa Família, BPC- Benefício de Prestação Continuada (federal) ou Vale Social (Municipal). A grande maioria está localizada nos CRAS I – San Francisco e, CRAS II – Jd. Nações. E 55% dos analisados nessa amostra trabalham por conta própria, ou têm renda informal, estão localizados na região do CRAS III – Porto Seguro e CRAS IV- Harmonia.

### O Cotidiano e as Vivências dos Grupos Associativos e/ou Cooperados

Nosso maior público é composto de mulheres pardas, pretas, mães trabalhadoras com jornadas extenuantes de trabalho invisíveis dentro e fora de casa, com baixa escolaridade. Mesmo com muitas dificuldades e desafios, elas se unem no combate às desigualdades e vêm se desenvolvendo através da economia popular e solidária em suas comunidades, nas periferias, compartilhando saberes e fazeres, lutando por mais espaços de comercialização, insumos e assistência técnica.

Seguem firmes nas lideranças de diferentes formas de trabalho cooperativo, separando os recicláveis; nos grupos informais e associações, tecendo artes em bordados, tricôs, crochês, preparando e vendendo pães e doces, salgados, pastéis etc. Elas fazem as feiras, animam os pontos fixos de comercialização, as lojas solidárias. As mulheres da Economia Popular Solidária fazem mais do que produzir, distribuir e vender. Elas fazem histórias, vendem memórias e saberes ancestrais. Elas investem uma porção de si em cada item, e assim compartilham suas energias em cada produto, que é colocado à venda.

Certa vez, uma educadora social da Cáritas Brasileira, disse-nos poeticamente "As mulheres da economia solidária são a beleza do esperançar a cada desafio" e, dizemos mais, querem ser reconhecidas e valorizadas pelo trabalho que realizam, querem romper com a invisibilidade que o sistema às impõe. Elas querem ser mais que números no contexto do trabalho informal. Elas querem seu espaço na política e no orçamento público, apoiadas recentemente por uma lei nacional – a Lei 15.068/2024, chamada: "Lei Paul Singer". Hoje, elas estão nas rodas de conversas, fazendo acontecer a Economia Solidária, refletindo ações e avanços, em novas perspectivas para a garantia de novos direitos sociais.

## Testemunhos de nosso trabalho

Aqui, apresentamos algumas falas de mulheres e homens que já passaram pelos Projetos Socioprodutivos do CRCA e pelas várias oficinas de capacitação profissional, em busca de melhores oportunidades de trabalho e renda digna, seja na forma individual ou coletiva, nos empreendimentos de economia solidária.

**Elisangela** – Bairro San Francisco – Itatiba – "Nesses últimos meses, aprendi muitas coisas boas com as oficinas de costura do CRIP e CRCA. Descobri que tenho talentos, mal sabia mexer na máquina reta e no 'overloque'. Agora (dezembro/2024) – já tenho minha máquina de costura e aproveitei saldos de retalhos doados e fiz várias peças para presentes (shorts e regatas infantis, blusinhas, saias e vestidos)". "Espero em breve que a equipe do CRCA retorne ao grupo de costura pra nos ajudar na criação da Associação das costureiras."

**Acsa S. Moreira** – Presidente da Associação dos Artesãos Princesa da Colina – Itatiba/SP: "Hoje (21-11-2024), com a criação da nossa associação, demos um passo muito importante para organização das nossas feiras e com muitos esforços vamos melhorar a vida de muita gente aqui do bairro. Unidas seremos fortes para vencer!"

**Leonardo** – produtor de horta urbana – legumes – após participação da jornada empreendedora CRCA – Porto Seguro – Itatiba. Com obtenção de seu CNPJ – tornou-se MEI – "Agora sim vou trabalhar direitinho e posso até participar de editais da Prefeitura".

**Clarice E. Oliveira** – Associação Comunitária de Empreendimentos Solidários de Viracopos – Campinas – "É com grande alegria que venho aqui hoje falar de todo esse processo que a gente está vivendo, a nossa Associação e as feiras acontecendo aqui no nosso bairro. Desde o início, é bom lembrar que sim, tivemos altos e baixos. Bastante gente em nosso bairro necessita de renda extra para sobreviver". Fiz o curso de empreendedorismo com o CRCA, que me ajudou muito na renda. Em saber como administrar os meus ganhos, as minhas vendas, em como levantar a feira. Já participamos de várias feiras. Mas, agora, queremos crescer como associação".

**Franciele** – Empreendedora Madame Glacê – Região do Ouro Verde- Campinas – "Meu negócio surgiu de uma receita de bolo de pote com leite ninho que, na época, era vendido somente entre os amigos da família. Empolgada, fiz um curso de confeitaria no SENAI, e não parei mais. Com o apoio do marido, começamos a vender os bolos também em festas e por outras diversas formas de encomendas. Não tínhamos um ponto físico. Mas, depois do curso, tivemos importante apoio da equipe do Empreende Campinas ligado ao CRCA e FEAC, quando a gente foi contemplado com o capital semente e, com muitos esforços temos um ponto fixo. Tivemos também a mentoria com o pessoal da PUC, ah! Isso ajudou bastante a gente".

**Roberta Soares** – Empreendedora LEOAS – Região dos DIC's – Campinas – Possui uma loja de revendas de roupas femininas. Com apoio do CRCA no Projeto Empreende Campinas: "O mais importante é estar sentindo bem! Estou feliz com meu negócio. Com meu computadorzinho, crio os conteúdos nas redes sociais da loja. As novidades acabam rolando mais online! Tenho roupas para festas que precisam de um cuidado maior da loja. As clientes querem o conforto de provar na sua casa. Não tem problema. Mando através de moto Uber para elas provarem em suas casas. Se não der certo, elas me devolvem as peças. Isso mostra a relação de fidelidade por proximidade, que aprendi com a equipe do CRCA".

# PARTE IV

# HORTAS AGROECOLÓGICAS COMUNITÁRIAS

# 1

# AGRICULTURA URBANA E PERIURBANA

*Juarez Bispo Mateus*
*Sergio Tôsto*

As aglomerações urbanas estão se tornando uma característica dominante em todo o mundo. Dessa crescente urbanização, resultam dois problemas principais: o fornecimento de alimentos e a preservação ambiental. Diante desta questão, surge a necessidade da organização das cidades dentro de um sistema de sustentabilidade, que englobe os aspectos sociais, econômicos, ambientais, culturais, espaciais e institucionais.

As relações entre o rural e o urbano estão cada vez mais intensificadas, sendo estas denominadas de ruralidades, que são importantes fatores de desenvolvimento econômico territorial. Cerca de 800 milhões de pessoas ao redor do mundo praticam este tipo de agricultura, segundo o Programa das Nações Unidas para o Desenvolvimento – PNUD.

A agricultura urbana e periurbana (AUP) tem sido promovida como uma solução para um conjunto de problemas sociais, ambientais e econômicos enfrentados na cidade pelos diversos órgãos internacionais, governos nacionais, locais e diversas organizações da sociedade civil. A AUP tem sido defendida como solução de múltiplos problemas, pois, além de ser uma atividade de geração de renda, que pode promover a autonomia financeira e a qualidade de vida para pessoas de baixa renda, pode ser uma atividade que promove economia nas compras alimentícias, saúde psicológica, promoção do convívio comunitário, bem como a saúde alimentar, ao aproximar as pessoas do consumo de produtos orgânicos e naturais.

A produção e consumo de alimentos saudáveis, o contato com a terra, bem como a recuperação de áreas ambientalmente degradadas são benefícios que consubstanciam a importância da agricultura para a sustentabilidade urbana e periurbana, pois parte da produção possui base ecológica, contribuindo para a segurança alimentar e nutricional, promovendo também trabalho e renda nas cidades.

Em termos Federais, a Lei 14.935/24 institui a Política Nacional de Agricultura Urbana e Periurbana. Segundo a lei, são objetivos da nova política:

- ampliar a segurança alimentar das populações urbanas vulneráveis;
- propiciar a ocupação de espaços urbanos e periurbanos livres e subutilizados;
- gerar alternativa de renda à população urbana e periurbana;
- articular a produção de alimentos nas cidades com os programas de compras públicas para alimentação em escolas, creches, hospitais, asilos, presídios e outros;
- estimular o trabalho familiar, de cooperativas e organizações da economia popular e solidária voltadas para a agricultura urbana e periurbana;
- promover a educação ambiental e a produção agroecológica e orgânica de alimentos nas cidades;
- difundir a reciclagem e o uso de resíduos orgânicos, de águas residuais e de águas pluviais na agricultura urbana e periurbana.

A nova política deverá ser planejada e executada de forma descentralizada, com a cooperação entre União, estados, municípios, entidades da sociedade civil e instituições de ensino, pesquisa e extensão. Além disso, deverá estimular e apoiar feiras livres e outras formas de comercialização direta entre agricultores e consumidores.

Em São Paulo, o Programa de Agricultura Urbana e Periurbana (PROAURP) é de âmbito municipal, criado pela Lei 13.727/04 e regulamentado através do Decreto 51.801/10, que tem por objetivo incentivar e apoiar a produção agroecológica e a comercialização na cidade de São Paulo. Intenta apoiar e incentivar a produção local, auxiliando na implantação de projetos de hortas comunitárias, educativas, medicinais, de autoconsumo e com geração de renda.

Em Campinas/SP, a lei 15.912, de 18 de junho de 2020, estabelece a política municipal de segurança alimentar e nutricional, a garantia do direito humano à alimentação adequada e da segurança alimentar através de uma interação democrática entre estado e sociedade civil. No ano de 2021, com a promulgação da lei 16.183, foi criado o programa Campinas Solidária e Sustentável, tendo por objetivo: garantir a segurança alimentar e nutricional e soberania alimentar; difundir o cultivo agroecológico de hortaliças; promover a segurança alimentar e nutricional, por meio de consumos de hortas produzidas sem o uso de agrotóxicos, agroquímico, utilizando fertilizantes orgânicos; produzir composto orgânico, a partir dos resíduos provenientes da cozinha ou da própria horta; proporcionar uma alimentação de sustentabilidade econômica e social, para gerar ocupação e renda às famílias beneficiadas pelo projeto; trabalhar as relações interpessoais com vistas ao desempenho de um bom convívio entre os agricultores, através das ações coletivas.

No ano de 2024, por autoria dos Vereadores do município de Campinas, Cecílio Santo e Paola Miguel, através de verbas de emendas parlamentares, foram adquiridos kits básicos para implantação de hortas comunitárias em espaços urbanos, sendo beneficiadas as seguintes instituições: Cozinha Solidária São Marcos (Campinas); Cozinha Prodica (no Jardim Cidade Singer, em Campinas).

Foram ainda constituídas hortas nos seguintes espaços: Programa de Desenvolvimento Integrativo da Criança e Adulto; Presídio feminino; Casa do menor infrator; Tear das artes; Espaço cultural Jacaré; E.E. Prof. Maria Helena Antônio Cardoso; Vida Nova - Horta e Poesia Do pé Anchieta.

Dessa forma, seguimos trabalhando pela segurança alimentar da população de Campinas, em uma perspectiva solidária e mutualista.

*"Sou a planta humilde dos frutais pequenos e das lavouras pobres. Meu grão perdido por acaso nasce e cresce na terra fecunda."* (Cora Coralina)

*"O importante e bonito do mundo é isso: que as pessoas não estão sempre iguais, ainda não foram terminadas, mas que elas vão sempre mudando."* (Guimarães Rosa)

# 2

# NOSSA INSEGURANÇA ALIMENTAR: DA SEGURANÇA ALIMENTAR NO PAÍS ÀS HORTAS URBANAS, EM CAMPINAS-SP

*Roberto Batista da Silva*

## Introdução

Nosso país é um dos maiores produtores mundiais de alimento. Apesar disso, volta e meia encontramos o Brasil com status de "em observação", no Mapa da Fome. Tomei contato com o universo das políticas públicas para a segurança alimentar, ao me tornar Conselheiro representante da sociedade civil, no Conselho de Segurança Alimentar e Nutricional (COMSEA) de Campinas. Minha motivação foi aprender mais sobre o tema, pois a Organização da Sociedade Civil, em que sou voluntário, buscava organizar uma horta comunitária.

As hortas urbanas têm potencial para amenizar as mazelas da falta de nutrientes causadas pela desinformação e pela vulnerabilização, principalmente das populações periféricas. Espero aqui encurtar os caminhos para quem deseja entender um pouco mais sobre o tema.

## Segurança Alimentar

A Segurança Alimentar, que abrange comida e bebida, refere-se a uma condição em que há disponibilidade de alimentos produzidos, além de acesso físico e econômico a esses alimentos, ao longo do tempo e na quantidade necessária. Também se refere à adequada qualidade nutricional ao ser humano e à sua chegada às pessoas de forma digna, ou seja, de um modo que não envolva a subtração de outros direitos fundamentais como moradia, trabalho, saúde e educação. Essa definição está em consonância com a Organização das Nações Unidas para a Alimentação e a Agricultura (FAO) e com a Lei Orgânica de Segurança Alimentar e Nutricional (LOSAN) – Brasil (Lei n. 11.346/2006). Cada aspecto da definição poderia ser expandido e discutido por seus próprios méritos:

- disponibilidade (produção);[1]
- acesso físico e econômico;[2]
- qualidade nutricional dos alimentos ofertados;[3]
- o alimento como direito fundamental e a dignidade social. [4]

---

[1] Food Security: The Challenge of Feeding 9 Billion People. (Godfray, H. C. J., et al. (2010). – Science, 2010); Segurança Alimentar e Sistemas Agroalimentares (José Graziano da Silva e outros, 2001); O Estado da Insegurança Alimentar no Mundo (SOFI, publicado anualmente desde 1999).

[2] Desigualdades no Brasil: Alimentação e Nutrição em Contexto de Pobreza (CONSEA, 2017).

[3] Guia Alimentar para a População Brasileira (Ministério da Saúde, 2014); *The Role of Nutrition in Food Security* (FAO e WHO, 2013).

[4] Direito Humano à Alimentação Adequada: Fundamentos e Contexto para a Segurança Alimentar e Nutricional (Flávia Piovesan e Valéria Burity, 2010); Direitos Humanos e Políticas Públicas de Combate à Fome (Janaína Penalva, 2012); *The Right to Food: A Window on the World* (UN Special Rapporteur on the Right to Food, 2003); Economia Solidária e Segurança Alimentar (Paul Singer e outros, 2002).

## Insegurança alimentar no Brasil

Há duas escalas de mensuração da Insegurança alimentar em uso no Brasil: a EBIA e a SOFI/FIES. A EBIA (Escala Brasileira de Insegurança Alimentar)[5] é utilizada pelo IBGE e pela Rede PENSSAN[6]. Já a SOFI (*State of Food Insecurity*)[7] é utilizada pela FAO e baseada na metodologia FIES[8] .

Ambas as escalas classificam a insegurança alimentar em três níveis, o primeiro sendo "Insegurança Alimentar Leve", o intermediário "Insegurança Alimentar Moderada" e somente o último tem nomes distintos. Para a EBIA a pior situação é a insegurança alimentar "Grave", enquanto para a SOFI é a insegurança alimentar "Severa". Mas as definições são largamente intercambiáveis.

- **Insegurança Alimentar Leve**: preocupação ou incerteza quanto ao acesso aos alimentos no futuro, mas sem comprometimento significativo da qualidade ou quantidade;
- **Insegurança Alimentar Moderada**: redução na qualidade e/ou quantidade/variedade dos alimentos consumidos. No caso da EBIA, afetando a

---

[5] A EBIA baseia-se em questionários aplicados com foco em identificar a situação de famílias brasileiras em diferentes níveis de insegurança alimentar, observando os últimos três meses.

[6] Rede PENSSAN – Rede Brasileira de Pesquisa em Soberania e Segurança Alimentar e Nutricional, um conjunto de pesquisadores de organizações sociais e governamentais.

[7] A SOFI/FIES foca em indivíduos e na situação dos últimos doze meses, além de combinar dados estatísticos (produção, preços, distribuição, nutrição etc.), com os dados amostrais da pesquisa, oferecendo comparativos entre países e regiões.

[8] FIES – *Food Insecurity Experience Scale – é uma escala global desenvolvida pela FAO para medir a insegurança alimentar em nível individual ou domiciliar. Ela consiste em oito perguntas padronizadas, aplicadas por meio de entrevistas, que avaliam as experiências pessoais de acesso limitado a alimentos nos últimos 12 meses.*

alimentação dos adultos, mas geralmente ainda protegendo as crianças e

- **Insegurança Alimentar Grave (EBIA) ou Severa (SOFI)**: quando há ruptura no padrão alimentar e restrição severa no consumo de alimentos, podendo levar à fome. No caso da SOFI, efetivamente, ficando sem comer por períodos de tempo.

A EBIA é mais generalizante, assumindo que a experiência alimentar é compartilhada igualmente por todos os membros do domicílio. Já a SOFI/FIES considera que diferentes indivíduos podem ter diferentes experiências de insegurança alimentar, mesmo dentro do mesmo lar. A EBIA reflete variações mais recentes na insegurança alimentar, enquanto a FIES, com seu recorte anual, capta tendências de longo prazo. Por conta desses fatores, a EBIA tende a reportar índices mais elevados do que a SOFI/FIES. Não se pode dizer que há um índice melhor do que o outro. Apenas que são metodologicamente diferentes.

As últimas mensurações baseadas na EBIA foram extraídas de dados que o IBGE coleta periodicamente da PNAD e da POF[9], e de inquéritos específicos realizados pela Rede PENSSAN, como por ocasião da pandemia de COVID 19. Seguem os dados dos últimos relatórios.

**Insegurança Alimentar no Brasil medida pelo EBIA (2009 a 2023)**

| | em milhões de pessoas e % da população brasileira (*) | | | |
|---|---|---|---|---|
| Referência (**) | Leve | Moderada | Grave | Fonte |
| 2023 (4º T.) | 43,6 | 11,9 | 8,7 (4,0%) | PNAD-C |

[9] PNAD – Pequisa Necional por Análise de Domicílios e POF – Pesquisa de Orçamento Familiar.

| | | | | |
|---|---|---|---|---|
| 2022 (2º T.) | 58,6 | 33,5 | 3 3 , 1 (16%) | II Inquérito[10] |
| 2020 (4º T.) | 74,1 | 23,7 | 19,1 (9%) | I Inquérito[11] |
| 2017 (3ºT.) a 2018 (2º T.) | 42,7 | 20,8 | 10,3 (5%) | POF 2017-18 |
| 2013 (4º T.) | 26,3 | 8,3 | 6,9 (3,5%) | PNAD 2013 |
| 2009 (4º T.) | 29,5 | 8,9 | 6,5 (3,4%) | PNAD 2009 |

**(*) Dados IBGE e Rede PENSSAN, elaboração própria**
**(**) A pesquisa EBIA foca em um trimestre**

Somando a insegurança alimentar leve, moderada e grave, em 2022, chegamos a 125,2 milhões de pessoas. Como o censo daquele ano (estimativa após revisão do IBGE) contabilizava 210,8 milhões de habitantes no Brasil, temos que quase 60% da população experimentou algum nível de insegurança alimentar naquele momento. E o dado que mais expressa a gravidade do impacto da pandemia de COVID-19 é este: chegamos a inacreditáveis 33,1 milhões de pessoas com falta de alimento, isto é, passando fome.

Na verdade, esta foi uma catástrofe anunciada. Pelo quadro, já se vê que no início da Pandemia, em fins de 2020, 19,1 milhões de pessoas passavam fome e 116,9 milhões apresentavam algum nível (leve, moderado ou grave) de insegurança alimentar.

De outro lado, a FAO/ONU divulga os dados de insegurança alimentar por triênios, e não anualmente, pois considera que isso melhora a robustez estatística. Independentemente disso, o governo brasileiro solicitou especificamente as informações anuais de 2022 e 2023, pois desejava estabelecer a variação entre os dois anos. Abaixo os dados disponíveis.

10 II Inquérito Nacional sobre Insegurança Alimentar no Contexto da Pandemia da COVID-19 (2022).

11 I Inquérito Nacional sobre Insegurança Alimentar (2020).

**Insegurança Alimentar no Brasil SOFI/FIES**
**(2020 a 2023)**

| | **em milhões de pessoas e % da população brasileira (*)** |
|---|---|
| Ano 2023 | 2,5 **(1,2%)** |
| Ano 2022 | 17,2 **(8,2%)** |
| Triênio (média) 2021-23 | 14,3 **(6,8%)** |
| Triênio (média) 2020-22 | 18,3 **(8,6%)** |

**(*) Dados do estudo "*The state of food security and nutrition in the world (2023)*", da FAO – e do Ministério do Desenvolvimento e Assistência Social, Família e Combate à Fome – Julho 2024**[12]**, elaboração própria.**

Com os dados da ONU, confirmamos que o ano de 2023 foi de grande redução da fome no Brasil, com um estudo independente e de metodologia distinta.

A FAO (Organização das Nações Unidas para a Alimentação e a Agricultura) é uma agência especializada da ONU que lidera esforços internacionais para erradicar a fome, melhorar a nutrição e promover a segurança alimentar em todo o mundo. Um país entra no Mapa da Fome da FAO quando a prevalência de Subalimentação – a fome endêmica – atinge mais de 5% da população.

Em 2014, o Brasil saiu do Mapa da Fome e retornou a ele no triênio 2020-2022. Este período foi marcado pela pandemia e por políticas de contenção de gastos sociais e ambientais. Com os dados da SOFI/FIES para 2023 indicando drástica queda da insegurança alimentar severa, estima-se que na mensuração do triênio de 2022-2024 já não figuremos mais no Mapa da Fome.

[12] Insegurança alimentar severa cai 85% no Brasil em 2023, conforme dados extraídos de Relatório da ONU sobre a Insegurança Alimentar Mundial (SOFI 2024) – Ministério do Desenvolvimento e Assistência Social, Família e Combate à Fome.

A redução da Insegurança Alimentar Grave (EBIA) – de 33,5 para 11,9 milhões de pessoas e da Insegurança Alimentar Severa (SOFI/FIES), de 17,2 para 2,5 milhões – reflete tanto a retomada econômica após a pandemia quanto ações voltadas ao enfrentamento da fome. A pandemia afetou duramente trabalhadores informais e precarizados, como ambulantes, empregadas domésticas e pequenos comerciantes, expondo grande contingente à falta de alimento. A superação da fase aguda trouxe alento a essas pessoas. Mas a efetiva redução da insegurança alimentar sugere também que políticas focadas são determinantes para mitigar o problema estrutural.

A evolução positiva da segurança alimentar coincide com a mudança de abordagem do governo a partir de 2023, com a reinstalação do Conselho Nacional de Segurança Alimentar e Nutricional (CONSEA) e a retomada de iniciativas como o Programa de Aquisição de Alimentos (PAA).

O controle social das políticas públicas de segurança alimentar é um instrumento essencial para assegurar a participação ativa da sociedade, promovendo transparência, equidade e efetividade no enfrentamento da fome. A criação de Conselhos de Segurança Alimentar e Nutricional (SAN) está prevista na Lei Orgânica de Segurança Alimentar e Nutricional (LOSAN – Lei n. 11.346/2006), que estabelece o Sistema Nacional de Segurança Alimentar e Nutricional (SISAN). Embora sua implementação não seja obrigatória, a existência desses conselhos em estados e municípios é fundamental para viabilizar o acesso a apoio técnico e financeiro do governo federal.

A cidade de Campinas é um recorte da realidade nacional. Conta com um IDH elevado, de 0,805, acima da média nacional, combinado com um alto índice de desigualdade – índice de Gini de 0,56, também acima da média nacional –, indicando extremos de concentração de renda de um lado, e muita pobreza de outro. Tanto o IDH quanto o índice de Gini são de 2010, último dado disponível.

Vivemos na cidade, como no país todo, a situação crítica trazida pela pandemia de Covid-19. A grande procura por cestas básicas durante a emergência da pandemia atesta a fragilidade da segurança alimentar em Campinas e a importância de mecanismos de controle social das políticas públicas que asseguram o direito constitucional ao alimento.

Não há estatísticas segregadas para Campinas sobre o número de pessoas em Insegurança Alimentar grave. Mas se projetarmos o percentual de 16% da população brasileira mostrado na EBIA, no segundo trimestre de 2022, seriam mais de 180 mil pessoas na cidade. Ainda que essa seja uma projeção aproximada, já indica um cenário alarmante.

## O Conselho Municipal de Segurança Alimentar e Nutricional (COMSEA)

Nessa realidade desafiadora, o Conselho Municipal de Segurança Alimentar e Nutricional (COMSEA) da cidade tem se destacado como um espaço essencial para articular soluções e monitorar políticas públicas.

O papel do COMSEA é consultivo e de assessoramento ao poder público municipal e faz o monitoramento das políticas de Segurança Alimentar e Nutricional (SAN). É composto por representantes dos órgãos governamentais, da academia e da sociedade civil.

Na pandemia, o COMSEA de Campinas foi ativo em indicar ações emergenciais ao poder público, demonstrando sua relevância na mitigação dos impactos da crise. Uma dessas ações foi a cobrança para que não deixasse de operar a logística de recepção e segregação de doações, além da distribuição de alimentos para equipamentos de SAN públicos e privados como o Banco de Alimentos, Programa Viva Leite, Nutrir Campinas e o Instituto de Solidariedade em Alimentação – ISA. O COMSAN também repudiou publicamente a suspensão do programa Merenda em Casa para os alunos que estavam com as aulas suspensas.

Outro exemplo de sua atuação foi a realização, em 2023, da III Conferência Municipal de SAN, com grande participação popular e sólidas recomendações em três eixos temáticos:

- Melhorar a Infraestrutura e o acesso aos equipamentos de SAN na cidade,
- Medidas para garantir alimentação especial em serviços de saúde e educação
- Propostas voltadas para incentivar os pequenos produtores e a agricultura sustentável rural e urbana

Esse conjunto, composto por 15 propostas concretas e fundamentadas, distribuídas nos três eixos, é contribuição importante para que as secretarias municipais, reunidas na CAISAN (Câmara Inter secretarial de Segurança Alimentar e Nutricional), definam o conteúdo do Plano Municipal de Segurança Alimentar e Nutricional (PLANSAN). A incorporação dessas propostas ao plano não é automática, pois depende de viabilidade legal, financeira e política. Cabe ao COMSEA dialogar com o Executivo municipal para garantir que as recomendações sejam seriamente consideradas para guiar políticas públicas eficazes para a segurança alimentar da população.

O COMSEA Campinas é incentivador das políticas públicas para a Segurança Alimentar e Nutricional que promovem as hortas urbanas agroecológicas. Como conselheiro, acompanhei o desenvolvimento mais recente do marco legal desta atividade.

## A legislação de hortas urbanas em Campinas

A primeira legislação das hortas urbanas em Campinas é de 1997 (Lei 9.549/97 – Programa Municipal de Hortas Comunitárias), de autoria do vereador Carlos Signorelli (PT). Em 2003, o Decreto 14.288 da prefeita Izalene Tiene (PT) regulamentou a iniciativa.

A legislação atual, Lei 16.183/2021, revogou a anterior e instituiu o Programa de Agricultura Urbana e Periurbana – Campinas Solidária e Sustentável. O Decreto 23.389/2024, assinado pelo prefeito Dario Saadi (PR), regulamentou o programa, que é desenvolvido de forma integrada entre Secretarias Municipais e entidades da Administração Pública indireta.

Entre suas principais diretrizes, destacam-se:

- Gestão administrativa: recebimento de solicitações (Secretaria de Desenvolvimento e Assistência Social), verificação de titularidade das áreas e autorização para uso em parques (Secretaria de Planejamento e Desenvolvimento Urbano e Secretaria do Clima, Meio Ambiente e Sustentabilidade).
- Incentivo a implementação de diferentes tipos de hortas sob responsabilidade das secretarias municipais: pedagógicas, terapêuticas, medicinais e pomares em espaços públicos e institucionais.
- Fomento à comercialização da produção de hortas autorizadas pelo programa: apoio na venda da produção, inserção na alimentação escolar, formação de cooperativas e participação em feiras municipais (SETEC).
- Educação e capacitação: ações de educação alimentar em escolas e equipamentos de saúde, capacitação técnica para cooperativas (Secretaria de Trabalho e Renda) e elaboração de projetos técnicos das hortas (CEASA).
- Fornecimento de insumos: ligação de água com tarifa social (SANASA), distribuição de mudas

(CEASA), fornecimento de maquinário e composto (Secretaria de Serviços Públicos).

O decreto também contém o formulário de solicitação e define critérios para cadastramento e solicitação de áreas, avaliação de restrições ambientais, permissão de uso e possibilidades de adoção e patrocínio por iniciativa privada.

Muitas das atividades previstas dependem de dotação orçamentária, o que pode limitar sua disponibilidade, caso haja grande demanda por parte da população. Em especial, o Departamento de Segurança Alimentar e Nutricional, da Secretaria de Desenvolvimento e Assistência Social, conta com um número reduzido de servidores e recursos para suas atribuições regulares, às quais se somam as responsabilidades de recepção e análise das propostas, além da articulação das ações do programa "Campinas Solidária e Sustentável", com as demais secretarias e autarquias/empresas municipais.

As limitações para a efetiva multiplicação das hortas urbanas em Campinas não retiram a importância da existência da legislação. Visitei algumas das hortas, incentivadas ou não pelo programa Campinas Solidária e Sustentável, além de buscar a viabilização de uma delas, no Jardim Santa Lúcia.

## Hortas urbanas em Campinas

É importante destacar que o requisito de atenção diária e a típica sazonalidade do cultivo de hortas adicionam complexidade a qualquer proposta de cultivo urbano. Portanto essas experiências exitosas são exemplos de resiliência das pessoas envolvidas.

## Horta do Parque Itajaí

A Horta do Parque Itajaí é um experimento social de longa duração. Desde 2004, está sob a liderança do Sr. João Novaes, que iniciou o projeto como uma terapia ocupacional para lidar com a depressão, como ele mesmo declarou em entrevista ao G1 em 2021[13]. Em 2010, a iniciativa cresceu com a criação de um assentamento pelo Incra, destinado a doze famílias.

O terreno, originalmente uma praça, foi cedido pela Prefeitura para uso na agricultura urbana. Seguindo um modelo de parcelamento voltado à geração de renda, cada participante cultiva 50 metros quadrados, embora alguns cuidem de duas parcelas. Os agricultores também compartilham bens comuns, como o abastecimento de água fornecido pela Sanasa com tarifa social, o cercamento do espaço e uma área coletiva para preparação dos produtos para venda.

Os participantes são associados à entidade Cio da Terra, que auxilia na distribuição da produção. Os alimentos agroecológicos são comercializados de diversas formas: venda direta na horta, sacolas com produtos a preço fixo, fornecimento para o Programa de Aquisição de Alimentos (PAA) da agricultura familiar e abastecimento do Armazém de Trocas Verdes, em Barão Geraldo. Além disso, a produção também é ofertada em feiras agroecológicas e outras oportunidades de comercialização.

Ao longo dos anos, a Horta do Parque Itajaí firmou diversas parcerias e convênios. Também recebeu prêmios pelo impacto social, garantindo renda para os agricultores e alimentos saudáveis para a população.

### Hortas do Córrego Bandeirantes

Próximo à Rodovia dos Bandeirantes, na altura do Parque Residencial Vila União, em Campinas, várias famílias de agricultores estabeleceram hortas de forma mais ou menos independente. Eles aproveitam a água de

---

[13] Disponível em: https://redeglobo.globo.com/sp/eptv/Mais-Caminhos/noticia/conheca-a-historia-de-superacao-que-originou-uma-horta-comunitaria.ghtml Acesso em: 10/04/2025.

ocorrência natural na área para o cultivo. Embora essas hortas existam há muitos anos, seu impacto ambiental ainda é avaliado pelas autoridades municipais.

Recentemente, o Departamento de Segurança Alimentar e Nutricional, em parceria com a Secretaria de Clima, Meio Ambiente e Sustentabilidade, iniciou um contato com os agricultores. O objetivo é cadastrá-los no Programa de Hortas Urbanas e Periurbanas, regulamentado em 2024, e regularizar o uso da água. O modelo adotado prevê a definição de um perímetro para cultivo e a venda direta no local.

Desde o princípio do cultivo, moradores da região se dirigem para a horta, a fim de adquirir verduras frescas, principalmente aos finais de semana. A atividade é desenvolvida principalmente por pessoas com tempo livre e que buscam uma renda alternativa, como aposentados.

### Horta Comunitária do Florence

O projeto da Horta do Jardim Florence promove a agricultura urbana com a participação ativa da comunidade local. A iniciativa contou com o apoio da Prefeitura e da Fundação FEAC e foi desenvolvida em uma praça, antes degradada, que foi recuperada pelo poder público. Por meio de oficinas, os participantes aprenderam técnicas de cultivo agroecológico e consumo saudável, e esse conhecimento gerou impactos positivos nas práticas do grupo. Em reportagem recente da rede RAC, os voluntários relataram os impactos positivos da atividade para o bairro e para suas vidas.[14]

Os maiores desafios do projeto são equilibrar a carga de trabalho e definir o destino da produção, em um ambiente baseado na participação e no voluntariado. Além do

[14] Disponível em: https://correio.rac.com.br/campinasermc/horta-comunitaria-alimenta-corpo-e-alma-no-jd-florence-1.1580149 Acesso em: 04/04/2025.

incentivo inicial, a continuidade dessa organização exige um grupo coeso. Para isso, é essencial ter regras claras e funcionais, garantindo que os objetivos sejam alcançados.

### Projeto Renda Verde Jardim Santa Lúcia

Essa iniciativa teve como objetivo gerar renda para famílias vulneráveis interessadas no cultivo de uma faixa de dutos da Transpetro que cruza o bairro. A empresa cedeu o espaço para a administração do Centro Comunitário do Jardim Santa Lúcia, uma OSC local.

O êxito inicial do projeto é atribuído à estruturação dos canteiros e do espaço, viabilizada por recursos municipais obtidos pela entidade. Além disso, os participantes receberam uma bolsa inicial, até que a produção gerasse alimentos comercializáveis.

O maior desafio foi encontrar e manter pessoas comprometidas com o trabalho na terra. Com a melhora no emprego formal, muitos optaram por deixar o projeto para se dedicar a outras atividades remuneradas.

Para iniciativas como essa, é essencial contar com financiadores na fase inicial e organizações que orientem as famílias. No longo prazo, a continuidade depende de regras justas e de uma liderança forte, entre os próprios trabalhadores.

### Hortas da Economia de Francisco e Clara

O Movimento da Economia de Francisco e Clara criou um Grupo de Trabalho de Hortas Comunitárias e Agroecológicas para fomentar iniciativas populares voltadas ao combate à fome e à transformação da lógica econômica baseada no lucro.

Como resultado desse esforço, diversas hortas foram implementadas ao longo dos anos em locais como o Seminário Diocesano São João Maria Vianney, as ocupações

Nelson Mandela e Marielle Vive, a Penitenciária Feminina e a Cozinha Solidária. A proposta de cultivar para alimentar a si e aos irmãos cativou até mesmo alguns membros do grupo, que buscaram em terrenos privados cedidos a oportunidade de colocar a teoria em prática, como o Gerardo Melo, em terreno de sua vizinhança. A produção é geralmente destinada ao consumo próprio ou à doação para pessoas em situação de vulnerabilidade, como ocorre na Cozinha Solidária São Marcos

Essas hortas fazem parte de um conjunto de atividades desenvolvidas nos locais onde estão inseridas. Sua continuidade depende da manutenção dessas outras iniciativas, mas, ainda assim, representam uma declaração de fé na capacidade humana de gerar sustento sem exploração.

## Reflexões sobre as Hortas Urbanas

Após conhecer alguns experimentos com hortas urbanas em Campinas, atrevo-me a tentar, sem pretensão de esgotar o tema ou de proferir verdades científicas, responder algumas questões, mais ou menos óbvias, sobre essa atividade.

**Q: O cultivo de hortas urbanas é parte da economia formal, empresarial?**

É impossível competir com empreendimentos agrícolas estabelecidos. A organização empresarial buscaria relações de emprego formal, cultivos mais amplos e ganhos de escala incompatíveis com as hortas urbanas e a agricultura familiar ou comunitária.

**Q: O cultivo de hortas urbanas é opção para inserção profissional de jovens?**

O trabalho braçal não é uma opção comumente contemplada pela juventude. É mais procurada por quem tem pouca escolaridade e como complementação de renda, por quem tem afinidade com o cultivo.

**Q: O cultivo de hortas urbanas é adequado para gerar renda?**

O cultivo urbano pode gerar complemento de renda para os envolvidos, mas em geral é insuficiente como única fonte de sustento.

**Q: O cultivo de hortas urbanas complementa as atividades de grupos engajados?**

É uma alternativa atrativa para sair do circuito comercial e excelente para quem deseja oferecer alimentação saudável e fresca.

**Q: O cultivo de hortas urbanas é possível de forma totalmente autônoma?**

Em geral, a dedicação à atividade requer supervisão de pessoas com conhecimento técnico e habilidades de agregação social. Mas há exemplos em que os agricultores se baseiam unicamente em sua própria experiência.

**Q: O cultivo de hortas urbanas é fonte de socialização e valorização pessoal?**

A socialização e valorização dos envolvidos em hortas urbanas é observada em todas as iniciativas duradouras. A construção de um ambiente colaborativo parece ser, na verdade, pré-condição para o sucesso de uma horta urbana, e não seu resultado.

## Conclusão

A segurança alimentar é um tema de grande relevância para o bem-estar da população e para a justiça social. Os dados demonstram que a insegurança alimentar, embora tenha diminuído recentemente, ainda representa um desafio significativo no Brasil. Os esforços do governo e da sociedade civil, aliados a políticas públicas eficazes, foram fundamentais para essa recuperação, mas é necessário manter ações contínuas para garantir que os avanços não sejam revertidos.

As hortas urbanas representam uma estratégia complementar e relevante nesse contexto, embora não sejam capazes de resolver a questão da fome de forma independente. Antes, contribuem para aumentar o acesso a alimentos frescos, fortalecer redes comunitárias e promover a educação alimentar. Sua sustentabilidade, no entanto, depende de apoio institucional, capacitação e participação ativa das comunidades.

Os exemplos de Campinas mostram que diferentes formatos de hortas urbanas podem atender a diversas necessidades, seja geração de renda, suplementação alimentar ou fortalecimento da comunidade. Mas também evidenciam os desafios, como a necessidade de engajamento contínuo, suporte técnico e estruturação de políticas que facilitem a manutenção dessas iniciativas, a longo prazo.

A insegurança alimentar é uma realidade no Brasil e exige um conjunto de estratégias coordenadas para seu enfrentamento. Isso inclui desde políticas públicas robustas até iniciativas comunitárias, como as hortas urbanas.

Embora esforços coletivos possam reduzir o problema, os dados mostram uma forte correlação entre índices de desenvolvimento humano e de desigualdade com a segurança alimentar. Isso indica que, para garantir o direito à alimentação para toda a população, é essencial ir além de soluções emergenciais e enfrentar as causas estruturais da fome. Dito de maneira simples, somente com a superação da pobreza e da desigualdade será possível eliminar de forma definitiva a insegurança alimentar em nosso país.

A estruturação de hortas urbanas, com apoio de políticas públicas e pessoas engajadas é uma forma de semear a esperança de que a abundância dos frutos da terra chegará um dia às pessoas mais fragilizadas de nosso país, começando pelo bairro, pela cidade onde moramos. Mãos à terra!

# 3

## O QUE DIZ QUEM PLANTA

*Gerardo Mendes de Melo*

A Ora pro nobis floriu! Essa revelação me vem ao levantar, antes mesmo de olhar o jardim. Vem pelo cheiro que as flores exalam e que é tão forte e agradável, que atrai abelhas de várias espécies para a polinização.

Plantar foi para mim voltar às origens. Sou filho de família agricultora, tendo como mãe dona Maria Mendes de Oliveira, que mal sabia ler e escrever, mas aprendeu tudo o que se precisa saber neste mundo. Ela dizia "Ainda mais eu que sei tudo no mundo..." e sabia mesmo... Mulher forte de oração, que sabia cultivar a terra em Tauá, sertão do Ceará, lugar que ficava por vezes oito anos sem chover. Minha mãe saia antes do sol nascer para subir a pé, sozinha, e plantar no alto da serra, onde pelo menos tinha a água do orvalho da noite para molhar a plantação. No caminho chegou a matar até onça, com seu machadinho, defendendo-se de ataque do felino, e quando perguntávamos a ela: Dona Maria, a senhora já matou onça? Ela respondia: "Eram uns gatinhos que passavam por lá..."

Minha mãe, quando perdeu seu pai, assassinado por emboscada, assumiu a coordenação da fazenda e da família, com apenas 17 anos de idade. Além de agricultora, era parteira, e ajudou inúmeras pessoas naquela região tão pobre do país. Todos conhecem por lá até hoje "Dona Nenê", referência de braço que acolhe. Enfrentava dificuldades sem titubear. Até o fim da vida, recebia em sua casa filhos e netos que lhe contavam as agruras do tempo presente. Ela pensava, orava, por vezes, até por uma semana inteira. Depois chamava quem lhe havia contado o problema e dizia: "O plano é o seguinte", e lá vinha a solução, que ela havia encontrado em seus pensamentos, orações e, sobretudo, na sempre forte vontade de ajudar.

Outra influência decisiva em minha vida foi a de Tereza Mendes de Oliveira, mãe de minha mãe. Mulher forte, socialista, que enfrentou o patriarcado, o racismo e o machismo, casando-se com o capataz da fazenda, mesmo sem o consentimento de seu pai. Tenho muitas recordações dela, já que cresci aos seus pés. Ela frequentemente fazia biscoitos e bolinhos e reunia na mesma mesa seus netos e os filhos e filhas dos colonos de sua fazenda para comermos juntos, sem nenhuma distinção ou privilégio. Quando sabia de algum evento de violência contra mulheres na sua fazenda, visitava de imediato a casa e avisava o colono que, se estivesse havendo violência ali, se retirasse da fazenda.

Tendo sangue assim correndo nas veias é que me fiz uma pessoa solidária, socialista, construtora de uma sociedade mais justa e fraterna. Desde muito cedo, 8 anos de idade, eu participava da comunidade local, que na época da ditadura apoiava quem precisava fugir das perseguições em curso. Saí do sertão do Ceará, com 17 anos, e vim para Campinas. Formei-me em matemática e trabalhei na indústria metalúrgica por 40 anos.

Conto esses relatos para dizer que plantar foi para mim um retorno às origens. Em 2014, sofri um acidente, que me levou a descobrir que estava com mieloma múltiplo e teria um enorme desafio pela frente, se quisesse continuar a viver. Entre quimioterapias e transplante autólogo, longo e dolorido processo, Dra. Gislaine Oliveira Duarte, excelente hematologista que conduziu o caso, sugeriu o contato com a terra, que foi, entre tantos, a melhor das terapias para minha recuperação.

Aproveitando um terreno vizinho, já plantava há anos mandioca e milho. Mas comecei roçando o mato, depois andando na terra, depois limpando e preparando os canteiros, até que iniciei outros cultivos. Tais como de verduras – alface, rúcula, chicória, almeirão; hortaliças como abóbora, beterraba, berinjela, chuchu, milho, batata doce; temperos como manjericão, alho poró, salsinha, cebolinha, coentro; frutas como maracujá, acerola, limão, pitaia; plantas medicinais como hortelã, erva cidreira, melissa e boldo.

Descrevendo aqui essa lista, surpreendo-me com a variedade do que plantamos e colhemos em um terreno baldio, que estava sem uso, de apenas 300 metros, sendo 10 m de frente e 30 m de fundo. À primeira vista, pode parecer que tenha sido fácil. Não foi. Inclusive houve plantios que inicialmente não deram certo, como, por exemplo, o plantio da berinjela, cuja colheita não conseguíamos viabilizar. Até que um dia, ao reclamar com o vendedor de mudas, uma senhora japonesa, que estava na fila atrás de mim, comentou: “É que o senhor tem que plantar as mudas onde haja sol metade do dia e sombra na outra metade”. Bingo! Aí estava meu erro: a escolha do lugar onde plantar as mudas não tinha sido adequada... Imediatamente, iniciei o plantio em canteiros escolhidos, segundo o critério proposto por ela, e as berinjelas vieram, lindas, abundantes, a partir das flores lilás, de encantar os olhos e o coração de quem via.

E cada flor que nascia me enchia de alegria o coração. E cada colheita feita era como uma vitória alcançada. E cada foto tirada da colheita realizada me dizia: você pode conseguir! A vida é mais forte do que qualquer uma das dificuldades que tenhamos que enfrentar!

Hoje, posso dizer que a experiência vivida na horta contribuiu significativamente para a recuperação de minha saúde. Passei muitos períodos inteiros ali, lidando com a terra, resolvendo qual seria o melhor processo de trabalho para conseguir resultados mais adequados, trocando informações, plantando, colhendo, doando o fruto do trabalho para que outras pessoas pudessem sentir a alegria da colheita feita.

Toda produção não consumida em casa é doada para Cozinha Solidária São Marcos e para parentes, amigos, vizinhos, que visitam a horta, e famílias vulneráveis da região. "Melhor que o pão, é a sua partilha, a sua divisão", diz-nos Dom Hélder. A "Horta Molina Melo", como a batizamos, é exercício de solidariedade e partilha. Porque foram imensas as graças recebidas com a minha cura. E esta horta foi como um instrumento usado por Deus para me lembrar da força invisível da vida, que transforma a semente em árvore e dá muitos frutos, fornecendo sombra, onde os pássaros vêm se alimentar e abrigar.

A horta atraiu inúmeros pássaros, que passaram a frequentá-la diariamente, para ali se alimentar, fazer seus ninhos, ensinar seus filhotes a voar e, sobretudo, cantar. Como cantam os pássaros! Verdadeiras sinfonias gratuitas, como se louvassem incessantemente ao criador, dizendo: "Obrigado, meu Deus! Eu também te amo!"

Revendo essa história, para escrevê-la aqui, penso que nada acontece por acaso nesta vida. Ter sofrido um acidente, enquanto passeava com meu cachorro, exigiu uma cirurgia no ombro que não deu certo. Ao romper o pino colocado, Dr. Kalil, experiente ortopedista, disse-me: "Tem algo errado! Eu faço essa cirurgia há 30 anos e o pino nunca soltou assim". A partir dali, começou a investigar, e através de uma série de exames, chegamos ao diagnóstico do mieloma, um ano antes de ele ser tratável. Não fosse o acidente, eu provavelmente não teria a chance de recuperação plena que tive.

Indo mais fundo, podemos pensar que não fosse o mieloma, eu provavelmente não teria feito a revisão de vida tão profunda como fiz. Não teria feito a horta. Não teria voltado às minhas raízes, que me lembraram quem sou:

um guerreiro, filho de dona Maria, neto de dona Tereza, que enfrentaram na vida dificuldades inimagináveis para nós agora, como a fome, a violência no campo, a dureza de viver no sertão do Ceará.

Hoje, valorizo o tempo que me resta como um bem precioso. Escolho com atenção o que quero e o que não quero fazer. Só me dedico àquilo que acho que vale a pena. Embora sejam inúmeras as demandas, que aparecem, nestes tempos tão difíceis em que vivemos, nem tento fazê-las todas. Seleciono, reservo tempo para a horta, amo prestar atenção nos passarinhos, ver como fazem seus ninhos, como protegem seus filhotes, como enfrentam os gaviões, que vêm do parque ecológico à caça de presas, que não conseguem se defender.

Dedico-me à família, fazendo tudo compartilhado, trabalho na Economia de Francisco e Clara, contribuo no movimento popular, sindical, social e partidário, mas tenho mais equilíbrio em minhas escolhas.

Somos natureza. Cuidar da natureza é cuidar de nós. Quem destrói a natureza destrói a si mesmo e a nós todos. Por isso eu digo: Cuidem da Natureza! Plantem hortas agroecológicas, como fazemos na Economia de Francisco e Clara. A intimidade com a terra desenvolve em nós a compaixão. Precisamos ouvir o grito da terra e o grito dos pobres e voltar a realmar a economia, como nos pede o Papa Francisco.

Fica aqui meu testemunho de que assim podemos salvar vidas, salvar a nossa própria vida e salvar o planeta!

# 4

# AGROECOLOGIA NA ECONOMIA DE FRANCISCO E CLARA

*José Maria Gusman Ferraz*

Este texto não é para definir cientificamente os conceitos de agroecologia, mas para evidenciar os aspectos que a conectam com o alerta do Papa Francisco sobre a crise planetária que atravessamos e indicar propostas de como minimizar esta travessia, com uma visão humanitária e corajosa.

A encíclica *Laudate Deum,* uma continuação da *Laudato Si*, escrita pelo Papa Francisco, aborda questões ambientais e sociais, enfatizando a interconexão entre o cuidado com a Terra e o bem-estar humano. Ao comentar sobre as mudanças climáticas e suas consequências nefastas sobre as populações e sobre o planeta Terra, o Papa Francisco ressalta que "a natureza não é um recurso a ser explorado sem medida, mas sim oportunidade de encontro com a obra de Deus e a reconciliação com o mundo em que vivemos. Isto coloca a *Laudato si* e a *Laudate Deum* como um grande marco para a humanidade e para a Igreja Católica, explicitando pela primeira vez, através delas, a preocupação com temas ambientais e sociais globais, de maneira lúcida, que revê a ideia de que a humanidade é o centro da importância da vida planetária e pode fazer da Terra o que desejar.

Dentro desse contexto, a agroecologia é priorizada como uma abordagem essencial para promover um desenvolvimento sustentável e equitativo e como alternativa para alimentação humana. Preconizando a necessidade da utilização dos recursos renováveis em harmonia com a natureza, buscando a verdadeira interação homem/ natureza, como enfatiza a fala do pontífice com o conceito da "nossa casa comum". Desta forma, é imprescindível a visão de uma ecologia integral, que reconheça as relações humanas, sociais, ambientais, políticas e econômicas, que esteja respaldada nos valores franciscanos e clarianos, que garanta a vida em sua dignidade, e que não seja excludente aos demais seres, e que parte do fundamento de que tudo aquilo que existe e vive deve ser respeitado.

A agroecologia tem várias definições. Muitas se complementam, mas seguramente ela sempre fez parte do modo de vida das comunidades quilombolas, povos tradicionais e de povos originários. Este conceito foi resgatado pela ciência e adotado hoje por setores da reforma agrária, notadamente pelos acampamentos e assentamentos, que buscam, por meio dela, opor-se ao modelo hegemônico do agronegócio. A agroecologia se opõe à concentração de riqueza e exclusão social, ao desmatamento sem limites, ao monocultivo, à perda da biodiversidade, à contaminação e redução da disponibilidade de água. Pratica o resgate de sementes crioulas e o conhecimento das PANCs (Plantas Alimentícias Não Convencionais), extremamente importantes para garantir a soberania alimentar. Ela se alinha com as propostas que retomam conceitos dos povos tradicionais e originários e se coadunam com as propostas defendidas pela Economia de Francisco e Clara.

Podemos elencar vários pontos em que a agroecologia e a proposta do Papa Francisco alinham-se:

a) Respeito para com a Natureza: a agroecologia trabalha com práticas que respeitam os ciclos naturais, eliminando o uso de insumos químicos sintéticos (adubos solúveis e agrotóxicos), utilizando adubação orgânica e incentivando práticas de conservação e regeneração dos solos. E deixa de colocar o homem como o centro do universo, mas o coloca como mais uma criatura dentro de Pacha Mama, como os povos originários consideram. Como se o planeta Terra fosse um ser vivo, acolhendo todas as criaturas, na "nossa casa comum".
b) Biodiversidade: a diversidade de espécies é fundamental na estabilidade de um ecossistema. A encíclica, mostrando o valor da biodiversidade, conduz-nos sabiamente à importância do cultivo de diferentes espécies de plantas em um mesmo espaço, tirando proveito de uma característica que chamamos de Alelopatia, ou seja, "plantas companheiras", em que as variedades se beneficiam mutuamente com esta proximidade, e busca também integrar criações de animais ao sistema agrícola, visando o equilíbrio ecológico do sistema.
c) Justiça Social: o Papa Francisco enfatiza a necessidade de garantir que as práticas com vertentes agroecológicas também promovam a justiça social, assegurando que agricultores familiares tenham acesso a recursos e mercados. E a agroecologia tem esta mirada de produzir para o consumo da família e comercializar os excedentes em mercados de cadeia curta, através de mercados solidários. A prática de mutirão (auxílio mútuo de diferentes famílias), nas várias atividades produtivas, aproxima as pessoas em seu espaço produtivo, reforçando os laços pessoais na comunidade,

culminando com o festejo da colheita, num agradecimento aos céus. Reconhecendo as diversidades e criando redes entre os movimentos sociais, a partir dos princípios da economia solidária e agroecológica.

d) Sustentabilidade Econômica: as práticas agroecológicas são economicamente viáveis, permitindo que as comunidades locais prosperem em harmonia com o ecossistema local, minimizando as externalidades negativas, que o sistema de produção convencional gera.

Como aponta a economia de Francisco e Clara, numa economia sustentável, democrática e fraterna, é necessário que se rompa com as desigualdades sociais, proporcione a emancipação humana e garanta o direito à terra, ao teto e ao trabalho, construindo mecanismos de geração de renda que fortaleçam a cooperação, a associação e a autogestão.

A agroecologia é também desenvolvida na agricultura urbana, nas hortas comunitárias, combinando seus princípios com a interação harmônica entre os sistemas agrícolas e os ecossistemas naturais, com a realidade das áreas urbanas, sendo uma forma muito eficiente de produzir comida sadia nas próprias comunidades e de forma compartilhada. Pois é na periferia que estão as necessidades mais prementes em todos os aspectos, inclusive os das necessidades de comida, e onde nascem as experiências das comunidades de base.

Agroecologia e o Cuidado com a "Casa Comum" diante da crise global: o Papa Francisco nos lembra que a Terra é nossa "casa comum" e, como tal, deve ser cuidada com responsabilidade. A agroecologia, nesse sentido, é uma resposta direta ao chamado para proteger o meio ambiente, enquanto se promove um desenvolvimento humano integral, em harmonia com as demais formas de vida do planeta.

Como mudar o sistema predatório do Agronegócio em um sistema integrado e humanizado?

São vários os aspectos que devem ser observados, entre eles podemos citar:

- Educação e Consciência: trabalhar com as e para as comunidades, para demonstrar os benefícios da agroecologia como uma forma de produção de comida de verdade, que é um fator essencial para a mudança socioeconômica da humanidade e erradicação da fome. A encíclica sugere que a conscientização pode levar a uma adoção mais ampla dessas práticas. Nesta direção as Escolas do Campo têm um papel fundamental, assim como a Educação Ambiental Crítica, ou seja, em um processo de formação que visa transformar a realidade social e ambiental.
- Políticas Públicas: a implementação de políticas públicas que incentivem a agroecologia é vital, mas o que temos visto é um incentivo ao agronegócio, plantas transgênicas e uso de substâncias danosas à vida, como os agrotóxicos. O Papa Francisco destaca a necessidade de um apoio governamental para facilitar a transição de métodos agrícolas convencionais para práticas agroecológicas.
- Adaptação Tecnológica: as inovações tecnológicas devem ser integradas à agroecologia, de uma maneira que respeitem os princípios ecológicos e beneficiem os agricultores que fazem uma agricultura com esta vertente. Não podemos acreditar que a "ciência" será capaz de resolver um problema tão complexo como o que estamos vivendo de mudanças, climáticas e exclusão social, sem mudar o ser humano e seu ponto de vista antropocêntrico,

até porque a ciência não é neutra. Podemos sim causar mais danos ainda se não tivermos a percepção da necessidade de cuidar desta "Casa comum", respeitando e tendo consciência da existência de uma "teia da vida", onde todos os seres são importantes e estão conectados, como afirma Capra, em uma publicação: *A teia da vida* (Capra, 2003).

- E, baseado em uma ecologia integral, "que reconheça as relações humanas, sociais, ambientais, políticas e econômicas, que esteja respaldada nos valores franciscanos e clarianos, que garantam a vida em sua dignidade, e que não seja nociva aos demais seres. Que parta do fundamento de que tudo aquilo que existe e vive deve ser respeitado" (ABEFC *apud* Brasileiro, 2023, 315).
- Portanto, A Economia de Francisco e Clara, por meio da *Laudato Si* e da *Laudate Deum* do Papa Francisco, oferece uma visão holística para o futuro da agricultura, em que a agroecologia desempenha um papel central, ao integrar práticas sustentáveis, respeitando a criação e promovendo a justiça social, se apresentando como um caminho promissor para cuidar de nossa casa comum e assegurar um futuro mais justo e saudável para todos.

Para finalizar, nada melhor do que a carta escrita pelo Papa Francisco: "*Oração pela Terra*", com a qual ele encerra a *Laudato Si*:

> Deus Onipotente, que estais presente em todo o
> universo e na mais pequenina das vossas criaturas,
> Vós que envolveis com a vossa ternura tudo o que existe,
> derramai em nós a força do vosso amor para cuidarmos
> da vida e da beleza.

Inundai-nos de paz, para que vivamos como irmãos e irmãs, sem prejudicar ninguém.
Ó Deus, dos pobres, ajudai-nos a resgatar os abandonados e esquecidos desta terra que valem tanto aos vossos olhos.
Curai a nossa vida, para que protejamos o mundo e não o depredemos, para que semeemos beleza e não poluição nem destruição.
Tocai os corações daqueles que buscam apenas benefícios à custa dos pobres e da terra.
Ensinai-nos a descobrir o valor de cada coisa, a contemplar com encanto, a reconhecer que estamos profundamente unidos com todas as criaturas no nosso caminho para a vossa luz infinita.
Obrigado porque estais conosco todos os dias.
Sustentai-nos, por favor, na nossa luta pela justiça, o amor e a paz."
Amém (*Laudato Si*, n. 246).

## Referências


BRASILEIRO, Eduardo (org). *Realmar a economia*: a Economia de Francisco e Clara. São Paulo: Paulus, 2023.

CAPRA, F. *A Teia da Vida. Uma nova compreensão científica dos seres vivos.* 8. ed. São Paulo: Cultrix, 2003.

CAVALCANTE, L. M. A.; MOTA, J. P.; FARIAS, A. C. A.; WITTMAN, H.; SIDDIQUE, I. *Plantas Alimentícias Não Convencionais (PANC):* guia de reconhecimento para agricultores e consumidores. 1a edição. Florianópolis, SC: Universidade Federal de Santa Catarina (UFSC). 2023.

FRANCISCO, Papa. *Laudato Si'*: sobre o cuidado da casa comum. São Paulo: Paulus, 2015.

FRANCISCO, Papa. *Exortação Apostólica Laudate Deum.* São Paulo: Paulinas, 2023.

REGINA MOTTA. *Alelopatia:* Estudo da relação das plantas entre si, disponível em: https://auepaisagismo.com/?id=alelopatia:-estudo-da-relacao-das-plantas-entre-si&in=1303.Acessado em 05/03/2025.

MACHADO, R. M; CAMPOS, C. S.; PALUDO, C. (Orgs.). *Teoria e prática da educação do campo:* análises de experiências / – Brasília: MDA, 2008. 236 p.: il.; 23 cm. (NEAD Experiências).

# PARTE V

# OUTRAS FINANÇAS SÃO POSSÍVEIS

**Assembleia Cooperativa de crédito em Campinas, março 2024**

# 1

# AS FINANÇAS

*Vitor Hugo Tonin*

> *os poderes econômicos continuam a justificar o sistema mundial atual, onde predomina uma especulação e uma busca de receitas financeiras que tendem a ignorar todo o contexto e os efeitos sobre a dignidade humana e sobre o meio ambiente* (Encíclica *Laudato Si*, Papa Francisco, 2013).

Não é raro encontrar pessoas que tenham calafrios ao ouvir esse nome. O estranhamento que ele causa atinge várias dimensões. Lembra dívidas, inadimplências, vendas bancárias agressivas – e muitas vezes desonestas e extorsivas. Lembra matemática, cálculos, abstrações incompreensíveis. Lembra também ricos, endinheirados e poderosos, na maior parte do tempo ostentando luxo, padrões de beleza e de comportamento, mas que em alguns momentos expressam instabilidade e decadência. Mas afinal o que são as finanças?

Em nossa sociedade atual, baseada no modo de produção capitalista, as finanças, por mais que tenham uma autonomia relativa, estão a serviço do capitalismo. Mas o que isso significa na prática? Que as finanças são uma ferramenta dos proprietários de dinheiro para acumularem mais riqueza. Acontece que a principal forma de acumular riqueza, na atual fase do capitalismo, é acumulando dinheiro, ou seja, riqueza financeira. Afinal, por meio dessa coisa extremamente abstrata que é o dinheiro se consegue hoje comprar tudo, já que vivemos em uma época em que tudo é mercadoria e está disponível para ser comprada. E aquilo que ainda não é mercadoria para ser comprada, o dinheiro pode corromper, conquistar ou destruir.

Por ter adquirido, na atual fase do capitalismo, essa conexão íntima e direta entre riqueza e dinheiro, é que as finanças aparecem, além de tudo como superpoder, como aquela que manda e desmanda. Mas nem sempre foi assim. Nos primórdios do capitalismo, por exemplo, as finanças muitas vezes tiveram que se submeter às exigências de outras instituições e valores, como está exemplificado pelo *Mercador de Veneza*, obra de Shakespeare, onde Shylock, o financista que empresta dinheiro, maravilhosamente interpretada por Al Pacino, perde sua demanda judicial. Mais que a derrota do financista para o poder comercial e político, a obra mostra também, que diferentemente dos dias de hoje, a forma de acumular riqueza, mais valorizada naquela época, não era o dinheiro, visto inclusive como uma forma pejorativa, a usura, que justamente tenta se vingar dessa marca social e acaba, por fim, submetido e derrotado.

Posteriormente, já no auge da revolução industrial, a forma mais prestigiada de acumulação de riquezas são as indústrias; os proprietários industriais tornam-se símbolo de prestígio e poder da sociedade industrial nascente. Ressalta-se que tanto na fase comercial, como na industrial, as finanças já existiam e exerciam um papel fundamental de financiamento desses empreendimentos. Mas não eram identificadas como a forma hegemônica de acumular riqueza e por isso mesmo não tinham o prestígio que viriam a adquirir posteriormente. Afinal, de nada adiantava ter riqueza acumulada em dinheiro, se não soubesse explorar rotas marítimas em busca de especiarias para vender.

De nada adiantava ter riquezas financeiras, se não soubesse organizar a produção de tecidos, pelo sistema de máquinas, com fontes de energia robustas e transportar por meio de ferrovias. Buscar acumular riqueza sob a forma exclusiva de dinheiro era visto inclusive como avareza, usura, enfim, como algo nocivo socialmente.

É apenas no fim do século XIX, quando o capitalismo já colonizou, por meio da violência, grande parte do mundo e o desenvolvimento da grande indústria capitalista exige matérias-primas e mercados consumidores em larga escala, que para fazer frente a essa necessidade de expansão da acumulação ocorre uma fusão entre o capital industrial o capital bancário. Uma união entre a grande indústria e as finanças, sob domínio do cálculo econômico destas últimas. Assim inicia a era em que o sistema financeiro passa a ter a hegemonia sobre as demais formas capitalistas e adquirir o prestígio social que detém hoje.

E isso se deve ao fato de que sua hegemonia adquiriu uma onipresença em todas as formas de reproduzir a vida, na sociedade atual. Vejamos. Um trabalhador ou trabalhadora que queira receber sua renda, seja na forma de salário ou na forma de pagamento de serviços prestados, e com essa renda precisa adquirir os bens básicos para sua sobrevivência, este trabalhador depende do sistema financeiro: para receber precisa de uma conta corrente e, embora possa sacar esse dinheiro, o que a maioria dos trabalhadores preferem hoje é pagar digitalmente, pelo aplicativo do banco no celular ou pelo cartão eletrônico (chip). A aposentadoria desse trabalhador ou trabalhadora, ou então o seguro de vida, de automóvel, da casa, também dependem, hoje em dia, do sistema financeiro. Se quiser investir em um negócio próprio e se tornar um empresário, dependerá de recursos oriundos do sistema financeiro. E se for mais bem informado, antes de fazer qualquer novo investimento, irá comparar as taxas de rentabilidade desse investimento comercial, produtivo, com as taxas dos investimentos financeiros.

A lógica das finanças, submetidas pela lógica da acumulação de capital, em que o objetivo primeiro é a máxima rentabilidade, dominou praticamente todas as formas de reproduzir a vida e ao mesmo tempo se tornou a principal forma de acumular riqueza, seja seu estoque, seja seu fluxo. Quer dizer, os grandes proprietários, os super-ricos de hoje, não somente guardam sua riqueza acumulada, já estocada, em bancos, mas direcionam sua riqueza atual para acumular ainda mais, ou seja, seu fluxo de riqueza, também, através dos bancos, do sistema financeiro.

Assim, as finanças que já foram subordinadas e, em alguns momentos da história da civilização humana, já apresentaram virtudes sociais, tornaram-se o principal mecanismo de reprodução das desigualdades atuais.

No Brasil, essa lógica perversa das finanças ganha contornos ainda mais dramáticos, pois sua lógica rentista de acumulação, baseada em patrimônio, acoplou-se ao histórico patrimonialismo e rentismo que desde a conquista e a colonização foram dominantes. Primeiramente, o rentismo baseado em pessoas, principalmente em africanos contrabandeados e escravizados. Posteriormente, o rentismo da propriedade da terra, que todavia ainda hoje se mantém como importante forma de acumulação de capital no Brasil. Por fim, desde o surgimento do plano real, o rentismo financeiro, ou seja, a renda baseada na propriedade de dinheiro.

O Plano Real é um marco para o avanço dessa forma de rentismo. Sem deixar de reconhecer a importância da estabilidade monetária para toda a sociedade, inclusive para os mais pobres e trabalhadores, mas ela também é fundamental para socializar a confiança na moeda como reserva de valor e, portanto, generalizar a acumulação de riqueza na forma financeira. E mais determinante, ainda, é essa estabilidade monetária, que permite que mesmo os pequenos proprietários e setores de renda média confiem na moeda, portanto, optem por acumular sua riqueza na forma financeira. Tal estabilidade foi realizada e ainda hoje é suportada pelo endividamento do Estado, que direciona uma parte importante dos tributos presentes e futuros para o pagamento dessa dívida ou seja para rentabilizar os investidores que só confiaram no real como reserva de valor, na medida em que, por meio dele, possa receber dividendos muito superiores ao resto do mundo e a qualquer outra atividade comercial ou produtiva.

Não à toa, as maiores taxas de lucro da economia brasileira, excetuando grandes monopólios extrativistas de petróleo e minério, como Petrobrás e Vale, são dos bancos que atuam no Brasil. Em 2024, apenas os três maiores bancos privados apresentaram um lucro total de 74,8 bilhões de reais, crescimento de 31%, em relação a 2023[1]. Mesmo nos anos de pandemia, quando toda a economia estava em frangalhos, os bancos conseguiram não apenas ter lucros, mas aumentar suas taxas de lucro.

Como dissemos, uma das principais bases de sustentação do rentismo brasileiro é a apropriação de fundos públicos, por meio da dívida pública. Esta apropriação aumenta ou diminui, de acordo com a taxa básica de juros, a que essa dívida pública é atrelada, e que ademais estabelece o preço mínimo que os bancos poderão praticar, ao emprestar seus recursos para o público. Assim, quanto maior a taxa de juros básica da economia, mais recebem do estado, e mais também podem cobrar pelos seus empréstimos. Atualmente, o Brasil apresenta uma das maiores taxas de juros do mundo, mesmo com uma economia em crescimento e inflação anual em torno dos 5%. Ou seja, não há fundamentos macroeconômicos básicos ou mesmo extraeconômicos, como é o caso da Rússia, que está em guerra, que justifiquem os juros praticados pelo rentismo financeiro brasileiro atualmente.

---

[1] Confira em https://www.brasildefato.com.br/2025/02/09/itau-bradesco-e-santander-lucram-r-75-bi-em-2024-ganhando-mais-com-alta-dos-juros/

E, não obstante a forma de acumulação baseada na dívida, os bancos praticam no varejo, sobre as pessoas, tarifas comerciais, taxas de juros e práticas comerciais totalmente abusivas, buscando aumentar ainda mais sua lucratividade, por meio da espoliação direta daqueles que vivem do seu salário e da sua produção. As taxas de spread bancário brasileiro, que é a diferença entre o preço que os bancos compram e vendem o dinheiro, são as maiores do mundo. As tarifas cobradas pelos bancos, por contas correntes por exemplo, mesmo com todo aumento de concorrência promovido pela digitalização dos processos financeiros e bancários, continua sendo uma importante fonte de receita das instituições.

# 2

## AS FINANÇAS NA ECONOMIA DE FRANCISCO E CLARA

*Vitor Hugo Tonin*

Mesmo com toda essa dinâmica rentista e especulativa que promove desigualdades, o sistema financeiro é prestigiado na maior parte da sociedade. São raras as exceções que identificam e têm a coragem de criticar esse modelo social baseado nesse tipo de finanças, muito embora a legião de atingidos pelo sistema financeiro seja gigantesca e por isso mesmo o sentimento de medo, assombro, calafrio que a maior parte do povo sente quando se fala em banco, crédito e finanças. Para o Papa Francisco, falar de economia hoje em dia parece até algo antigo, pois hoje só se fala de finanças, mas as finanças são algo difuso e gasoso, que, na verdade, sufocam a economia real.

A lógica das finanças atuais propaga uma ilusão de liberdade de escolha, quando na verdade essa liberdade é restrita a uma minoria que detém o poder econômico e financeiro. Essa situação agrava as desigualdades sociais e reforça uma estrutura que marginaliza os pequenos produtores e as comunidades vulneráveis. O Papa afirma que as autoridades devem ter a "responsabilidade de adotar medidas de apoio claro e firmes aos pequenos produtores e à diversificação da produção", porque a liberdade econômica verdadeira só pode ser alcançada quando limites são postos àqueles que "detêm maiores recursos e poder financeiro" (Laudato Si, n. 129).

Na encíclica *Laudato Si*, em 2013, o Papa lembra a responsabilidade das finanças sobre as crises econômicas. Afirma que "a salvação dos bancos a todo o custo, fazendo a população pagar o preço, sem a firme decisão de rever e reformar o sistema inteiro, reafirma um domínio absoluto da finança que não tem futuro e só poderá gerar novas crises, depois duma longa, custosa e aparente cura. A crise financeira dos anos 2007 e 2008 era a ocasião para o desenvolvimento duma nova economia mais atenta aos princípios éticos e para uma nova regulamentação da atividade financeira especulativa e da riqueza virtual. Mas não houve uma reação que fizesse repensar os critérios obsoletos que continuam a governar o mundo".

Francisco observa ainda que é justamente o poder financeiro quem exerce resistência significativa a qualquer esforço de transformação necessário para um futuro mais justo e sustentável: "o poder, ligado com a finança, é o que maior resistência põe a tal esforço".[1]

Nota-se que as críticas de Francisco apresentam sempre, dialeticamente, a virtualidade de alternativas, de outras opções, denotando um profundo otimismo com os futuros possíveis. Mas será um otimismo idealista ou há de fato razões para sermos otimistas em pensar que outro sistema financeiro é possível?

Para discutir isso precisamos entender a base do sistema financeiro, independentemente da sua forma no capitalismo atual. E essa base é o dinheiro. O dinheiro é talvez a tecnologia social mais importante desenvolvida pela civilização humana. É, portanto, um patrimônio da

[1] As posições do Papa Francisco, aqui apresentadas, foram baseadas na Encíclica *Laudato Si* e de seu discurso aos jovens da Economia de Francisco, em Assis, Itália, em 2023, disponível em: https://www.vatican.va/content/francesco/pt/speeches/2022/september/documents/20220924-visita-assisi.html

humanidade e sua história e lógica de funcionamento deve ser compreendida para que se possa desmistificá-lo e com isso construir alternativas à lógica atual.

Nós, seres humanos, desenvolvemos o dinheiro, em primeiro lugar, para facilitar as trocas. A importância social de ter um mecanismo que facilitasse as trocas se demonstra pela quantidade e variedade de tentativas que foram feitas ao longo da história para criar esse mecanismo. O museu de valores do Banco Central do Brasil, que pode ser visitado virtualmente[2], demonstra a quantidade de vezes que, em diferentes partes do mundo, em diferentes momentos históricos, tentou-se criar, por meio de diferentes objetos, um mecanismo de trocas. Já foram utilizados como dinheiro os mais diversos valores de uso, até que ele chegasse na forma abstrata atual de um simples papel moeda ou de um simples número digital em um celular.

A dificuldade presente em toda essa história de desenvolvimento da forma dinheiro foi ter um objeto que fosse de confiança local, regional e mundial, que viabilizasse as quatro funções básicas do dinheiro. Primeiro, ser um meio de troca. O Real, dinheiro no Brasil hoje, só é real porque todos os brasileiros fazem trocas por meio dele. É proibido por lei, inclusive, criar outras moedas que substituam o Real, como demonstra a história do Banco Comunitário Palmas, que ao criar uma moeda própria, para estimular que a riqueza local circule localmente, mesmo utilizando o Real como lastro, foi algumas vezes obrigado a se explicar para a Polícia Federal, como narra brilhantemente seu fundador, Joaquim Melo.

Desde essa função mais simples e historicamente pioneira do dinheiro já fica evidente que o dinheiro é um bem social, ou seja, ou todos acreditam, confiam e utilizam o mesmo dinheiro ou ele não se sustenta. Saiba, portanto, que você leitor é peça fundamental na produção desse bem social, que é o dinheiro, quando todos os dias

---

[2] Disponível em: https://www.bcb.gov.br/acessoinformacao/museu/tourvirtual/

transaciona em Real, para receber sua renda e comprar os bens e serviços necessários para reproduzir sua vida.

Outra função importante que o dinheiro deve cumprir é a de unidade de conta. Todos os brasileiros declaram seus impostos, organizam seu orçamento pessoal, planejam seus empreendimentos e todas as empresas apresentam seus balanços, na mesma unidade de conta: o Real. Veja novamente o caráter coletivo dessa função. Imaginem a dificuldade que seria se cada pessoa ou empresa ou ainda entidade governamental pudesse escolher qual unidade de conta vai utilizar? Ouro, dólar, peso, libra, bitcoins, trigo etc. Imaginem o grau de dificuldade que seria para realizar as transações, análises, cobranças de impostos, entre outros?

A terceira função da moeda é reserva de valor. A capacidade que o objeto escolhido como dinheiro tem de preservar valor ao longo do tempo. Para que as pessoas, empresas e governos possam poupá-lo, para utilizá-lo no futuro, com o mesmo poder de compra, é fundamental que ele tenha essa capacidade de reserva de valor, que por sua fez também dependerá da confiança social sobre essa moeda no futuro.

A quarta e última função da moeda é a função crédito. É senso comum de que esta função está ligada a anterior, na medida em que, para que as instituições financeiras possam emprestar dinheiro, elas precisam antes comprar dinheiro. Ou seja, o senso comum diz que a sociedade precisa primeiro poupar riqueza na forma de dinheiro, para que essa riqueza, que não está sendo usada no presente pelos seus poupadores, possa ser direcionada para quem precisa, em troca de juros, que irá remunerar o poupador.

Mas esta é apenas parte da verdade atual. O sistema de crédito hoje não vive só de poupança acumulada no passado, pois mesmo as instituições financeiras privadas podem emprestar mais do que têm disponível em caixa, a partir de um rigoroso monitoramento dessa capacidade, feita por instituições, como Banco Central, e seguindo indicadores financeiros internacionais forjados nos acordos de Basileia[3]. Sendo assim, as instituições financeiras, mesmo as não governamentais podem, ainda que de forma controlada, criar dinheiro a partir do nada, através do crédito. Já instituições financeiras governamentais, como os Tesouros Nacionais e Bancos Centrais de vários países, podem criar dinheiro a partir do nada, por meio da dívida pública.

Olhadas desse modo, as funções da moeda de forma pura, percebe-se sua extrema relevância social e a importância de cuidarmos dessa tecnologia, que só existe porque é construída socialmente. Portanto, independentemente da forma atual que ela assume no capitalismo, todas essas funções, embora continuem cumprindo sua função social, ou, se preferirem, seu valor de uso, este está submetido à lógica de acumulação privada. Em grande medida, esse bem social, esse bem comum, coletivo, está sendo apropriado privadamente para acumulação de capital dos grandes donos do poder. Se isso é verdade, não devemos jogar o bebê com a água do banho. A moeda e o dinheiro são bens comuns que devem ser libertados da apropriação privada, à qual está submetida hoje, e isso não somente é necessário, como é possível.

[3] O Acordo de Basileia é um conjunto de normas e recomendações que regulam o funcionamento de instituições financeiras. O objetivo é garantir a estabilidade do sistema bancário mundial.

# 3

# FINANÇAS POPULARES E SOLIDÁRIAS: UMA EXPERIÊNCIA

*Vitor Hugo Tonin*

Vem de longe experiências coletivas de gestão das finanças. As primeiras que se tem notícias são as cooperativas de crédito inauguradas pelos pioneiros de Rochdale, na Inglaterra, há mais de um século, e que deu origem a sistemas complexos de cooperativas de crédito, que se tornaram fundamentais no desenvolvimento econômico de países do norte global. Cabe perguntar em que medida essas experiências continuam sendo uma alternativa ao sistema financeiro convencional ou se tornaram parte dele.

Além das cooperativas de crédito, há também experiências de fundos rotativos solidários, entidades governamentais e não governamentais de microcrédito, bancos comunitários e/ou municipais e moedas sociais. Todas essas tecnologias apresentam metodologias e legalidades próprias que justificam a sua existência, não sendo possível dizer que uma é mais importante ou melhor que a outra. Precisam ser vistas como são: opções de tecnologia social que podem ser adequadas ou não para cada situação concreta. Pois, dada a complexidade das necessidades financeiras existentes hoje, é mais adequado pensar em um sistema financeiro popular e solidário, onde cada uma dessas ferramentas tem lugar, complementando-se.

Nossa experiência se inicia em 2017, quando a reforma trabalhista e sindical, promovida pelo governo golpista de Michel Temer, atacou fortemente o financiamento e organização sindical, ameaçando o futuro das entidades sindicais. Nesse contexto, o Sindicato Químicos Unificados[1] formulou uma política de ampliação da existência sindical para além daquela delimitada pela legislação sindical. Ou seja, além de representar sindicalmente os trabalhadores da sua categoria, a entidade sindical deveria buscar promover formas de auto-organização dos trabalhadores para fins produtivos. Com isso, além de ampliar seu raio de ação social, o sindicato estimularia a auto-organização para a geração de trabalho, renda e a soberania produtiva.

Dois antecedentes importantes deram sustentação a essa política. Primeiro, foi o conhecido caso Shell-Basf, em que os Químicos Unificados iniciaram um processo por danos ambientais e trabalhistas, alegando contaminação de uma planta industrial de agrotóxico da Basf, posteriormente comprada pela Shell, na cidade de Paulínia. Essa ação foi extremamente corajosa, já que significaria o fechamento da fábrica e a perda dos empregos. Contrariava assim interesses imediatos locais e dos próprios trabalhadores da base do sindicato.

Com o tempo e principalmente com a comprovação de contaminação ambiental e humana, a justiça deu vitória para a ação sindical, e a Shell foi obrigada a pagar a maior indenização por dano trabalhista e ambiental da América Latina. Esse processo promoveu um aprofundamento do entendimento da direção do sindicato e de sua categoria

[1] Os Químicos Unificados são uma unificação política das entidades sindicais que representam os trabalhadores das indústrias químicas e farmacêuticas das regiões de Campinas e Osasco. Contam com mais de 50 mil trabalhadores na sua base de representação e uma taxa de sindicalização próxima aos 50%, muito acima da média nacional. Conheça mais em: https://www.instagram.com/quimicosunificados.

de que o atual modelo agrícola brasileiro, baseado em agrotóxicos, pode ser extremamente violento contra à natureza e humanidade. E que as entidades sindicais têm sim papel na construção de alternativas de soberania alimentares saudáveis.

Outra experiência importante foi a constituição de Centros de Lazer e Formação (Cefol)[2], geridos pela entidade sindical. Ao contrário de uma visão assistencialista, onde esses serviços são prestados como contrapartida assistencial do sindicato. A política de formação e lazer dos Químicos Unificados parte da visão de que os trabalhadores são capazes de auto-organizar empreendimentos que satisfaçam as necessidades de lazer, nos preciosos tempos livres que os trabalhadores desfrutam. Assim, em vez de ceder o seu tempo livre para a espaços mercantilizados, muitas vezes caros e inacessíveis, os trabalhadores podem, juntamente com suas famílias e por meio da organização sindical, desfrutar de espaços de lazer gratuitos e acessíveis.

Essas experiências políticas informaram a construção de uma política de autogestão, inicialmente no setor de alimentos. Um sistema que contemplasse o financiamento, produção e circulação de alimentos saudáveis, livres de exploração, de veneno e de atravessadores. Por isso o nome escolhido para criar a marca desse sistema foi o Livres[3]. O sistema deveria ser conformado em rede, estimulando assim a sua descentralização, princípio que, juntamente com a autogestão e autossustentação, orientam a Rede Livres, que hoje conta com quatro lojas e um centro de distribuição em Campinas, uma cooperativa de produção e comercialização na baixada santista.

Para completar o sistema, era necessário um braço financeiro, onde o dinheiro circula dentro do próprio

---

[2] Para conhecer mais sobre o Cefol, acesse: https://www.instagram.com/cefolcampinas e https://www.instagram.com/cefolosasco.

[3] Para conhecer mais a Rede Livres, acesse: https://www.instagram.com/redelivres.eco.br/.

sistema e ajuda a financiá-lo. Após alguns anos de estudos e experiências sobre as diversas alternativas de tecnologias financeiras existentes, optou-se pela tecnologia da cooperativa de crédito, a partir de uma comunhão de princípios e afinidades políticas com o sistema Cresol.

A tecnologia da cooperativa permite que se crie uma instituição financeira de propriedade coletiva, não individual, onde não existe a figura jurídica do lucro, já que o excedente (superávit ou déficit) produzido não é apropriado individualmente, mas é levado para a assembleia de cooperados discutir sua destinação. As assembleias de cooperados são uma ferramenta de potencial gigantesco de gestão coletiva, são obrigatoriamente feitas uma vez por ano, mas podendo ser realizadas quantas vezes a diretoria ou o quadro de associados convocar. Além de discutir o excedente econômico produzido, nelas também são eleitos os conselhos de administração e de fiscalização da cooperativa entre os próprios associados, e todas as outras matérias que sejam obrigatórias por definição local, ou que sejam consideradas relevantes pela cooperativa, sua direção ou seu quadro de associados.

Além dessas características políticas, o cooperativismo de crédito oferece grande estabilidade e segurança, já que tem mais de um século de experiência no país, é regulado pelo Banco Central e pode apresentar funções simples, como operações de crédito, podendo também se desenvolver em instituições completas com conta corrente, aplicações financeiras, cartão, seguros, aplicativo de celular, ou seja, oferecendo os mesmos serviços financeiros que um banco convencional.[4]

Inicialmente, denominadas Cooperativas de Crédito Rural com Interação Solidária, o sistema Cresol[5] foi criado por agricultores familiares, organizados nos

[4] Para saber mais sobre o cooperativismo de crédito, confira: https://www.bcb.gov.br/estabilidadefinanceira/cooperativacredito.

[5] Para conhecer mais sobre o sistema Cresol, acesse: www.cresol.com.br

sindicatos de agricultura familiar, na região sul do país. Esse movimento dos agricultores familiares havia conquistado, em 1995, a primeira política pública de crédito subsidiado pelo governo, que mais tarde viria se consolidar como PRONAF. Embora, por meio de seu movimento, tenham conquistado os fundos governamentais, a operacionalidade da política ainda dependia de instituições financeiras bancárias, que seriam repassadoras e avalistas dos créditos. As principais instituições financeiras, no entanto, não tinham presença ou interesse de financiar as comunidades familiares de agricultores pobres, travando assim a execução da política pública.

Para solucionar isso, esses agricultores criaram, novamente a partir das entidades sindicais, o sistema Cresol, baseados nos princípios da articulação com os movimentos populares, democracia, descentralização, gestão pelos próprios cooperados, solidariedade e cooperação, sustentabilidade institucional e transparência.

As primeiras Cresóis foram fundadas em 1996. Como estavam fortemente enraizadas no movimento sindical e tinham como princípio a descentralização, em 1999, já existiam mais de 30 cooperativas singulares reunidas em uma cooperativa central, que oferecia uma base de serviços, chamada Cresol Baser.

Fica evidente a afinidade política, a origem e áreas de atuação comum com a Rede Livres. Por isso, foram criadas duas agências da Cresol nas sedes dos Químicos Unificados, uma em Osasco e outra em Campinas. Essas agências seriam incubadas pela cooperativa Cresol, sediada na cidade de Getúlio Vargas, até alcançarem experiência e capital suficiente para se emanciparem e se tornarem uma cooperativa singular, dirigida pelos próprios associados locais, promovendo assim a descentralização.

Essas agências, criadas em 2021, não ficariam restritas à rede Livres, podendo atender os trabalhadores das bases do sindicato, outras entidades sindicais e sociais, microempreendedores e pequenas empresas locais, sendo, portanto, um instrumento de ampliação da economia solidária e popular. Desde 2021, quando foram iniciadas, essas agências passaram a ter uma forte importância junto a esses públicos, mas não sem passar por diversos desafios.

Primeiro, o desafio de difundir o cooperativismo, já que, mesmo pessoas e empresas que utilizam serviços financeiros de outros sistemas de cooperativas de crédito, não têm a consciência de que estão lidando com cooperativas e não bancos. A presença de cooperativas na região sudeste é uma das menores do país e a consciência de sua presença é ainda menor. E isso afeta mesmo aqueles que utilizam as cooperativas, já que cada vez mais suas marcas, prédios e práticas são parecidas com bancos.

O segundo desafio foi iniciar durante a pandemia, quando a principal tarefa dos movimentos sociais era conseguir sobreviver diante de um governo que estimulava o avanço da contaminação. Além disso, as próprias entidades e empreendimentos dos movimentos sociais estavam gravemente afetados financeiramente correndo riscos que poderiam contaminar a cooperativa de crédito.

O terceiro e último desafio foi realizar essa expansão do sistema Cresol, a partir de uma cooperativa relativamente pequena, com baixa capacidade de investimento e liquidez. Nesse contexto, uma gestão responsável e preocupada com a autossustentação priorizou investir pouco nas agências e principalmente captar recursos suficientes, na forma de poupança e aplicações financeiras, para que os empréstimos liberados aqui não afetassem a capacidade de empréstimo da cooperativa lá no sul.

Mesmo com todos esses desafios, o cooperativismo mostrou ser capaz de fazer a diferença na vida das comunidades. Com atendimento humanizado, buscava-se antes de tudo explicar a todo novo cooperado e cooperada o que é o sistema financeiro e o papel do cooperativismo. As pessoas físicas ou jurídicas se tornavam associadas apenas depois de passarem por uma roda de discussão, apresentação ou conversa sobre o assunto. Também se privilegiava a indicação de outros cooperados, mantendo assim uma lógica de crescimento de comunidade e não um crescimento varejista comum. Ao se tornar associado, toda pessoa, física e jurídica, tinha direito a ter conta, cartão, aplicativo e pix, sem tarifas. Podia também cotar seguro, consórcios e empréstimos. Como obrigação, exigia-se do cooperado a cotização em capital social da cooperativa relativa a 1% de sua renda, no caso de assalariados, e a R$ 100, no caso de PJs e agricultores. Essas cotas poderiam ser resgatadas com juros e distribuição de resultados, em momentos específicos, como a desassociação, doenças graves, aposentadoria ou tempo mínimo de cooperação.

A participação política dos associados foi fortemente estimulada, principalmente nas assembleias anuais. A assembleia de cooperados, realizada em Campinas, em março de 2024, demonstrou a força desse coletivo. Além de lideranças locais das cidades, também houve forte presença de lideranças do campo. Isso se deveu à prioridade que as agências deram para abrir as contas de entidades de agricultores que foram contemplados pelo Programa de Aquisição de Alimentos, na modalidade Doação Simultânea, recém-retomado pelo governo Lula, em 2023. Assim, além das diversas entidades sindicais, associações de moradores, demais entidades não governamentais da cidade, pequenos e microempresários, trabalhadores formais e informais, juntaram na assembleia representantes dessas associações de agricultores, representantes do governo federal, da Fundacentro, do Incra e do Ministério do Desenvolvimento Agrário.

Do ponto de vista financeiro, ao final de 2024, antes mesmo de completar 4 anos de existência, as agências atendiam mais de mil cooperados e administravam mais de 40 milhões de reais em ativos, em sua maior parte compostos por aplicações financeiras, contribuindo assim para os indicadores de liquidez da cooperativa de Getúlio Vargas. Mas também trouxe muitos benefícios para os cooperados. Segundo estimativas, os cooperados destas agências, em 2023, pouparam quase 1 milhão de reais em isenção de tarifas, juros mais baixos e resultado distribuído na forma de juros sobre o capital ou na forma de sobras. Recursos que, em vez de ir para os acionistas de bancos, ficaram no bolso dos cooperados, complementando renda, investimentos e poupanças da comunidade.

Essa experiência demonstra o enorme espaço que há para iniciativas de finanças populares e solidárias, no estado de São Paulo e no Brasil, e as vantagens que a autogestão financeira pode trazer para as pessoas.

Evidentemente, esse desenvolvimento não foi feito sem contradições. Estando dentro do sistema financeiro, sob supervisão do Banco Central, as cooperativas têm sido estimuladas e contaminadas pela lógica financeira dominante. O argumento de que é necessário crescer para não ser engolido tem levado os sistemas cooperativos a concorrer com o sistema financeiro convencional, o que, por sua vez, tem levado as cooperativas a direcionar investimentos para produtos, serviços, marketing, sistemas e instalações que elevam fortemente seus custos de operação.

Para fazer frente a esses custos, uma série de práticas de gestão e de práticas comerciais bancárias tem sido adotadas, e muitas vezes entram em conflito com os princípios e práticas do cooperativismo solidário. Como processos de gestão, pode-se citar a centralização e a verticalização, em contradição com a descentralização e a autogestão. Faz parte desse movimento o estímulo a incorporações e fusões de cooperativas criando assim grandes cooperativas, que por sua vez centralizam decisões em uma alta governança afastada das necessidades das comunidades atendidas.

Pode-se citar também a padronização de produtos e processos, que também dificultam o atendimento das peculiaridades de cada região e de cada associado. Tem-se também o estabelecimento de metas de crescimento e expansão, baseado em indicadores do mercado financeiro e generalizado para todas as cooperativas e agências do sistema, independentemente das características locais em que estão inseridas. Para o cumprimento dessas metas agressivas de expansão, tem-se a contratação de gerentes e funcionários formados no mercado financeiro convencional, com práticas bancárias de comercialização, que acabam promovendo vendas agressivas, tarifas e taxas mais elevadas.

Enfim, a função social da cooperativa vai sendo assim pouco a pouco subordinada a uma lógica de expansão que visa acumular o maior resultado financeiro, no menor tempo possível. O argumento é que isso é necessário para conseguir crescer no mercado convencional e a cooperativa não ser engolida pela concorrência. Mas há o risco de, em vez de se diferenciar das finanças convencionais, as finanças da cooperativa irem ficando cada vez mais parecidas com elas.

Cabe aos associados das instituições cooperativas decidir se esse é o rumo desejado e buscar proteger a sua cooperativa dessa transformação, apontando alternativas para que o cooperativismo solidário não precise abandonar seus princípios, nem ter medo de inovar e encarar os desafios que o mundo atual coloca.

# PARTE IV

# PENSANDO NOSSOS PROJETOS NOS TERRITÓRIOS A PARTIR DE VÁRIOS OLHARES

# 1

# AS FORMAÇÕES

*Glauco Barsalini*

*"E não se pense que estes esforços são incapazes de mudar o mundo. Estas ações espalham, na sociedade, um bem que frutifica sempre para além do que é possível constatar; provocam, no seio desta terra, um bem que sempre tende a difundir-se, por vezes, invisivelmente. Além disso, o exercício destes comportamentos restitui-nos o sentimento da nossa dignidade, leva-nos a uma maior profundidade existencial, permite-nos experimentar que vale a pena a nossa passagem por este mundo"*
*(Papa Francisco, Laudato Si', n. 212).*

Referenciado nos dez princípios da ABEFC, sobre os quais se escreve na primeira parte deste livro, o Núcleo Campinas da Articulação Brasileira para a Economia de Francisco e Clara (NC-ABEFC) realiza, por meio de seu Grupo de Trabalho de Formação (GT de Formação), encontros formativos mensais, em regra, no último sábado de cada mês.

Os temas escolhidos para cada encontro compreendem dimensões das questões levantadas pela Conferência Nacional dos Bispos do Brasil (CNBB) e pelo Papa Francisco, ano a ano, sendo a Campanha da Fraternidade um referencial importante de nossas atividades.

Normalmente, as exposições contam com a contribuição de três assessoras/res, cada qual encarregada/do de tratar dos tópicos propostos para os encontros nos âmbitos do "ver", do "iluminar" e do "agir". Assim, contando com a generosa colaboração de convidadas e convidados, como, também, de integrantes do NC-ABEFC, procuramos tratar os diversos assuntos sobre os quais nos debruçamos à compreensão na chave da descrição/constatação (ver); da análise, da crítica, do diagnóstico (iluminar); e da ação efetiva referenciada no planejamento de medidas concretas de transformação (agir).

Os conteúdos tratados em cada encontro são, portanto, problematizados, sempre por questões que colocam nossos pés no chão, com vistas a provocar as pessoas que participam da formação a traçar – a partir das informações e reflexões trabalhadas em cada encontro – formas, estratégias e meios práticos de resistência às estruturas econômicas, políticas, sociais, religiosas e culturais contrárias aos princípios de uma vida solidária, fundada nos valores da amizade, da ecologia e do amor.

O intuito de nossa coletividade é promover formação para saber mais, e saber mais para transformar a realidade da desigualdade social, da depredação ambiental, da violência e do desrespeito humanos. Saber mais para superar a triste geografia da exclusão, na sua dimensão subjetiva, construindo uma cultura de profundo respeito à outra pessoa, seja ela quem for, seja ela como for. Saber mais para superar a triste geografia da exclusão, na sua dimensão objetiva, trabalhando pelo ultrapassamento da miséria e da pobreza, por meio de modelos como o das cozinhas solidárias, das hortas comunitárias, do associativismo, do cooperativismo, da educação colaborativa, sempre no horizonte de uma economia solidária.

A economia solidária é concebida, aqui, em sentido amplo: como uma forma de vida concreta e genuinamente comunitária, em que o senso de público e de responsabilidade individual e coletiva sobre a própria coletividade e o público se dá em níveis bastante elevados.

Dimensão de fundo própria ao método desempenhado na formação é o "supor saber" de todas as pessoas que compõem o Núcleo Campinas para a Economia de Francisco e Clara. Desse modo, o grupo de formadoras/res (assessoras/res) é composto, em boa medida, pelas/os próprias/os formandas/dos, que, assim como sempre têm muito a aprender, também sempre têm muito a ensinar. Não há vida sem história de vida, e não há história de vida que nada ensine ou com o que nada se aprenda. Todas as pessoas têm a dizer e a transmitir. Dentre as cerca de sessenta pessoas que frequentam os encontros de formação, há trabalhadoras e trabalhadores com acúmulo em diferentes áreas e âmbitos do conhecimento. Como o saber é aqui entendido em perspectiva coletiva, a composição de todas e todos no processo de reflexão é vital. E assim têm sido nossos encontros de formação: reflexão que nutre ação, ação que enseja reflexão. Temos nos esforçado para que o pensamento não escape da ação; para que a ação seja sempre pensada. Pois pensamento e ação constituem, para nós, uma mesma substância, que chamamos de *economia da vida coletiva*. Logo, o trabalho de Formação, a Cozinha Solidária São Marcos, as Hortas Comunitárias, o desempenho engajado de integrantes do NC-ABEFC na CRESOL e no CRCA são formas de realização dessa *economia da vida coletiva*.

Conforme orienta o Papa Francisco,

> Compete à política e às várias associações um esforço de formação das consciências da população. (...) Todas as comunidades cristãs têm um papel importante a desempenhar nesta educação. (...)

> Tendo em conta o muito que está em jogo, do mesmo modo que são necessárias instituições dotadas de poder para punir os danos ambientais, também nós precisamos de nos controlar e educar uns aos outros (Laudato Si', n. 214).

Enquanto uma rede de redes, o NC-ABEFC tem procurado tecer um caminho de formação de consciências, que envolve a mais profunda conexão entre suas práticas e as reflexões que promove. Nesse sentido, o trabalho formativo não se encerra no âmbito das reuniões que promovemos, mas se amplia para além de tais limites, concretizando-se no campo por meio das atividades que realizamos. Em nível de equivalência, tais atividades suscitam novas discussões, inspiram novas e sempre pertinentes temáticas, atualizam as reflexões que produzimos. Pois o que fazemos não é diletantismo, de um lado, ou puramente caridade, de outro, mas, em todos os lados, é resistência.

No mesmo excerto, imediatamente acima transcrito, pensando na formação dos/as religiosos/as, Papa Francisco remete a uma postura de responsabilidade, de "contemplação do mundo" e de cuidado em relação à "fragilidade dos pobres e do meio ambiente" (Laudato Si', n. 214). Estes, todavia, não são horizontes somente para os/as religiosos/as, mas, também, para os/as leigos/as. O mesmo documento prescreve:

> (...) "não se deve descurar nunca a relação que existe entre uma educação estética apropriada e a preservação de um ambiente sadio".[1] Prestar atenção à beleza e amá-la ajuda-nos a sair do pragmatismo utilitarista. Quando não se aprende a parar a fim de admirar e apreciar o que é belo, não surpreende que tudo se transforme em objecto de uso e abuso sem escrúpulos. Ao mesmo tempo, se se quer conseguir mudanças profundas, é preciso ter presente que os modelos de pensamento influem realmente

[1] Referência à Mensagem para o Dia Mundial da Paz de 1990, proferida por João Paulo II.

> nos comportamentos. A educação será ineficaz e os seus esforços estéreis, se não se preocupar também por difundir um novo modelo relativo ao ser humano, à vida, à sociedade e à relação com a natureza. Caso contrário, continuará a perdurar o modelo consumista, transmitido pelos meios de comunicação social e através dos mecanismos eficazes do mercado (Laudato Si', n. 215).

Se queremos colaborar para um mundo que se sustente nas bases da fraternidade – e este é nosso intuito, porque entendemos que somente em tais bases é de fato possível sustentar-se nosso mundo –, devemos no comprometer, no plano formativo, na esfera da educação não formal que realizamos, com o amor e com a amizade.

Temos constatado, a partir de nossas ações, que, na esfera cooperativa, coletiva e solidária, cumprida enquanto práxis, na perspectiva da *economia da vida coletiva*, a fraternidade acontece. Pois, conforme Papa Francisco sublinha,

> alguns nascem em famílias com boas condições económicas, recebem boa educação, crescem bem alimentados, ou possuem por natureza notáveis capacidades. Seguramente não precisarão dum Estado ativo, e apenas pedirão liberdade. Mas, obviamente, não se aplica a mesma regra a uma pessoa com deficiência, a alguém que nasceu num lar extremamente pobre, a alguém que cresceu com uma educação de baixa qualidade e com reduzidas possibilidades para cuidar adequadamente das suas enfermidades. Se a sociedade se reger primariamente pelos critérios da liberdade de mercado e da eficiência, não há lugar para tais pessoas, e a fraternidade não passará duma palavra romântica (*Fratelli Tutti*, n. 109).

Nosso compromisso é, pois, com a vida, com o ambiente, com o pobre. E para que possamos trabalhar a seu favor, é preciso que sejamos educadas e educados em novas bases, que impliquem no mais delicado dos sentidos que o termo solidariedade pode carregar consigo. Aqui, deve-se ter em conta que, para muito além de qualquer perspectiva teleológica ou instrumental, longe de ser um fim em si mesma, a formação *é* um processo. Tal como um rio, inicia-se modestamente, percorre caminhos tortuosos, avoluma-se, abre afluentes e encontra-se com o imensurável. Qualificarmo-nos tem, pois, alto sentido existencial, porque entendemos que é na própria existência que de fato podemos oportunizar o florescimento de uma nova economia, uma economia enraizada em um profundo senso de alteridade, de respeito, francamente comprometida com o sentido de comunidade, genuinamente pública: *economia da vida coletiva*.

## Referências

PAPA FRANCISCO. *Carta Encíclica Laudato Si' – Louvado sejas, sobre o cuidado da casa comum*. São Paulo: Paulus – Edições Loyola, 2015.

PAPA FRANCISCO. *Fratelli Tutti sobre a Fraternidade e a Amizade Social*. São Paulo: Edições Paulinas, 2020.

# 2

# O OLHAR DA ABEFC SOBRE OS TRABALHOS NOS TERRITÓRIOS

*Eduardo Brasileiro*

*"Eu não caminho para o fim, eu caminho para as origens" (Manoel de Barros)*

## Introdução

A Articulação Brasileira pela Economia de Francisco e Clara (ABEFC), no processo de reconhecimento de suas características, seus desafios e horizontes, em seu primeiro ano de existência, publicou uma carta denominada "Carta de Clara e Francisco direto do Brasil ao encontro em Assis com o Papa Francisco" (ABEFC, 2019), carta que dá o primeiro passo na produção de uma identidade brasileira e latino-americana da *Economy Of Francesco*. No ano seguinte, 2020, em assembleia, definiram-se as suas dimensões: *territórios, movimentos e educação*. Assim, esta rede assumia suas práticas a partir dessas dimensões que auxiliam a compreender sua missão e seus princípios, que foram estabelecidos em 2021, onde também nasceu seu principal projeto de enraizamento territorial: as Casas de Francisco e Clara.

## O território como lugar de ação: uma economia que serve à vida

Se fosse feita uma análise de frequência com a qual se repete a palavra território na ABEFC, certamente seria espantoso como a palavra e o viver o território tem sido nosso alimento diário para construir alternativas à economia dominante, a saber, o capitalismo neoliberal. Por isso, é tão importante abordarmos os princípios. Esses princípios não apenas delineiam os horizontes a serem alcançados, mas também apontam para a urgência de acelerar processos comunitários e regionais que respondam a esses interesses.

Um projeto popular, tendo como objetivo a afirmação do lugar, do território, como afirmação da vida, ao contrário do que hoje se pratica com a desterritorialização operada pelos mercados. A partir desta compreensão, foi exigido o aprofundamento das práticas territoriais e coletivas. A ABEFC persegue este horizonte a partir do seguinte percurso: Do ano de 2019 a 2021, a Articulação consolidou a interpretação do que seria a Economia de Francisco e Clara e, de 2022 a 2024, ela procurou interpretar as possibilidades de ações em territórios, dando vida aos rostos da Economia de Francisco e Clara no Brasil.

Para uma interpretação econômico-política, partimos do reconhecimento de dois circuitos que conduzem a economia política há décadas, o superior e o inferior (Santos, 1979). Ao propor uma forma de compreender a dinâmica econômica das cidades historicamente defendida especialmente nos países periféricos como o sul global, o geógrafo Milton Santos divide a economia urbana em dois circuitos interdependentes, mas desiguais:

O Circuito Superior é composto por grandes empresas, indústrias e setores financeiros que operam com alta tecnologia, capital intensivo e integração com o mercado global. Caracteriza-se pelo uso intensivo de informação, logística avançada e mão de obra qualificada. Tem forte ligação com redes internacionais e com políticas públicas que favorecem grandes investimentos. Exemplos são: multinacionais, bancos, shopping centers, redes de supermercados.

O circuito inferior abrange pequenos negócios, comércio popular, trabalho informal e atividades de subsistência. Baseia-se na baixa tecnologia, no uso intensivo de mão de obra e na pouca formalização; atende principalmente às demandas das populações mais pobres e tem menos acesso a crédito e infraestrutura. Os exemplos são: camelôs, feiras livres, pequenos mercados de bairro, costureiras autônomas, aplicativos de entrega informais.

O circuito inferior depende do superior, seja por meio do consumo de seus produtos (exemplo: camelôs vendendo mercadorias de grandes indústrias) ou pelo fornecimento de serviços baratos (exemplo: trabalhadores informais atendendo empresas formais). Já o circuito superior explora o inferior, mantendo-o como uma reserva de mão de obra barata e restringindo seu acesso a recursos e tecnologias. Essa tese é essencial para entender a desigualdade urbana, pois revela como o crescimento econômico nas cidades não beneficia todos da mesma forma, perpetuando a segregação social e econômica distante do que se almeja enquanto uma economia para a vida.

## Economias para a vida: envolver, mobilizar e anunciar

Urge um processo de institucionalização de políticas que promovam a interação sadia, biocêntrica e ecoterritorial, entre o ser humano e seu ambiente, para se produzir a subsistência da vida comum. O foco está nas formas concretas pelas quais as sociedades organizam sua produção e distribuição, levando em conta fatores sociais, culturais e históricos de encontro com investimentos regionais e nas periferias. A intransigência da vida é uma decisão política habituada no compromisso em formulação econômica e política a partir e para as comunidades e territórios.

A lógica comunal que implica essas pequenas comunidades da Economia de Francisco e Clara é motivada pelo desejo de envolver, mobilizar e anunciar.

Essa *práxis*, própria à Economia de Francisco e Clara, é fruto da luta popular que paradoxalmente vê um mundo assolado na dimensão neoliberal e financeirizada que marca as crises contemporâneas, sobretudo, pela mais importante dela que é a passagem de uma ideia do futuro para um futuro como ameaça. As crises refletem uma profunda desigualdade econômica e uma crise ecológica sem precedentes, impulsionadas por um modelo de mercado financeirizado que prioriza o lucro, em detrimento do bem comum.

Esses elementos foram acumulados nos últimos anos pela Articulação Brasileira pela Economia de Francisco e Clara, cuja compreensão das organizações populares e das pastorais brasileiras inseridas na organização é que para "encarnar a realidade", como pede o Papa Francisco. Exige-se agir em prol de uma economia popular para assim entender as dinâmicas econômicas do Brasil, uma vez que ela se insere na relação entre os circuitos econômicos superiores e inferiores, ou seja, na infraestrutura das cidades e no impacto ao campo.

É possível construir processos econômicos mais justos a partir dos territórios em que estamos inseridos? Essa indagação remete à própria estrutura da economia popular, conforme conceituada por José Coraggio, que a define como um conjunto de unidades domésticas organizadas para garantir a reprodução ampliada da vida. Diferentemente da economia informal, historicamente interpretada como um fenômeno transitório e destinado a desaparecer com o desenvolvimento econômico, a economia popular não apenas persiste, mas se reconfigura diante das transformações sociais e econômicas.

A economia popular se estrutura a partir de princípios híbridos, que vão além da lógica de mercado puro. Entre esses princípios, destacam-se: a reciprocidade, ligada à solidariedade; a domesticidade, que organiza os recursos dentro dos lares e famílias; e a redistribuição, característica de comunidades e populações tradicionais, onde os recursos circulam coletivamente. Esses elementos demonstram que a economia popular não pode ser compreendida apenas sob a ótica da formalização capitalista, mas como uma dinâmica complexa, que interage com diferentes instâncias da economia urbana e globalizada.

A compreensão das dinâmicas econômicas exige o reconhecimento da centralidade da economia popular como um eixo estruturante da reprodução social em territórios historicamente marginalizados. No contexto brasileiro, a economia popular se manifesta por meio de diferentes experiências econômicas territoriais que articulam trabalho, solidariedade e autogestão. A economia popular solidária, o cooperativismo, os sistemas de crédito e finanças solidárias, a agroecologia e as políticas de inclusão produtiva são exemplos concretos de como os sujeitos populares criam alternativas ao modelo hegemônico de mercado. Essas iniciativas não operam isoladamente, mas formam redes de intercooperação que fortalecem o tecido social e ampliam as capacidades de resistência e inovação dos trabalhadores e trabalhadoras que nelas atuam.

A *economia popular solidária* representa um campo fundamental dentro dessa perspectiva. Inspirada em princípios como a autogestão, a cooperação e a valorização do trabalho sobre o capital, essa economia se concretiza em empreendimentos coletivos que compartilham recursos, conhecimentos e mercados. No Brasil, a Política Nacional de Economia Solidária buscou impulsionar essas experiências, promovendo acesso a financiamento, assistência técnica e articulação em redes. Contudo, os desafios impostos pela financeirização da economia e pela retração de políticas públicas exigem novos esforços para garantir a sustentabilidade dessas iniciativas.

Outro pilar essencial da economia popular é *o cooperativismo*, que historicamente tem sido uma estratégia de organização do trabalho em diversos setores, incluindo a agricultura familiar, a produção industrial, os serviços e a comercialização de bens. As cooperativas não apenas oferecem melhores condições para pequenos produtores e trabalhadores, mas também promovem uma distribuição mais equitativa dos ganhos e fortalecem laços comunitários. Entretanto, o cooperativismo enfrenta obstáculos estruturais, como a dificuldade de acesso ao crédito e a competição desigual com grandes corporações. A articulação com políticas públicas e redes de consumo solidário é, portanto, um elemento-chave para a sua expansão e consolidação.

As *finanças solidárias* também desempenham um papel crucial na viabilização da economia popular. Bancos comunitários, fundos rotativos e cooperativas de crédito possibilitam o acesso a recursos financeiros para empreendimentos populares, muitas vezes excluídos do sistema bancário tradicional. Essas iniciativas demonstram que a lógica do crédito pode ser reorganizada para atender a necessidades reais da população, em vez de apenas servir à lógica especulativa do mercado financeiro. No Brasil, experiências como o Banco Palmas evidenciam o potencial transformador dessas ferramentas, especialmente quando combinadas com estratégias de desenvolvimento local (Melo, 2023; Dowbor, 2008).

A *agroecologia*, por sua vez, emerge como uma resposta tanto às crises ambientais quanto às necessidades econômicas dos pequenos produtores. Baseada em práticas sustentáveis e na valorização do conhecimento tradicional, a agroecologia se diferencia da agricultura convencional por integrar dimensões sociais, culturais e ecológicas. Redes agroecológicas, feiras de produtores e políticas de compras institucionais – como o Programa de Aquisição de Alimentos (PAA) e o Programa Nacional de Alimentação Escolar (PNAE) – são mecanismos essenciais para fortalecer essa alternativa econômica e ampliar sua escala de impacto e estão dentro do rol de iniciativas de inclusão produtiva.

Dessa forma, a centralidade da economia popular não se reduz a uma alternativa marginal ou compensatória ao modelo dominante. Ao contrário, ela representa uma forma concreta de reorganizar a economia a partir de lógicas mais democráticas, inclusivas e sustentáveis.

O desafio atual da ABEFC consiste em fortalecer essas iniciativas por meio de políticas públicas, redes de cooperação e articulações territoriais que potencializem sua capacidade transformadora. Somente assim será possível avançar na construção de um modelo econômico que não apenas reconheça a diversidade dos circuitos econômicos, mas que também os valorize como parte essencial da dinâmica social e produtiva do país.

# 3

# O OLHAR DE JOVENS QUE FORAM PARA ASSIS

## 3.1. Assis é aqui

*Letícia Cristina de Freitas Couto Pozzan (Leka)*

Ter a honra de conhecer a carta convite feita pelo Papa Francisco, para o encontro em Assis na Itália, no qual estive presente fazendo parte da Articulação Brasileira pela Economia de Francisco e Clara, tendo consciência da preciosidade e potência dos movimentos populares, bem como ser parte do nosso Núcleo em Campinas, é-me fonte de muito aprendizado, de muita transformação e inspiração! Portanto, sou muito grata, primeiramente a Deus, por me permitir compreender através do sentir o que não sou capaz de entender pelo ouvir, por me guiar e iluminar o caminho, para que eu possa encontrar as palavras para expressar o que sinto e a todos os integrantes dessa família linda que me acolheram e sempre com paciência estão dispostos a me ensinar. Segue um singelo relato de experiência, do que foi e do que é *O Encontro de Assis*, por meio de meu olhar/sentir:

Assis é aqui.
(Assisi è qui.)

Crê Somente,
Não adiciona.
A fé, sem obras
Se sabota.
Você Realmente Crê
Que o Sol
brilha para todos?
Lembre-se que:
Germina a semente que é regada.
Reflita: Quais tipos de sementes
Está plantando...
Qual será que será germinada?
Qual será para ti
A semente do amanhã?
Busque Seme-Ar
O que lhe traz Vida,
Quem nos dá paz
O que lhe traz Ar,
Quem nos permita respirar.

Cada gesto de bondade
desassoreia o rio da vida
Permitindo que ele flua
O impedindo de secar
Pois a Vida, é fluxo!
É como uma teia
O que se faz a um dos fios
Reflete em toda ela
Solidariedade também é fluxo
É fruto, é partilha!
É partilhar o bem.
A solidariedade é canal de duas vias
Porque se eu dou uma dose de sorriso
Recebo duas de alegrias.
Economia de Francisco e Clara
É estímulo a fluir,
na consciência de que:

TUDO... Está interligado.
Se vivemos o medo, o ódio, o egoísmo
Toda a teia sente
E desgastada se retraí
Tolhendo o fluir da Vide.
Mas quando eu consigo vibrar Luz
doar Amor, Olhar, Pão, Luz, Perdão...
Toda a teia se vivifica
**Ao conseguir partilhar**
Os dons, os bens, os conhecimentos
Eu faço brilhar o fluxo da vida
fazendo o moinho girar: As águas do bem
cessam a cede de muitos,
Mesmo que a gente não veja.
É como uma alavanca
Que nos impulsiona
E nos convida a Amar.

Compreender Essa Verdade
E Ser amor aqui
É o "venha a nós o Vosso Reino"
É trazer o céu pra Terra
É construir o reino de Deus
Aqui e Agora.
Atendendo a fome que não fala
Pois não tem mais força,
Mas URGE!
De acordo com a dor que lhe assola...
fome de Prato, fome de Teto
fome de Tato,
fome de Ser...
Assim como pediu Jesus.

Um dia na eternidade
Quando não existir mais matéria
só vai existir Amor,
só nos restará Amar.

Amar, não porque nos mandaram
Mas porque eu,
Genuinamente compreendi
A importância de Amar
Porque só há felicidade onde há Amor
e só há Paz onde há justiça
porque a Paz é fruto da justiça.
Entretanto,
A Economia de Francisco e Clara
Lhe convida a treinar,
Exercitar esse músculo do esperanç-Ar
Pois Amar é:
A arte do Esperanç-Ar
E aí, já escolheu qual semente irá regar?
Vê se não demora
Porque Assis,
É aqui.
Assis é AGORA!

## 3.2. Pensar a Economia de Francisco e Clara no Nosso Território: Juventude, Igreja e Sociedade

*Leonardo das Neves Silva*

Os passos da humanidade foram sendo marcados pelo progressivo abandono de valores comunitários, culturais, simbólicos e afetivos, abrindo-se brechas para a consolidação de uma realidade onde tudo é reduzido ao seu valor comercial. Nessa esteira, têm-se promovido uma nova estrutura social, organizada a partir do sistema econômico vigente, que enfraquece ou até mesmo anula a dimensão comunitária e solidária do ser humano. Nesse cenário, marcado por uma economia de mercado que fere e ceifa vidas, o apelo de Francisco para resgatar a essência da economia – tornando-a mais humana e solidária – ganha relevância e urgência.

Na sociedade atual, predomina um ambiente de competição que reforça estilos de vida individualistas e desconsidera a construção de uma sociedade colaborativa e solidária. O ser humano, cada vez mais voltado à produção e ao consumo, negligencia sua essência relacional. Embora a economia moderna prometa desenvolvimento, ela frequentemente o faz à custa da exploração desenfreada da terra e das pessoas, impulsionada por um modelo pautado pela ganância. A sociedade do consumo e do descarte – como já nos alertava, há dez anos, a encíclica "Laudato si", como um sinal profético do magistério do Papa Francisco – coloca a satisfação individual como objetivo central da existência, estruturando o comportamento humano em torno do lucro e do consumo, o que tem levado ao colapso da vida no planeta.

Diante desse cenário, torna-se imprescindível repensar os paradigmas vigentes.

A Economia de Francisco e Clara surge como uma proposta transformadora ante as crises sociais, ambientais e econômicas que marcam a atualidade. Inspirada nos valores de solidariedade, sustentabilidade e justiça, a iniciativa do Papa Francisco, pautada nas vozes dos movimentos sociais, busca refletir as relações de produção e consumo, colocando a vida no centro das decisões econômicas.

No contexto do nosso território, refletir sobre essa proposta significa considerar os desafios enfrentados pela juventude, o papel da Igreja como mediadora da transformação e as implicações para a sociedade em geral.

## Juventude e os Desafios da Economia Atual

A Economia de Francisco e Clara propõe uma mudança de mentalidade, em que a economia deixa de ser apenas uma busca pelo lucro e passa a ser um instrumento de transformação social. Para os jovens, isso significa a oportunidade de construir um futuro mais justo, sustentável e humano. Os jovens são um dos principais grupos afetados pelas desigualdades econômicas. O desemprego, a precarização do trabalho e a falta de oportunidades de educação de qualidade dificultam o desenvolvimento de trajetórias autônomas e sustentáveis. A Economia de Francisco e Clara propõe um modelo que privilegia a economia solidária, incentivando iniciativas como cooperativas juvenis, redes de economia compartilhada e formas alternativas de produção baseadas no respeito à dignidade humana.

Em nosso território, observa-se que muitos jovens estão envolvidos em projetos sociais e ambientais, mas enfrentam barreiras estruturais para consolidá-los como iniciativas econômicas viáveis. Jovens que se interessam por tais pautas despontam como agentes de transformação das mais diferentes realidades: a partir de debates dentro das universidades; da vida em comunidade; da própria experiência local; da vivência injusta e desigual ou simplesmente impulsionados pelo sincero desejo de mudança.

No entanto, acesso a crédito, suporte técnico e reconhecimento institucional, elementos essenciais para fortalecer essas iniciativas e permitir que a juventude construa um futuro mais justo e inclusivo, são, na maioria das vezes, negligenciados, e tornam-se indisponíveis.

## O papel da Igreja na Construção de uma Nova Economia

A Igreja tem um papel fundamental na disseminação da Economia de Francisco e Clara, pois carrega em si a essência do Evangelho, que conclama o interesse pela defesa dos pobres e marginalizados.

Em nosso território, comunidades eclesiais, pastorais sociais e movimentos juvenis devem atuar como catalisadores da mudança, promovendo educação econômica popular, formação política e incentivo à criação de redes de produção e consumo solidárias. Assim, a mobilização da juventude precisa contribuir para a implementação de projetos sustentáveis dentro das comunidades. Além disso, a Igreja pode ser uma voz ativa na interlocução com poderes públicos e privados para fomentar políticas que favoreçam a inclusão econômica dos jovens.

### Considerações finais: Sociedade e a necessidade de transformação estrutural

A construção de uma nova economia demanda mudanças estruturais na sociedade. A forma como os recursos são distribuídos, a valorização da educação para a cidadania e a promoção de práticas econômicas sustentáveis precisam estar no centro das políticas públicas e das práticas privadas. A sociedade civil, por meio de organizações, coletivos e instituições acadêmicas, deve se engajar ativamente na formulação de alternativas que coloquem a dignidade humana e o cuidado com a casa comum como prioridades. No nosso território, iniciativas que promovem o consumo consciente, a inclusão social e a justiça econômica devem ser fortalecidas, dando audibilidade para os princípios propostos pela Economia de Francisco e Clara.

Desse modo, pensar a Economia de Francisco e Clara em nosso território é um exercício de reflexão e ação concreta. Os desafios enfrentados pela juventude exigem respostas inovadoras e comprometidas com a justiça social. A Igreja, como anunciadora do Reino de Deus, deve desempenhar um papel essencial na mobilização da comunidade para a construção de uma economia solidária. A sociedade, por sua vez, precisa abrir-se para promover alternativas sustentáveis que beneficiem todos. Somente assim será possível construir um futuro em que a economia esteja verdadeiramente a serviço da vida e do bem comum.

## 3.3. Fazer-se carne

*Vitor Hugo Tonin*

O Vitor que recebeu a notícia, em 2019, de que o Papa Francisco estava convocando jovens economistas para debater a construção de uma nova economia era um Vitor já um pouco mais espiritualizado. Tive uma formação católica muito forte até os 12 anos. Mãe catequista, levava a família toda à igreja, na missa aos domingos, às 9 horas da manhã. Um verdadeiro sacrifício para uma criança acordar cedo no domingo, se arrumar para um ritual um tanto quanto repetitivo e monótono. Mas o convívio, as trocas afetivas, na "paz do senhor" e ao final da missa; e, principalmente, o pastel de feira, após a missa, compensavam. Logo percebemos, meu irmão e eu, que talvez fosse melhor participar das missas que apenas assistir. Participar da entrada, da coleta de dízimos, das oferendas e do coral culminou com a nossa transformação em coroinhas.

Com a adolescência, a autonomia vinda com ela, a missa já não era mais em família aos domingos e também já não era mais tão participativa, o afastamento foi sendo inevitável, principalmente após cumprir o dever com a crisma e começar a trabalhar fora. Mas foi a partir da entrada na universidade e o conhecimento das ideias marxistas que meu afastamento da religião foi total. Tornei-me um daqueles universitários militantes que olham com desdém para qualquer religião, com aquele ar de superioridade de quem pretensamente está emancipado da necessidade de um desvio ideológico religioso para sobreviver. Para quem tudo o que basta é a realidade, e qualquer tentativa de desviar as pessoas dela é manipulação, é "ópio do povo", e portanto deve ser combatido.

Ao terminar a universidade e me aproximar dos movimentos sociais de luta por moradia, fui colocado novamente diante da presença e da importância da religião na vida das pessoas. Ainda que não me tocassem especificamente, passei a compreender a importância que a espiritualidade e principalmente a fé têm na vida das pessoas, principalmente daquelas que decidem lutar por uma vida melhor. Despi-me de toda arrogância anterior e, em alguns momentos, até lamentei que não tivesse mais a capacidade espiritual, que muitos tinham e que eu mesmo já havia tido.

Era essa minha relação com a religião e espiritualidade, quando inscrevi-me para participar da Economia de Francisco. Ainda assim, inscrevi-me, menos pela relação com a religião e muito mais pelo debate econômico e pela possibilidade de compartilhar com o mundo todo experiências parecidas com a que estávamos construindo no Sindicato Químicos Unificados. E desde a inscrição foi uma viagem incrível. O encontro, na PUC São Paulo, em novembro de 2019, com toda uma comunidade interessada em compartilhar experiências de fé e de economia, sendo muitos jovens, do país todo, auto-organizados, entusiasmados, que praticavam o amor, a fé e a ciência, ao mesmo tempo. Foi um reencontro com práticas religiosas, sob a discussão econômica.

Durante esse período de convivência e construção, nas diversas atividades presenciais ou online que participei, voltei a sentir sensações e emoções espirituais que jamais imaginei que voltaria a sentir. Retomando em mim sensibilidades e capacidades que pareciam perdidas. O ápice desse processo individual, de fato, ocorreu quando pudemos encontrar o Papa presencialmente em Assis, na Itália. Sua entrada no teatro foi marcada por uma explosão de sentimentos interiores que desabrocharam num choro copioso e implacável. Uma cerimônia belíssima, superada apenas pelo incrível discurso do Papa Francisco.

São várias passagens a destacar nesse discurso, que convido todos a lerem: a importância do encontro e da construção coletiva; a crítica à fantasmagoria financeira, que tomou conta da economia; a crítica às mudanças superficiais e não estruturais; o convite a olhar a economia pelo olhar dos pobres e dos trabalhadores. Mas o que mais me tocou foi a terceira diretriz do Papa:

> Em momentos cruciais da história, quem conseguiu deixar uma boa pegada o fez porque traduziu ideais, desejos e valores em obras concretas. Ou seja, eles os encarnaram. Além de escrever e fazer congressos, esses homens e mulheres deram vida a escolas e universidades, bancos, sindicatos,

> cooperativas, instituições. **Você mudará o mundo da economia se, junto com seu coração e sua cabeça, também usar suas mãos.** As três línguas. Pensa-se: a cabeça, a linguagem do pensamento, mas não só isso, combinada com a linguagem do sentimento, do coração. E não só: combinado com a linguagem das mãos. E você tem que fazer o que sente e pensa, sente o que faz e pensa o que sente e faz. Esta é a união das três línguas. **As ideias são necessárias,** nos atraem muito principalmente quando somos jovens, **mas podem se transformar em armadilhas se não se tornarem "carne"**, ou seja, concretude, compromisso diário: as três linguagens. **As ideias por si só adoecem** e acabamos em órbita, todos nós, se forem apenas ideias. **As ideias são necessárias, mas devem se tornar "carne".**[1]

E essa tem sido, de fato, a orientação que tem guiado a construção da Articulação Brasileira da Economia de Francisco e Clara (ABEFC), especialmente do núcleo campineiro. Desde o início, as discussões, as celebrações e as práticas espirituais são parte de uma construção real, de projetos concretos para transformar a nossa realidade. Por isso, talvez, eu tenha conseguido, por meio desse processo de encarnação, também reencarnar um pouco da minha espiritualidade adormecida. Aprendi com a ABEFC que fé e espiritualidade não são uma ideia ou uma ideologia apenas, mas uma postura de vida que é alimentada por uma determinada prática. Uma prática humana, ética que constrói e alimenta o espírito, enfim, uma prática que encarna a espiritualidade e a fé num mundo mais justo, solidário e ecológico.

---

[1] "É preciso transformar uma economia que mata em uma economia da vida: discurso do Papa Francisco." Disponível em: https://www.ihu.unisinos.br/categorias/622444-e-preciso-transformar-uma-economia-que-mata-em-uma-economia-da-vida-discurso-do-papa-francisco Acesso em: 18/04/2025.

# PARTE VII

# PROJETOS APOIADOS PELO NÚCLEO CAMPINAS DA ARTICULAÇÃO BRASILEIRA PELA ECONOMIA DE FRANCISCO E CLARA REALMANDO A ECONOMIA NOS TERRITÓRIOS

# REALMANDO A ECONOMIA NOS TERRITÓRIOS

*Marcia Castagna Molina*

*Enquanto não forem radicalmente solucionados os problemas dos pobres, renunciando à autonomia absoluta dos mercados e da especulação financeira e atacando as causas estruturais da desigualdade social, não se resolverão os problemas do mundo e, em definitivo, problema algum. A desigualdade é a raiz dos males sociais* (*Evangelii Gaudium*, n. 202).

Quando o Papa Francisco nos chama a Realmar a Economia, ele nos pede para reconhecer a centralidade desta necessidade nos trabalhos que realizamos. É como se precisássemos lembrar daquela lenda indiana, que conta a história das crianças jogadas no rio:

> Certa vez, dois pescadores estavam sentados à beira de um rio, pescando. De repente, ouvem gritos fortes. Olhando para a parte de cima do rio, veem duas crianças descendo pelas águas e pedindo socorro. Mais que depressa, jogam-se na água e salvam as crianças.
> Mal conseguem salvá-las, ouvem mais gritos. Agora são quatro crianças que vêm, debatendo-se nas águas correntes. Pulam no rio e conseguem salvar duas delas.
> Aturdidos, os pescadores ouvem pela terceira vez gritos ainda mais fortes. Desta vez são oito crianças vindo na correnteza.

> Um dos pescadores vira as costas para o rio e começa a ir embora. O amigo exclama:
> – Você está louco? Não vai me ajudar? Sem deter os passos, o outro responde:
> – Faça o que puder. Vou tentar descobrir quem está jogando as crianças no rio.[1]

Eis nosso desafio: buscar quem está jogando as crianças no rio, fazendo tudo que pudermos para impedi-lo, mas sem deixar de salvar todas aquelas que pudermos, evitando que se afoguem...

Desde que assumimos o desafio de responder ao chamado do Papa Francisco, já em dezembro de 2019, percebemos que precisávamos de formações. E a elas nos dedicamos, como apresenta Glauco na parte VI deste livro. Ao desenvolver os encontros, uma inquietação nos incomodava: colocar a vida no centro do sistema econômico parece impossível! Essa é uma tarefa grande demais... quem somos nós? Qualquer coisa que fizermos parece pequena demais frente à imensidão do desafio colocado.

Mas o Papa Francisco, em toda a sua sabedoria, mais uma vez, não nos deixou sós. Justamente essa é uma "estratégia", por assim dizer, da Economia de Francisco e Clara: que nos olhemos, nos juntemos, nos reconheçamos como construtores da nova economia. Porque em nosso trabalho de movimento social por uma causa, ou de pastoral com objetivo específico, ou de movimento político com tudo que o compõe, podemos achar que somos poucos, frágeis, insuficientes e desanimar. Mas ao nos juntarmos podemos sentir melhor a nossa força.

Nós, do Núcleo Campinas da Articulação Brasileira pela Economia de Francisco e Clara (NC-ABEFC), levamos um tempo para compreender que era essa a nossa razão de ser: articular movimentos sociais, políticos e

[1] *As crianças jogadas no rio.* Disponível em: https://www.a12.com/redacaoa12/historias-de-vida/as-criancas-jogadas-no-rio Acesso em 13/04/2025.

pastorais, em prol da construção da nova economia, que coloque a vida e não o lucro no centro das decisões. Atuar junto aos movimentos para fortalecê-los, promover encontros entre nós que nos anime a todos e todas, e trazer para a discussão a perspectiva de identificar "quem está jogando as crianças no rio", para podermos transformar essa realidade o quanto seja possível.

De fundamental importância para nós foi a força com que se constituiu a ABEFC no Brasil. Saber que como nós têm inúmeros Núcleos e Casas de Francisco e Clara, pelo país afora, trabalhando assim nos dá a serenidade de fazer parte de um conjunto. Como se fôssemos uma pequena área de vegetação nativa, cercada de prédios por todos os lados, mas unida por um cinturão verde a muitas outras áreas como a nossa. Essa intersecção, chamada ABEFC, faz para nós o papel destes cinturões, áreas de vegetação, que, ao conectar áreas verdes, protegem a biodiversidade, produzem alimentos e os abastecem de água, além de conterem o avanço da destruição da natureza causada pela urbanização.

Componente importante das questões levantadas nas formações foi a de que não bastava compreender como funciona a produção das desigualdades sociais. Ao mesmo tempo é preciso desenvolver ações que busquem "tirar as crianças do rio". Foi então, considerando essas duas perspectivas, a da ajuda imediata e a da transformação dessa realidade, que decidimos desenvolver e apoiar projetos nos territórios de Campinas.

Aceitar o convite do padre Antonio para compor a equipe de coordenação da Cozinha Solidária São Marcos foi um ato de coragem, uma vez que, além de estarmos em plena pandemia, não tínhamos nenhum recurso para contribuir com aquela multidão em situação de fome na região dos Amarais.

Olhar hoje a parte II deste livro, com todas as pessoas envolvidas no trabalho da Cozinha, quatro anos depois de sua instalação, é surpreendente e gratificante.

Surpreendente porque a construção dessa enorme rede de redes de solidariedade não se deu com planejamento prévio e ação deliberada de nossa parte. Ela foi acontecendo paulatinamente, imagino que como o grão de mostarda, tão pequeno que "cresce e vira o maior dos arbustos, onde até os pássaros vêm se abrigar" (Mt 13,31-32), ou como "o fermento que uma mulher usa para fazer pão. Embora ela coloque apenas uma pequena quantidade de fermento em três medidas de farinha, toda a massa fica fermentada" (Lc 13,21).

Gratificante, porque a cozinha solidária é como uma colheita de sementes plantadas. O tempo todo tem uma visita nova, um professor universitário levando ali seus alunos, para desenvolver algum trabalho da graduação ou da extensão. Temos recebido alunos da PUC-Campinas de vários cursos, dentre eles Teologia, Jornalismo e Engenharia de Produção. Também da UNICAMP, dos cursos de Geografia, História, e mais recentemente a extensão "Da Soberania Alimentar à Formação Cidadã: Educação em Direitos Humanos na Cozinha Solidária São Marcos (Campinas-SP)".

E essa profusão de relações vai fazendo crescer a rede de solidariedade ali formada. Têm muitos colaboradores da Cozinha que não escreveram aqui, como, por exemplo, as Irmãs Filhas da Cruz, citadas pela Naoko, que por três anos mantiveram grande parte dos gastos da Cozinha com significativa contribuição mensal. Ainda, membros da Paróquia São Marcos, padre Ferraro, padre Nadai, Cáritas Arquidiocesana, Padre Isaías do Seminário São João Maria Vianney, Carmem Ventura, Valdemar Antunes, Glauco Barsalini e a rede que compôs, Margarida Reis, Cecília, Lea Soave, Zeza, Tereza, Naiara, Vivien Ruiz, Maria, Sindicato dos Trabalhadores em Pesquisa, Ciência e Tecnologia (SINTPq), Sindicato dos Metalúrgicos, CUT e todos os sindicatos filiados, Sindicato dos Químicos Unificados, CRESOL Campinas, CRCA, Guida Calixto, Wagner Romão, Cecílio, Paolla e tantas outras pessoas e entidades a quem temos enorme gratidão. Nos depoimentos dos que escreveram, é interessante ver as diferentes motivações que os levam a contribuir, tais como "o retorno às origens familiares de práticas de solidariedade" (Aparecida Mellin), "a ousadia de combater a fome comparada ao desafio de defender a Petrobrás" (Geraldo), "o valor da solidariedade" (Nildes), o trabalho de "articulação junto aos docentes da UNICAMP, em prol da solidariedade com a grande parcela da sociedade menos favorecida" (Silvia), "a construção de pontes entre bazares solidários" (Rosa), a "articulação de novas redes para compor a rede de solidariedade da Cozinha" (Sônia), "uma forma de contribuir com nosso crescimento pessoal" (Tania, Marli, Marineide), "uma bênção de Deus estar neste processo de solidariedade da Economia de Francisco e Clara" (Maria das Graças). Pessoas e entidades que, independentemente de terem ou não escrito seus depoimentos neste livro, têm sido os mantenedores deste projeto de combate à fome.

Tão importante quanto oferecer as refeições, tem sido o trabalho de formação que acontece na cozinha. Constituir redes de solidariedade, exercitar o trabalho em equipe, acolher os diferentes, promover a arte do encontro de pessoas e de saberes é também prioridade, na perspectiva da construção da nova sociedade. Sempre que possível fazemos as rodas de conversa a que se referem Maria do Carmo Cabral Carpintéro (Carminha), Guilherme, Neusa e Naoko, em seus relatos como voluntários da Cozinha. Nossa proposta não se resume à doação de refeições, antes se constitui um projeto para alimentar a resistência, conforme destacam Pe. Antonio, Guilherme e Tassiana Barreto. Uma pessoa com fome não é capaz de se levantar e procurar um trabalho, ou levar as crianças à escola, ou cuidar de um doente. Não consegue nem ao menos ir a um serviço de assistência cadastrar-se para receber um benefício. Quando esse direito tão básico está garantido, outras perspectivas se abrem. O combate à fome é luta central na construção da economia fundada na vida, aos moldes do que relata Sônia Moraes, falando da centralidade do combate à fome, defendida por tantos escritos e práticas de Josué de Castro.

É, assim, um trabalho realizado na perspectiva emancipatória, que além de oferecer alimentos se dedica a oportunizar formações, promover encontros, discutir assuntos da conjuntura e trazer novos conhecimentos e ideias a partir da partilha de saberes.

Partilha de saberes em várias dimensões e que pode ser observada pela multiplicidade de atores diferentes que participam diariamente da rotina da cozinha. Entre os voluntárias/os temos pessoas do bairro, profissionais da saúde – médicas e dentista –, professoras do ensino médio e universidade, acadêmicos de várias áreas do conhecimento, padres, religiosas, seminaristas, noviça, pessoas ligadas a vários sindicatos como petroleiros, transporte, servidores públicos federais da justiça do trabalho, metalúrgicos. Além da convivência com Viviane Herculiani Cardillo, nutricionista responsável, e comigo que, além de militante, sou farmacêutica sanitarista, com experiência de longo tempo de dedicação a estudar e organizar serviços de saúde.

Nesse caminho, a ideia é trabalhar com as pessoas e não para as pessoas. Quem se dispuser a ouvir as vozes que ecoam da Cozinha Solidária São Marcos escutará a polifonia que pode ser identificada neste livro. Quantos olhares diferentes entre as(os) voluntárias(os)! A Cozinha é citada como "lugar onde as pessoas se sentem acolhidas" (Ana Dina), "ambiente que exala esperança" (Ana Beatriz), onde o "aprendizado é sempre maior que a frustração" (Carminha). É reconhecida como um "espaço de denúncia de como o Estado burguês falha deliberadamente em implantar políticas adequadas de alimentação, transporte, educação, para diferentes setores de nossa sociedade" (Guilherme). Como um "compartilhar de conhecimentos" (Leda). Como oportunidade de dar vazão à "enorme indignação pelo sofrimento da população na pandemia, sem apoio do governo federal da época" (Naoko) e resgate da "indignação que tínhamos quando crianças, frente ao carro dos pais guardado na garagem e os moradores em situação de rua, sem ter onde se abrigar" (Solange). Como resgate da "empatia, amor, solidariedade e generosidade" aprendida com os pais, despertando "talentos adormecidos" (Neusa). Como retorno ao trabalho "que a mãe desenvolvia naquela região" (Zilda). Como um necessário exercício de "colocar conhecimentos profissionais a serviço das pessoas" (Dalton).

Além de ouvir os sentidos de participar da cozinha para os componentes da rede de solidariedade e para os voluntários, vale muito ouvir os beneficiários, através das entrevistas, promovidas pela Ivete.

"Cheiro de comida da vó", como relatam os reeducandos que fazem trabalhos na região. Na cozinha fazemos "comida de verdade", com legumes e verduras vindas da horta escola instalada no local, dos plantios agroecológicos de parceiras e dos acampamentos e assentamentos do MST. Não utilizamos ultraprocessados, que, como denuncia Sônia Moraes, é o que "sobra para grande parte da população pobre, um cardápio pouco variado e uma produção de alimentos extremamente lucrativa para as grandes indústrias alimentícias e multinacionais. Essa comida ultraprocessada, de baixa qualidade nutritiva, aumenta a obesidade e as doenças, não só, mas principalmente, para as classes sociais menos favorecidas e sem recursos para a compra de alimentos naturais e saudáveis, produzidos com base na agroecologia".

Clayton nos encontrou por meio de um pedido de ajuda do Centro de Saúde local ao Padre Antonio, que visitou sua casa e o convidou para participar da Cozinha. "A convivência na cozinha espantou a depressão de quando ficava sozinho em casa" (Clayton). Exemplo de nossa crença na potência das periferias vivas: "As periferias são espaços de criatividade, movimentação e resistência", como nos diz Gabriela Consolaro.

"A cozinha ajuda muito, pois é um gasto que deixamos de ter" (Adão, descendente da raça negra) e "vale muito buscar a comida na Cozinha, mesmo tendo que pegar ônibus" (Clarice, descendente de indígenas). Esses são exemplos de depoimentos que comprovam a importância de projetos de combate à fome e reforçam nossa crença na proposta de colocar a vida no centro do sistema econômico. "Uma economia a serviço da vida é aquela que considera que todos, sem exclusão de ninguém, são dignos e precisam ter seus direitos respeitados, de forma que seja levada em conta a diversidade de gênero, etnia, social, política e religiosa", como nos diz Aparecida do Carmo Miranda Campos.

Aderbaldo, que vive sozinho em fazenda sem luz e sem água, "encontrou na equipe da cozinha atenção e consideração", e seu Luiz, que pega os alimentos "há três anos, há cerca de dois meses parou de beber, por sua própria vontade. A cozinha, para ele, representa muita coisa; sente-se muito bem naquele ambiente. Além de pegar a comida, gosta da oração também e, quando precisa de conselho ou outro tipo de ajuda, ele recorre ao Padre". Quanto a cozinha tem ajudado essa gente a resistir a tanta pobreza e a se reerguer na vida? Sabendo que tudo está interligado, como nos descrevem padre Nadai e Marcio Tangerino, gosto de pensar que, ao comer comida de qualidade, quentinha e preparada com tanto carinho, como fazemos lá, as pessoas crescem em dignidade e se capacitam para tomar decisões que melhoram sua qualidade de vida.

Esses são alguns exemplos citados pela Ivete nas entrevistas que fez, sendo que nos chegam diariamente tantos outros depoimentos que reforçam nossa crença nos princípios da Economia de Francisco e Clara, descritos na Parte I deste livro.

Além da Cozinha, o Núcleo Campinas da ABEFC apoia outros projetos de economia solidária. "A Economia Solidária pode ser vista como um modelo alternativo ao capitalismo. Busca a justiça social, a sustentabilidade ambiental e a cooperação entre pessoas, comunidades e instituições", como nos lembra Sergio Lontra. Eliane Rosandiski escreve texto esclarecedor sobre a Economia Solidária na Economia de Francisco e Clara, destacando em ambas a necessidade de sair do referencial "de indivíduo autocentrado, estimulado pelo capitalismo/neoliberalismo para o indivíduo coletivo". O Centro de Referência em Associativismo e Cooperativismo é o parceiro do Núcleo Campinas da ABEFC que tem desenvolvido projetos de economia solidária nas periferias da cidade, como podemos ver nos relatos do Professor Dimas, Lucia Vieira e Juliano sobre o CRCA, na Parte III deste livro.

As hortas agroecológicas são um exercício de viabilizar na prática a Ecologia Integral. "A agricultura urbana e periurbana (AUP) tem sido promovida como uma solução para um conjunto de problemas sociais, ambientais e econômicos enfrentados na cidade pelos diversos órgãos internacionais, governos nacionais, locais e diversas organizações da sociedade civil", dizem-nos Juarez e Sergio Tosto. Roberto, que é representante da sociedade civil no Conselho Municipal de Segurança Alimentar e Nutricional, traz várias experiências de hortas agroecológicas na cidade e afirma que: "A estruturação de hortas urbanas, com apoio de políticas públicas e pessoas engajadas é uma forma de semear a esperança de que a abundância dos frutos da terra chegará um dia às pessoas mais fragilizadas de nosso país, começando pelo bairro, pela cidade onde moramos. Mãos à terra!" Gerardo ao dar um testemunho sobre o que diz quem planta, afirma: "Somos natureza. Cuidar da natureza é cuidar de nós. Quem destrói a natureza destrói a si mesmo e a nós todos. Por isso eu digo: Cuidem da Natureza! Plante hortas agroecológicas, como fazemos na Economia de Francisco e Clara. A intimidade com a terra desenvolve em nós a compaixão. Precisamos ouvir o grito da terra e o grito dos pobres e voltar a realmar a economia, como nos pede o Papa Francisco. Fica aqui meu testemunho de que assim podemos salvar vidas, salvar a nossa própria vida e salvar o planeta!"

Apesar de tantas dificuldades apresentadas pelo Vítor, tem sido exercício importante de construção da Economia de Francisco e Clara a experiência de finanças solidárias desenvolvida na Cresol Campinas.

**Conclusão**

Realmar a economia nos territórios tem uma dimensão inalcançável por nós. Este livro não é um manual de como conseguir um desafio tão grande. Também não pretende fornecer nenhum tipo de receita de como devemos fazer para alcançar a tão desejada transformação da sociedade de que necessitamos. Ele foi construído para registrar nossas ações e possibilitar uma troca de experiências do que o Núcleo Campinas da ABEFC tem feito como prática das formações realizadas nos últimos cinco anos.

Há muito mais a ser dito do que aquilo que conseguimos relatar aqui sobre o que estamos fazendo para concretizar os princípios da Economia de Francisco e Clara estudados nas formações. Mais do que concluir este livro, desejamos que estes textos abram reflexões, suscitem discussões, levantem dúvidas sobre o que precisamos fazer para realmar a economia nos territórios.

Aqui vemos retratado o que é dar "vida aos rostos da Economia de Francisco e Clara no Brasil", como relata Eduardo Brasileiro no seu texto acima. Essas pessoas tão diferentes que escreveram neste livro são os construtores da nova economia no território onde atuamos. Uma "economia popular que se manifesta por meio de diferentes experiências econômicas territoriais que articulam trabalho, solidariedade e autogestão", como refere Leonardo, jovem seminarista que esteve em Assis e compõe o Núcleo Campinas da ABEFC.

Alguém que não nos conheça pode achar que tem sido fácil o caminho trilhado até aqui. Como relata Gerardo, em seu texto, compartilhando o olhar de quem planta, não foi. Temos inúmeras dificuldades. Tão bem exemplificadas pelo Vitor, no relato de sua experiência, na implantação de um projeto de Finanças populares e solidárias, para tornar possível uma cooperativa como sonhamos. Todos os dias novos desafios aparecem para dar prosseguimento à cozinha, para seguir viabilizando as hortas, para consolidar as cooperativas. Mas, para além de relatar as dificuldades, escolhemos mostrar que estamos a caminho. Porque, de fato, acreditamos que o "Caminho se faz ao Caminhar", como intitulamos essa coleção de livros, que retrata nosso processo de construção da nova economia.

"A lógica comunal que implica essas pequenas comunidades da Economia de Francisco e Clara é motivada pelo desejo de envolver, mobilizar e anunciar", diz-nos Eduardo Brasileiro, em seu texto, lançando um desafio: É possível construir processos econômicos mais justos a partir dos territórios em que estamos inseridos?

Aqui experimentamos na prática a ordem de Jesus a seus discípulos e a nós: "Dai-lhes vós mesmos de comer" (Mt 14,16), como nos lembra padre Antonio, em seu texto. Ao plantar uma horta agroecológica escola na Cozinha Solidária São Marcos e produzir refeições saudáveis, sem agrotóxico nem ultraprocessados, estamos testemunhando que cremos na Ecologia integral.

Ao buscar a realização de nossas ações com a participação dos empobrecidos, construindo com eles novas experiências de economia solidária e fraterna, nas periferias onde residem, atestamos que cremos no Desenvolvimento Integral.

Ao nos dedicar à construção de um sistema financeiro popular e solidário, que questiona o coração do capitalismo/neoliberalismo, onde o lucro está acima de tudo, atestamos que cremos em Alternativas Anticapitalistas e não nos contentamos "em pintar as paredes de verde", como nos lembra Gabriela Consolaro, sobre o que nos disse o Papa Francisco, naquele setembro de 2022, em Assis/Itália.

O que fazemos aqui só é possível pela construção da rede de redes de solidariedade, que pode ser vista em depoimentos de algumas das inúmeras pessoas que contribuem para viabilizar a Cozinha Solidária São Marcos. Exemplo de quem acredita que os Bens são Comuns e precisam estar a serviço da construção de vida digna para todos e todas, como descreve Pe. Isaías, em seu texto.

Fazer pontes, como fazia Santa Clara, entre os que têm e os que não têm, a teoria e a prática, a cidade e a periferia, o rural e o urbano, articulando movimentos sociais, políticos e eclesiais, em prol da nova economia, atesta nossa crença de que Tudo está interligado. Nossas ações precisam nos fazer crescer na consciência de que não somos donos de nada, apenas guardiões da Casa Comum onde habitamos.

Olhar para a intensidade das relações que acontecem na Cozinha Solidária São Marcos, na periferia de Campinas, e que podem ser percebidas ao ler as experiências descritas aqui, pela rede de solidariedade, pelos voluntários, pelos beneficiários, pelo MST, confirma que cremos na Potência das Periferias Vivas.

Seguir em frente no caminho aqui descrito é como cuidar de uma área de preservação ambiental em pleno centro da cidade, apesar da agressividade da urbanização que a cerca. Para seguirmos crendo que é possível construir a Economia a Serviço da Vida a ABEFC é fundamental, saber que somos muitos nos fortalece e anima nesta caminhada.

Cremos nas Comunidades como saída, na medida em que empreendemos todo o esforço visto aqui para viabilizar o desafio atual da ABEFC, que "consiste em fortalecer as iniciativas territoriais, por meio da construção de políticas públicas, redes de cooperação e articulações, que potencializem sua capacidade transformadora", como nos lembra Eduardo Brasileiro.

As formações fundamentadas na partilha de saberes, troca de experiências e educação popular, aprofundando sempre mais a compreensão dos dez princípios da ABEFC e de como aplicá-los, é nossa forma de vivenciar a Educação Integral.

Promover a emancipação humana de quem participa das formações, partilhando saberes, recursos, tempo, como também o crescimento dos beneficiários da Cozinha, dos participantes das hortas agroecológicas, das cooperativas, das finanças solidárias, é exemplo do nosso esperançar, em sintonia com a nossa crença na Solidariedade e no Clamor dos Povos.

Nesse esperançar de que este livro possa levar muitos a iniciar, prosseguir, animar-se, nesse "Caminho que se faz ao Caminhar", encerramos aqui nosso relato com o final da poesia da Letícia Couto (Leka), jovem que foi para Assis e participa do Núcleo Campinas da ABEFC:

E aí, já escolheu qual semente irá regar?
Vê se não demora
Porque Assis,
É aqui.
Assis é AGORA!

## Referências

*As crianças jogadas no rio.* Disponível em: https://www.a12.com/redacaoa12/historias-de-vida/as-criancas-jogadas-no-rio Acesso em 13/04/2025.

FRANCISCO, Papa. Exortação Apostólica *Evangelii Gaudium* (24 de novembro de 2013, 202).

Este livro foi composto com a família tipográfica Bookmania
e impresso em papel Avena 70g/m² pela **Gráfica Santuário.**